語りが拓く地平

ライフストーリーの新展開

山田富秋・好井裕明 編

せりか書房

語りが拓く地平――ライフストーリーの新展開◉目次

はじめに

本書は日本におけるライフストーリー論の前史である民俗学とシカゴ学派からオーラル・ヒストリーを含めた現在の状況までをたどり、同時に多面的な角度から、ライフストーリー研究の新しい地平を切り開こうとする。本書が構想されたきっかけは、日本においてこの分野の草分けであり、常に研究の最前線を牽引してきた桜井厚さんの退職である。本書への寄稿者はみな、桜井さんと一緒にフィールドに出て、インタビュー経験を共有したり、あるいは、彼の研究から多くを学んだだけでなく、彼の理論的展開に注目しながら、常に彼と対話し続けてきたといっても過言ではない。その意味で、本書は寄稿者たちが長年彼に負ってきた借りを返す試みでもある。読者は本書にパイオニアに対する敬意と同時に、パイオニアへの挑戦も感じ取ることができるだろう。

まず簡単に本書の内容を紹介しよう。本書は第1部の理論編と第2部の実践編の二部構成である。第1部の「ライフストーリー論の理論的深化」では、ライフストーリー論の前史と現在の理論的争点に焦点を絞った論考を配置した。第2部の「ライフストーリー・インタビューの現場」では、桜井厚のフィールドワークの歴史をたどりながら、それがライフストーリー研究の展開につながっていく様子をたどった。以下に各論文のエッセンスを紹介する。

第1部の「『口述の生活史』はいかに成立したか」では、桜井厚は日本のライフストーリー研究に先鞭を付けた中野卓の足跡をたどる。中野は旧制中学において、民俗学のてほどきを受け、実家である商家の古い記録に関心を持つ。しかし、そのまま民俗学的な方向に進むかというと、そうではない。中野の師である有賀喜左右衛門が、民俗学は社会集団の語りの「採集」を第一目的としたために、当の語りが生まれる歴史的・社会的文脈を切り落とすと批判したように、民俗学との距離は保たれたままであった。しかし後の九学会連合調査は、ライフヒストリー実践に志向する民俗学者、宮本常一との出会いを用意していた。アルフレッド・シュッツへの注目ともあいまって、中野は個人の語りの豊穣さそれ自体を評価し、個人研究へと志向する。このことは同時に個人そのものではなく、個人の社会適応を重視した有賀の機能主義的社会学からの離脱も意味したのである。

「『ポーランド農民』における手紙と自伝の利用」で高山龍太郎は、ライフストーリー研究の草分けともされるトマスとズナニエツキの研究を再検討する。ブルーマー以来指摘されている、この研究の理論編と資料編との乖離がいかにして生み出されたかを、その誕生の歴史に遡って解明する。特に当時のトマスの関心が移民と人種社会学にあったこと、そして手紙というドキュメントを利用する理由が偶然であったことは興味深い。最初は哲学に志向していたズナニエツキがトマスと出会うことによって、当初はデータアーカイヴとして企画されていた本書に理論編を付け加えることになったことは、もっと知られてよいことであろう。

「語りとリアリティ研究の可能性」は、長年郡上八幡の「郡上おどり」をフィールドとしてきた足立重和が、そこでぶつかった問いかけをライフストーリー研究に向け直した論考と言えよう。彼がそこで発見したのは、単なるインタビューでは得られない〝風情〟という審美的リアリティの出現である。それは彼がインタビューを捨てて、フィールドでの生活と一体化した時に偶然生まれたものであるという。当初はインタビューの現場である「いま・ここ」にしか関心が向いていなかったが、それが現地の人が語る「あのとき・あそこ」と交錯する「鳥肌の立つ」瞬間に立ち会った時に初めて、足立はこの審美的リアリティを経験したという。確かに桜井厚の確立したライフストーリー研究はインタビューを子細に起こしたトランスクリプトを重視する。しかしそれでは、この審美的リアリティには接近できないのではないかというのが著者の問いである。

「フォークロア研究とライフストーリー」で島村恭則は、宮本常一と有賀喜左衛門の庶民の創造性の探求を継承した現代民俗学の最前線を紹介する。それは現在に過去の積み重ねを透視することで、そこに庶民の「生きる方法」を読み取っていく民俗学である。島村は福岡の朝鮮系住民のフィールドワークを通して、桜井の言う解釈的客観主義アプローチと対話的構築主義アプローチが、対立するものと言うより、むしろ調査の場面に応じてどちらも利用可能であることを示す。また鎮魂の民俗学の中で示されたライフストーリー実践も、新しい研究地平を開いていくだろう。

「歴史は逆なでに書かれる」で三浦耕吉郎は、実証主義的歴史研究に対するアンチテーゼを展開する。カルロ・ギンズブルグの「歴史を逆なでする」という表現に惹かれながら、三浦は実証主義的歴史研究とオーラル・ヒストリー研究を対比する。そして実証主義のように資料をそれが「生産された地平の内部」に閉ざすのではなく、むしろ、現在の地点から積極的に当該資料を生産した人びととの対話を試みていくのである。これをオーラル・ヒストリー研究に置き換えれば、自分ないし自分たちの過去の体験にかんする「問い－再解釈」の連鎖が無限になされていることを意味する。これは「過去とフレキシブルに対話する人間」モデルとして提示される。

「インタビューにおける理解の達成」で山田富秋は、インタビューにおける理解をトランスクリプトの解釈における理解だけでなく、田中雅一の言う「運命的瞬間」に立ち会うことで生じる理解にまで広げて考察している。それは調査における「引っかかり」体験が何年間も続き、その意味が腑に落ちたときには、調査者自身も変化しているといった理解のことである。著者はハイデッガーの「世人論」に依りながら、引っかかり体験を良心の呼び声として再解釈する。それによって、ライフストーリー実践が類型的な理解である世人（das Man）を乗り越える可能性を示した。

「『福翁自伝』におけるオーラリティと多声性――声の分析の試み」で小林多寿子は、オーラル・

ヒストリー研究の発展に音声記録の科学技術が大きく貢献したことを認めた上で、この技術が存在しなかった時代においても、口述性をたどることができる興味深い例を紹介する。それは福澤諭吉が日本で最初に自伝という表現を使い、彼の口述を速記者が記録した『福翁自伝』である。小林はこの作品の中に、聞き手と語り手の対話性がわかる文脈を同定し、この作品が福沢自身の声との自己対話を含む声の複数性（多声性）から成ることを明らかにする。その意味で『福翁自伝』は日本で最初のオーラル・ヒストリーである。

第2部に入ると、「現代世界の解釈ツールとしての桜井式ライフストーリー法」で松田素二は、桜井厚が生活環境主義を標榜する環境社会学のフィールドワークを琵琶湖畔において実施したことから説き起こす。しかし、もう一つの近江文化である被差別部落の調査に入っていった時に、生活環境主義の想定に反して、生活世界が多元的であると同時に複雑な関係性に置かれていることに桜井は気づくことになる。これが桜井の生活環境主義からの離脱のきっかけとなる。また松田は桜井の三層モデル（個人的語り／モデルストーリー／マスターナラティヴ）が現代の社会を捉える最適のモデルであると論証する。また一方で語りの構築性を主張し、他方で「物語世界」の自律性を唱える矛盾も、桜井がリアリティと向き合った時の実感であるという論点も説得的である。

「ジェンダー・セクシュアリティとオーラル・ヒストリー」で有末賢は、長いことライフストーリー研究の対象であったジェンダーとセクシュアリティを、日本での研究史を中心に体系的に取り上げている。その特徴のひとつはカミングアウト・ストーリーだが、それはこのテーマの「語りにくさ」を被差別現象とも共通する語りのポリティックスに求める。そしてジェンダーやセクシュアリティを語ることが、例えば同性愛が異性愛を映し出すように、一種の「再帰的構造」を有していると説く。これも興味深い論点である。

「「被差別の文化・反差別の生きざま」からライフストーリーへ」で好井裕明は、桜井と初めて一緒に被差別部落の聞き取り調査を行った時の経験から語り始める。その後、桜井が「聞き―語る」という経験をどのように理論的に把握するか試行錯誤していた時期、そして現在の「生活戦略」の立場に変化していった経緯について、部落差別研究のパラダイムシフトとからめて論じている。興味深いのは、最後の立場である「暮らしの物語」に対する志向性が最初の奈良の調査から一貫していることである。好井は桜井の取った行動が、結果的に用意されていたインタビューの順番を乱したために、調査リーダーの叱責を買ったエピソードを象徴的に紹介している。これは、人工的に割り振られた対象者にインタビューを行うことの限界を示しているだけでなく、人々の生活の中に自然に入っていくことを通してしか聞くことのできない語りがあること、そしてそれこそが「暮らしの物語」であることを気づかせるのである。

「「声」を聞く旅」では、岸衛が二〇年間におよぶ滋賀県の被差別部落の調査の歴史を、当時のフィールドノーツを示しながら、たんねんに示している。好井裕明が差別問題において差別―被差別の枠組みに囚われる問題性を理論的に明らかにしたのに対して、ここでは、実際のインタビューの整理の現場において、それが実際にどうやってなされたのかを示している。すなわち、最初は語りから「差別の本質」を取りだそうと、語りに解釈を加えていたが、次第に「差別の語り方や聞き手（調査者）の問いにも注目するようになり」、語りを調査者側の一方的な解釈でまとめないようになっていったという。それは調査者が支配権を捨て、現実の聞き―語るという相互関係と語りの文脈それ自体に注目する研究姿勢の転換である。こうして研究の焦点は「屠畜場」、革靴の工房、そして若者の意識へと変化していくが、どのテーマについても、現場との粘り強い「対話」があって始めて研究が可能になったと改めて実感する。おそらくこれほど長期間にわたって同一地域で遂行された調査は、社会学の領域では初めてではないだろうか。二人の営為に敬意を表したい。

これ以上の紹介は読者から読む楽しみを奪うことになりかねないので、ここでやめておこう。本書において提起された問題は、読者自身が自分のフィールドにおいて、ぜひ問い直してほしい。

性急に結論を導かず、常に現場との対話を通してじっくりと考えるという態度が、桜井厚さんから学んだ一番重要なことだからでもある。最後に本書は松山大学教科書出版助成をいただいた。ここに記して感謝の意を表したい。

山田 富秋

第1部　ライフストーリー論の理論的深化

『口述の生活史』はいかにして成立したか

桜井　厚

1．『口述の生活史』の誕生

わが国でライフヒストリー／ライフストーリー研究の幕開けを告げた代表的な作品といえば、中野卓編著『口述の生活史――或る女の愛と呪いの日本近代』（一九七七年）を、真っ先にあげることができる。この作品の登場は編著者である中野自身の研究史での大きな転機となり、また、その後のオーラリティ（口述）を主たる資料とする生活史／ライフヒストリー／ライフストーリー／オーラルヒストリー研究発展の先駆となった。この作品の成立経緯を探ることで、中野が生活史（ライフヒストリー）の研究法に何を期待し、どのような意味を込めようとしたのか、とりわけ自ら専門とする当時の社会学の枠組みから脱皮する調査研究の視座をどのように獲得したのかを見ることができる。

ところで『口述の生活史』に通じる研究は、社会学や文化人類学ではそれまで生活史／ライフヒストリー研究と呼ばれてきた。社会学領域では、本書はトマス＝ズナニエツキ共著『欧米におけるポーランド農民』（一九一八―二〇年）を嚆矢とする戦前のシカゴ学派の伝統を復活させたリバイバルとして学界には迎えられたことは周知のとおりである。生活史／ライフヒストリーは、オーラリティ／口述だけではなく自伝、日記、手紙などの個人的記録を利用する質的研究法のひとつであって、昨今の個人のオーラリティを主なデータとするライフストーリーとは厳密には区別される。ただし『口述の生活史』はライフヒストリー研究リバイバルのさきがけとなっただけでなく、オーラリティ／口述という語りに基づく生活史である点で、ライフストーリー研究へ向かう新しい可能性を切り拓いた作品としても位置づけることができる。なお、当時、今日のようにナラティヴの特性を強調する「ライフストーリー」は、まだ用語としては流通していなかった。

『口述の生活史』の特質のひとつは、語り手のオーラリティによる自己のライフヒストリーの語りであるが、口述資料をもとにすること自体は、とくに目新しい研究法ではなかった。わが国では以前から聞き書きの伝統があり、なかでも民俗学は、文書資料に重きを置く歴史学とは異なり、同じようにオーラリティを有力な研究資料としていた。また「生活史」という用語も民俗学や歴史学では一般的に使われていた。文字資料に残っている上層の人びとの生活や政治史ではなく、柳田國男が「平民の今までに通って来た路を知る」こと、「我々平民から言えば自ら知ることであり、反省である」［柳田 1970（1935）：264］と述べるように、民俗学が主題とする庶民の日常生活の歴史を表す用語であった。しかし、中野が使った「生活史」は、そうした普通の人びとという視点は大事にしながらも、あくまでも対象としては個人であり、民俗学が対象とする村や集団の集合表象や習俗・慣行などではなかった。その意味で中野が使用した「生活史」は「ライフヒストリー」の同意語にほかならず、民俗学の「生活史」とは異なっていた。民俗学はオーラリティを資料にしているといっても社会・文化の過去の伝承を主題にしていたから常に集合的な語りに焦点があてられ、個々のだれそれがどのような背景で語ったのか、といったその時々の語り手の社会的文化的コンテクストへの顧慮も乏しかった。もっとも、あとでふれるように民俗学のなかでも当時のアカデミズムの主流から外れていた宮本常一の作品には、中野の『口述の生活史』に通じる視点がすでに内在されている。とにかく、その意味でも『口述の生活史』という個人のオーラリティをもとにしたライフヒストリーの作品化は、当時では社会学という特定の学問分野に限らず、歴史学や民俗学などの隣接領域においても注目される作品として迎えられたのである。

2．『口述の生活史』の位置

『口述の生活史』は、一人の女性の生涯についてのライフストーリーである。リアリティの多元性の意義がよくわかるライフヒストリー作品として知られるO・ルイス『サンチェスの子供たち』（一九六九年）の作品が父とその四人の子どもたちの語りを収録している点で語り手の数こそ異なるが、そこに収められた語りの質は類似している。「奥のオバァサン」と呼ばれる語り手の語り口は赤裸々で、戦前の朝鮮での想像を絶する苦難と数奇な経験が語られ、また稲荷信仰による超越体験など若い読者にとってはにわかに信じがたい現実が語られる。その意味では、「信じられんでしょうが」という語り手の断りが折りにふれて出てくるように、現在という時代とリアリティのギャップがあるストーリーが登場することに多元的なリアリティを読みとることができる。しかし、中野は『口述の生活史』の出版にあたって、はたしてルイスが「羅生門的手法」と呼んだような方法論的意義をどのように考えていたのであろうか。その問いに応えるには、『口述の生活史』がどのような契機で出現したのか、その後のライフヒストリー／ライフストーリー研究にどのような意義をもったかを中野の研究史から跡づける必要があるだろう。

　中野卓は一九八〇年の日本社会学会長講演で「個人の社会学的調査研究」の試みを「社会的存在である人間個人というものについて、ライフ・ヒストリーを聴くことによって、いったいどこまで知ることができるかという理論的で実証的な関心にもとづく、これらは探索的な研究」であって、量的調査では「断念を強いられるほかないものを〈科学性〉において劣るとの非難を覚悟の上で、それも大切と考え、とりにがすまいとしての企て」と語っている。そして、個人の生活史の成功には、「調査者の熟練、良きインフォーマントとの出会い、並びに強い信頼関係の醸成が可能とならなければならない」。その前提に、調査とは「調査者である人間が、調査対象となって下さった人間と、一人ひとり、人間同士として出会って話し合うこと、そういう人間関係のやりとりのなかで、研究資料を得ること」であると主張する［中野 1981a : 5］。

　中野は、こうした調査方法論が自他共に認める恩師「故有賀喜左衛門先生の著書のどれからも読みとることができ、……先生から見聞し、感じとることができた方法論」［中野 1981b : 17］であると公言している。似田貝香門との論争［桜井 2002 : 65-7］や安田三郎との意見の相違［安田 1975］の背後にあったのは、中野が有賀から学んだとする調査態度であり方法論であった。中野は東京大学在学中に「商家同族団」の卒論の準備をはじめており、途中、学徒動員で休止したが、一九四六年に復員後、すぐに継続調査をおこなっている。中野が社会学の研究をはじめたころまだ社会調査論の一般的なテキストはなく、この世代の研究者は自力で調査項目を定めて調査を重ねていた。同世代の研究者で中野と同じ東京教育大学教官だった家族・宗教社会学者の森岡清美は、東京文理科大学時代の自分の卒業論文（卒業は一九四八年三月）などの初期論文作成のための地域調査は鈴木栄太郎などの優れた先人の研究書から必要な調査項目を学びとったと述懐している。[1] 実際、鈴木栄太郎は農村社会の調査方法を十分に意識し、戦前、岐阜高等農林学校時代に「農村社会学的部落調査法」（一九三一年）を書き、戦後すぐに喜多野清一と共著の『『日本農村社会調査法』（一九四八年）を上梓している［鈴木 1977］。もっとも、中野の場合はテーマも有賀喜左衛門の同族団研究にならったものだったから、有賀の調査方法を学べる恵まれた環境にあったというべきであろう。有賀はすでに『農村社会の研究』（一九三八年）を出版、続いてその改訂版である『日本家族制度と小作制度』（一九四三年）を発表して、昭和二一年には東京大学社会学科の講師の職を得て彼の社会学方法論となる論文を発表している。社会調査方法論としては、民族文化調査会編『社会調査の理論と実際』（一九四八年）に収録された「都市社会学の課題――村落社会学と関連して」論文を昭和二二年五月には脱稿しており、これは復員後に自家の京都薬師問屋を調査対象にした中野の研究の大いなる励みになったにちがいなかった。有賀は昭和二四年に新制の東京教育大学教授に就任、中野も同時に同大学講師になっている。一方、森岡が参考にした鈴木栄太郎の農村社会調査の方法論に中野がどの程度影響されたかは、筆者には詳らかではない。ちなみに、社会調査法の一般的な教科書の登場は戦後一〇年余経てからであり、それも量的調査法が主要な内容だったから、中野はその後の自らの調査経験からも自前の調査方法論を鍛えたにちがいなかった。(2) 実際、以下に述べるように、中野のその後の調査研究にはそうした環境が少なからず用意されていた。

3. 社会学的方法と民俗学的方法

中野の師、有賀喜左衛門は柳田國男の民俗学に影響されながらもそこに距離をとり、ローカルな地域社会を対象に機能主義的分析法をとりいれた。有賀は、当時の民俗学に対してはたいへん批判的であった。森岡清美によれば、「有賀先生が嫌いだったのは、〈採集〉という言葉で、採集するのではない、植物採集だって採集するけれども、本当はそこで生態学として、その土に、風土に落ち着けてその環境のなかで観察すべきではないですか。それを引き抜いてドーランにいれて持ち帰って、それで干してね、その分類学ではつまらない。植物だってあるでしょう。社会現象はよけいそうです」と語っている。加えて、森岡はオーラリティをもとにする民俗資料においては、語り手の属性が不明、また伝承なのか他者の経験なのか自己経験なのかが不明といった資料の質に対する疑問を呈し、資料批判がないことを批判している。「わたしの調査項目は、民俗学、フォークロアの調査項目と非常に重なる面が多いのにかかわらず、あまり交渉がなかったのはそこだと思います」とも語っている。(3) 民俗資料の収集方法と採集地のコンテクスト抜きの分析法に対する批判である。

有賀はさらに根本的な批判を柳田に向けている［桜井1988］。柳田が「婿入考」（一九二九年）から『国史と民俗学』（一九三五年）へ至る間に、既成の古文書史学への対決の姿勢を弱め、民俗学があたかも史学方法論の一つであるかのような位置づけに変わったという。有賀は、柳田の民俗学がいかに史学的であったにしても、古文書史学との違いをはっきりさせずにあいまいなまま妥協したことを批判する。有賀によれば、柳田民俗学と古文書史学の違いは、次の二点である。一つは、柳田の「方法論は著しく現代から前代へ遡源していく方法」［有賀 1976：105］だということである。多くの史学者が、過去から現在へおりてくる見方をしているのに対し、柳田は現在から過去を見る方法をとり、「我々が知りたがっている歴史に一回性はない」として、現在の民間伝承のなかで日常生活の伝統をつかまえようとしたところに真骨頂があったと、有賀は評価する。さらに重要なもう一つの違いは、民俗学は「史観」すなわち「作業仮説」を確立するために古文書史学より重要な役割をはたしている点である。柳田は、自分が生きた時代の日本の社会と文化を基礎にして常民文化を中心に作業仮説を立て、日本人の生活の実態と伝統をあきらにしようとした。古文書資料のような「偶然性」では生活の全面的関連が把握できないので、近い過去を含む現在の社会生活の計画的な調査を重要視した、と有賀は柳田の方法論を位置づける［有賀 1976：119］。ところが、柳田は自分の方法論に十分自覚的でなかったために、あのような『国史と民俗学』（一九三三年）を書いたのだと、有賀は批判するのである。この批判は、むしろ有賀が社会学方法論を築く基礎になる認識であったことに注目したい。

しかしながら、こうした批判をもとにしているものの有賀の社会学的方法論は民俗学に多くを負っていることはいうまでもない。なかでも、その影響の大きさは「生活論」の視点を取り入れたことに現れている。有賀は農村研究において生活組織の創造的側面を強調した［鳥越 1973］。また、「民俗学の本願」のなかで「民俗学は生活を正視することが目的であり」として「懐古趣味的民俗学者」を批判し、「民俗学を失うより生活を失う方がさらに苦痛である」として、柳田の「経世済民」論に近い考え方を学問の基盤においていたのである［有賀 1969：15-31］。

中野卓もそうした有賀の視点を受け継ぐとともに、自らも調査法の多くを民俗学から学んだ。そのもっとも早い契機は、中野の京都府立京都第二中学校時代にあった。井上頼寿は当時、京都二中にいて、中野の入学時に『京都民俗誌』（一九三三年）を刊行し、卒業後には『京都古習誌』（一九四〇年）を出版した民俗学者であった。彼は、当時、「拾遺会」その後「京二中史学会」に改名した民俗学の同好会を組織していて、中野は入学後に入会している。中野は、「この井上頼寿先生が私の中学時代の先生であったことが、現在の私の考え方、学問についての基礎的な態度の形成に、大きな影響を与えた」［中野 1989 : 4］と認めている。じじつ、『商家同族団の研究』（初版）の「あとがき」で、「この研究にとりついた素地をつくって下さったのは、私に民俗学への関心を呼びさまして下さった京都二中時代の歴史担当の井上頼寿先生であった」［中野 1964 : 784］と述べる。研究への関心を喚起した曽祖父の日誌を読みたいと思うようになったのも「井上先生のおかげ」と書く。京都二中の「拾遺会」の茶話会で、自分の家の洋室の本棚から五〇年前に丁稚をしていて成功した人の自伝を見つけて発表したら、井上頼寿が「大変面白かった」と評価してくれたと綴る。中野は、東京大学文学部在学中の昭和十七年秋の農村調査実習に参加し、農家の同族組織と「分家慣行」にふれ、「商家の同族組織、暖簾分けを伴う分家・別家の研究課題にしようと発意し、その年から父の家（大和屋忠八家）とその分家・別家の調査に取りかかっている。「農家の場合の先達の研究を参考に、商家の場合に必要な調査項目表を含み、社会学的で民俗学的な、有賀的方法で、しかし未だ石神ムラのような方法でなく、中学時代より影響を受けた井上頼寿先生風の柳田民俗学的な聞き書き」［中野 1994］の調査方法で調査を開始した。その調査報告を戸田貞三教授や当時、在野の研究者だった有賀喜左衛門に聞いてもらいながら、昭和十八年十月の「学徒出陣式」のときも調査記録の整理と清書にかかりきりだったようだ。中野自らも公言するように「民俗学的・社会学的な調査」［中野 1994］から出発したのである。京都二中時代の井上頼寿の影響は大きく、『中学生のみた昭和十年代』では、それが『商家同族団の研究』やのちのライフヒストリー研究の「前触れ」だったとふりかえっている［中野 1989 : 9］。

こうした民俗学への関心を早いうちから持ち、民俗学の伝統を受け継ぐ有賀の指導を受けつつも、他方、長く教員として勤めた東京教育大学で主導的立場にあった当時の民俗学とは、どうもそれほど交流があったようにはみえない。すでにふれたように中野は有賀とともに東京教育大学の創設時に社会学教室に講師として赴任する。そこで、一九五二年には民俗学、考古学が一体となった史学方法論の教室が誕生する。しかし、森岡清美が先に指摘したように、有賀も中野も東京教育大学の民俗学とは親しい交流をしていない。森岡は個人的には大学院時代の先輩の萩原龍夫や桜井徳太郎などと親しい関係にあったけれども、ついに民俗学を学ぶことはなかったと述懐している。一九五八

能登調査地での中野卓氏
（1975 年頃、撮影者不明）

年に有賀が退任し、中野、森岡が中心となった東京教育大学の社会学教室と直江廣治、竹田旦らが所属する史学方法論の教室とは、当時、ほとんど学問的交流はなかった。また、当時から民俗学の一翼を担っていた和歌森太郎と桜井徳太郎は、史学方法論とは近い立場にいたものの東京教育大学日本史学の教室に属していた。[4]

　中野がその後、民俗学と親しく接する機会は、むしろ九学会連合の共同調査に参加したときだったと思われる。いうまでもなく、九学会連合の共同調査は渋澤敬三の発案によるもので、八学会連合の頃の対馬調査（一九五〇―五一年）から始まって、能登、奄美、佐渡と順に第八回までは特定の地域を対象としている。中野は、対馬、能登、佐渡調査に参加し、そこから多くの調査手法を学びかつ方法論も鍛えたにちがいなかった。後年、中野は「私のように学界に身を置くようになって以来、この学際的交流のなかで育成されてきた者にはその学問的恩恵が極めて大きかったと考えています」［中野 1992 : 105］と述べている。調査地はいずれも漁村である。対馬では「漁村鴨居瀬の一断面」（一九五一年）、「鴨居瀬および周辺地域の村落組織」（一九五四年）を報告している。能登調査（一九五二―五三年）では口能登の北大呑村庵の「鰤大敷網」という大規模な漁業経営の村落構造を調査し、口能登の「庵――庵村とその鰤網の社会構造」（一九五五年）をまとめている。佐渡の調査では能登から佐渡への鰤定置網の技術伝播を調べている。中野は「漁村の社会学的研究は当時ほとんどないことに着眼し、この領域を開拓したい」と考え、能登の北大呑村の旧村庵ムラを「頻繁に私個人で調査を継続できるところ」として長期調査の対象にしたのであった［中野 1994］。九学会連合の共同調査のときには、庵ムラの社会構造と変化に焦点を合わせた報告がなされており、それ以後も、「個々の家と同族団の歴史をキイ・コンセプトとして社会構造とその変化を分析」のテーマとしている［中野 1994］。共同調査を終えても能登調査を継続し、「大正期前後にわたる漁村社会の構造変化とその推進力」（一九六八年）の発表で、はじめて村の近代化を推進したリーダー格の盲目の高橋雄次のライフヒストリーを中軸にして論文をまとめている。

　九学会連合の能登調査では、中野は調査本部の「幹事」

をしながら、庵ムラの社会構造の変化を調査している。その際の社会調査の技術として、中野と同様に輪島の海士町を調査した第八班班長の関敬吾は、①質問紙調査（家族意識）、②統計資料、③文献調査、④インテンシブなインタビュー調査、⑤調査票への記入調査（家族を対象）などを利用したと紹介している。理論社会学の武田良三は、中野を同じ班に誘ったようだが、その誘いの言葉は「東京教育大の社会調査法を学びたい」だったと、中野は九学会連合の解散時の講演であかしている［中野 2003：156］。中野が現地調査に苦労したような様子は見られないが、当時の九学会連合調査に参加していた民族学・民俗学の研究者の方法論から多くを学んだと思われる。この連合調査の中心にいたのは渋澤敬三であり、有賀喜左衛門のほかに宮本常一、桜田勝徳、竹内利美など、民俗学の中心的な研究者も参加していた。調査報告書である『能登――自然・文化・社会』の「第3篇　村と町　第1章　漁村」の各節は、第1節が瀬川清子・鈴木二郎、第2節が小山隆・関敬吾・竹内利美、第3節が武田良三・外木典夫、第4節が中野卓、第5節が宮本常一、という執筆陣であった。能登調査では、とりわけ桜田勝徳、宮本常一から漁業史について「貴重な助言」をもらったのであった［中野 2003：159］。

その後も、とくに宮本常一との親交はつづいたようで、『商家同族団の研究』（一九六四年）の刊行時に宮本常一にも謹呈している。その礼状に宮本は「よい先生にめぐまれた事もお喜び申します。井上頼寿・渡辺万寿太郎・小倉豊文、私には縁故あさからざる人であり、有賀氏とは今も月一回絵巻物の会で顔を合わせています」［中野 1992］と書く。さらに『府中市史　近代編』を中野が担当したのは、編さん委員会委員の宮本常一に依頼されてのことだった。

「調査執筆を（宮本常一先生より）引き受けるよう御依頼を受けたとき、歴史家でもない私にそういう仕事ができようとは思えなかった。民俗学者宮本先生とは昭和二十五年の九学会連合による対馬調査以来、能登・佐渡の同様な共同調査で、その一員として接触の機会をえ、ことに私が漁村を調査したことから漁業史などに関連して幾度も御教示をえた旧知であって、私が町や村へ入るときの方法につきご存じであり、その宮本先生の御提案からその編さん委員会で私に委嘱したいということになった由」［府中市史編さん委員会編 1974：1361］。町や村の調査方法について宮本の方法と共通するところがあることを中野も認めている。そして、この府中市史の調査で中野は歴史記述の一環として「個人生活史」を取り入れたのであった。しかし、このときは『口述の生活史』のようにオーラリティを直接作品に活かして記述しているわけではなかった。

ところが、周知のように、宮本常一は『忘れられた日本人』（一九六〇年）ですでにライフヒストリーの視点を取り入れていた。しかも、オーラリティを活かした個人生活史の視点をもっていたのである。「奈倉談義」では四人の座談がオーラリティを活かして記述されている。しかし、記述内容はいかにも村の生活や時代変化にかかわるもので個人のライフヒストリーとは言い難い。それに対し、「土佐源氏」や「梶田富五郎翁」などは、オーラリティをもとにしたライフヒストリーそのものである。実際、宮本は『宮本常一著作集10　忘れられた日本人』の「あとがき」で、著作集のなかに新たに加えた「川目の話」「十津川くずれ」などの四作品を「これはライフ・ヒストリーとはやや趣を異にするが、忘れられた世界やそこに生きる人びとを含めて、歴史は特別な有名な人びとによってのみ作られているのではなく、大ぜいの民衆によってつくられていることを知ってもらいたいために付け加えた」〔宮本 1971：303-4〕と述べ、収録されていた作品について、生活史といったあいまいな用語ではなく、文字どおり「ライフ・ヒストリー」という用語を用いている。すでに個人生活史を十分に意識していたのである。ただ、その語りは、語り手のモノローグの形態をとっており、インタビューの相互的なやりとりは明確ではなく、「土佐源氏」などにはとくに創作的な色合いが目につく。しかし、宮本の作品は、地域の社会的・文化的コンテクストを重視しており、有賀や森岡が批判した柳田や東京教育大学の民俗学につながる方法論とは異なっている。だからこそ、あるいは逆に、と言うべきか、当時、民俗学の牙城の一つである東京教育大学史学方法論のアカデミズム民俗学からは、宮本の方法はあまり評価されていなかったようである。(5)九学会連合調査においては、対馬調査で日本民俗学会から東京教育大学の和歌森太郎や桜井徳太郎、そして直江廣治、竹田旦が参加、次の能登調査では、直江や竹田は参加を見送っている。中野は、対馬、能登、佐渡の同調査に加わっており、同時期に日本民族学協会から参加している宮本常一らと交流を深めているが、中野が宮本常一の作品から『口述の生活史』へつながるライフヒストリーのヒントを直接、得たかどうかは定かではない。

4. 個人研究への注目

中野は、おりにふれ、自分の社会学あるいは社会学的調査の考え方を有賀喜左衞門から学んだと語る。たしかに主著の『商家同族団の研究』など、家や同族団研究においては有賀の研究との連続性は明らかだが、『口述の生活史』を期にライフヒストリー研究へと舵を切ったときに、中野は有賀の何を活かし、どのような新しい独自の視点を獲得したのだろうか。結論を先取りすれば、有賀理論から学んだのは生活＝ライフの「創造性」、なかんずく個人の「主体性」のとらえ方であり、新たに個人を対象にする人生やリアリティ、そして社会化に関する文化社会学的関心を獲得した、といえるだろう。中野にとってライフヒストリーは、これまでの家や同族団、村落研究などの主要な社会学方法論である機能主義と決別し、有賀理論から脱皮をはかる方法論となった。

ライフヒストリー研究との関連では、中野は研究対象の固有性、個別性の意義を強調した。ライフヒストリー資料として有力な個人的記録をデータとして扱おうとする中野の欲求は古く、すでにふれたように、京都二中で井上頼寿に刺激されて、生家で働いた丁稚の自伝や曽祖父の日誌に関心を示していた。周知のように、『商家同族団の研究』に、のちの『明治四十三年京都』（一九八一年）の一部になる新妻の日記を収録し、『鰤網の村の四〇〇年』（一九九六年）に収録された「大正期前後にわたる漁村社会の構造変化とその推進力」（一九六八年）や『府中市史近代編』（一九六八年）では個人生活史を利用した。能登調査の個人生活史は、文書資料と本人以外の他者の語りをもとに再構成した。府中市史では、聞き取りで跡づけたと思われるところもあるが、主に本人の日誌やメモなどの個人的記録をもとに特定の個人のライフヒストリーを再構成している。中野は「『府中市史』のなかで、ひとつだけ自分でやれたと思うことは、個人生活史を織り込んだことですね。有名無名の数人のライフヒストリーをあちこちで読みとれるようになっている」［中野・西垣・岩本・樺山 1982］と、ライフヒストリーの利用の方法論的な意義を語っている。また、社会学会会長講演「個人の社会学的調査研究について」でもふれているように、盲目のカリスマ的リーダーである個人に着目して歴史的変遷を跡づけた論文を発表した一九六八年に『府中市史近代編』の編纂のための調査を始めている。

『商家同族団の研究』における母の日記は個人的記録のひとつであって、個人の人生の変遷を跡づけたライフヒストリーは、むしろ『府中市史』や能登鰤網の村の研究において見ることができる。もっとも、ライフヒストリーといっても主に個人的記録をもとに再構成していること、地域構造を対応させながらライフヒストリーを織り込む叙述であったことに注意しなければならない。後者については「全体構造をみなければいけないのであって、全体構造のなかのどの部分だとしらないと事例資料の意味がわからない」と、中野は個人を社会的文脈に位置づける必要性を強調している［中野 1981］。ところで、中野が個人生活史に注目したのは、個人的記録に関心を示していた京都二中にその萌芽があることについて述べたが、ライフヒストリーに通じる社会学調査の方法論として意識しはじめたのはいつ頃のことであったろうか。

こうした視点は、民俗学にその出発点を見いだせるように思われるが、すでに述べた鈴木栄太郎らの『日本農村社会調査法』には、第一七段に「個人的伝記の作製」として明確に個人を意識した伝記的手法が方法のひとつにあげられている。そこでは「村落内の一人または三、四人の平凡な老人についてその一生の伝記を作る」［鈴木 1977 : 257］ことが勧められている。社会生活のパターンや変化が一人ひとりの生活に反映されていると考え、「一生の間に経験した大きな身辺の事件に」ついて、また「他の個人または個人らに直接関係があったような事柄についても」叙述することで、村落や近隣の各組織の働きを理解できるとしている。注目すべきは、「島崎藤村『夜明け前』や長塚節『土』といった小説からも、当時の社会構造や動きが生きた形で現れているから、そういう手法がどうして科学的利用されてはならないであろうか」という鈴木の指摘である。「複雑な社会現象の会得とその表現のためには、あらゆる手法が工夫されなければならぬ」［鈴木 1977 : 258］と、ライフヒストリー研究につながる伝記的手法を評価しているのである。

中野の残した調査資料を見ると[6]、ライフヒストリーが明示的に調査方法に取り入れられたのは、私が知る限り、一九六五年である。中野は九学会連合調査に引き続いて能登の庵村調査を継続していたが、この年に使用したＢ４用紙の庵部落の調査票には、調査員の氏名書き込み欄、東京教育大学文学部社会学教室、調査年月日の記入欄、一九六五・八・（　）・九（　）の調査年月日の記入欄がある。フェイスシートには世帯番号と家号の書き込み欄があり、現住世帯員についてそれぞれの、氏名、続柄、性別、生年月、年令、世帯員に入った年・年令、結婚の年・年令、出生地・生家、最終学歴、職業状況・勤務先——主、副、本人の仕事の内容、所在地、事業所名、事業内容、開始の年・年令、期間——、集団参加を書き込む欄がある。さらに現住世帯員欄の下段にはLIFE HISTORYと表記された三名分の書き込み欄があり、それぞれ明治三五年から昭和四〇年までの年号が等間隔に尺度付けされている。私が資料の中から発見したのは書き込まれる前の調査票であって、どのように書き込まれているのかは不明であるが、中野がすでにこの年までにクロノロジカルなライフヒストリーを方法論に取り入れようとしていたことは明白である[6]。

『口述の生活史』ではオーラリティが中心のライフヒストリーであること、またそのあと出版された『明治四十三年・京都』は個人的記録そのものを単独で出版したことで、それまでの中野の研究方法から見ても特異な位置をしめる。後者は、もともと『商家同族団の研究』で一部が利用されたものの、その研究の一環に位置づける観点がないと社会的文脈を無視して読まれることも覚悟しなければならなかった。中野も参加した座談会で、樺山紘一は民衆史の「下からの歴史」を強調する人のなかには「歴史は最底辺からみなければいけないという一種のイデオロギー」から、この本を「上層の話だ」と「まちがった受け取り方」をした人もいたという。それに対して、中野は「あれは(『明治四十三年・京都』)……母が亡くなったあと本になりました。本にするために註やなんかをつけていくうち、いよいよこれはすばらしい資料だと思うようになって、われわれが過去をなにか見誤ってきたということを、いっそう確信をもっていえるようになりました」[中野・西垣・岩本・樺山 1982] と語って、その資料的意義を強調している。

同様に、『口述の生活史』の成立は、同じように水島工業地帯の環境汚染による移転問題をはらんだ村落調査を背景にしていたことは押さえておくべきだろう。それは語り手との出会いや註記における当時の公害、環境問題への言及からもあきらかである。とはいえ、あくまでも社会構造内の個人というこれまでの全体や構造との関連性を重視する研究法とは、やはり大きく外れている。有賀の全体と個あるいは構造と個人の相互媒介の考え方をもとに個人を社会的文脈に位置づける重要性を学会長講演では強調したものの、対応する社会構造についてはまとまった研究成果は発表されていないのである。したがって、『口述の生活史』当時の社会学研究において希有な、出版にも勇気のいる作品として登場したといえる。この傾向は、その後、ますます強まり、『離島トカラに生きた男　上・下』(一九八一―二年) および『日系女性立川サエの生活史』(一九八三年) では、ほとんどトカラやハワイの社会構造は見えない。これはこれまでの社会学の研究視点からも批判された点である。[7] しかし、この点にこそ中野の新しい出発があったと見るべきであろう。「特定個人のモノグラフ的研究を通して――もとより多様な個々人の事例を積み重ねながら――そうした人間個人から全体社会へ接近する試みもあってもよいのでは」[中野 1981a : 4] と、中野は個人を対象にした研究の可能性をやや婉曲に論理づけてはいる。ただ、個人研究が意味するのは、まず有賀の社会学的方法論の基礎になっていた社会統合的な色彩をもつ機能主義との決別を意味したことは、そのとりあげた語り手の特異性からも注意しておきたい。

5. 新しい視点

中野は、当初、「全体構造との相互連関としての個人」という有賀の「全体と個の相互連関」の論理から導きだした考え方をライフヒストリーの方法論として語っている［中野 1981a］。しかし、中野の指摘したこうした意義とは異なる見方によって『口述の生活史』が評価されたことこそ注目すべきであろう。ひとつは、社会学に限らない多方面から反響があったことである。中野は「社会学や文化人類学（または社会人類学）や民俗学や日本史学、宗教社会学などの専門家や専攻学生などだけでなく、研究者でない一般の方々もそれを読んで反響を示してくださいました」［中野 1981b : 16］と書く。

もうひとつは、「社会構造との関係における個人」という視点とは別の視点の意義が強調されたことである。中野は『商家同族団の研究』の刊行直後にミシガン大学の日本研究センターのリサーチ・フェローとして渡米する。その年の秋、アメリカ社会学会の年次大会でＥ・ヴォーゲル教授を介して鶴見和子と出会う。それから以降も中野と親交を続けた鶴見和子は、『口述の生活史』の書評で、ライフヒストリー研究の意義を自己形成と生涯社会化の理論と接続する視点から評価している［鶴見 1982］。鶴見は、米国での研究生活からすでにネイティヴ・アメリカンの文化人類学のライフヒストリー研究などに通じていたとみられ、『口述の生活史』以前にライフヒストリー論文を発表している。そのなかでライフヒストリー研究を、①個人による既成の社会規範のつくりかえ、②同一の個人の異なる時点における、価値、考え方、行動の型のつくりかえなどが期待できると考えていた［鶴見 1967 : 11］。こうした視点からの書評は、中野にとって個人研究推進のもうひとつの有力な動機づけになったにちがいなかった。もっとも、中野はすでに「個人生活史の方法論」［1981］のなかで、「人間個々人に内在している諸条件、諸要因は、その人がそれまで社会的存在として形成されてきた『社会化』ないし『社会的人格形成』の過程と関連してでなければ、科学的に説明できません」［中野 1981 : 18］と、「社会化」の視点を指摘しながらも、そうした個人生活史を重ね合わせた力動的連関によって歴史が展開することをとらえることができると主張していたから、むしろ有力な理解者を得たというほうが正確かもしれない。

その考え方の基礎にあるのは個人の「創造性」であり、「個性あり、自律性もある創造的行動主体たる人間個人のもつ推進力をぬきにしては、社会変動を充分社会学的に明らかにすることは困難でしょう。その個性も自律性も、社会的に形成されたものであり、また万人が何らかの程度もちあわせているもの」だと、社会化の理論を理解する。また「どのような個人をとってみても、その人なりの自主性、自律性をもって生き」ているという中野の主張は、それまでの社会学や社会心理学における欧米の個人を基準にした日本人の「自主性・自律性のなさ」あるいは「自我の未確立」という指摘に反論するものでもあった［中野1981a］。有賀と同様、中野も文化の進化主義的な立場に強い反発を持っていたのである。

　しかしながら、中野の考え方のもとになっている有賀の論理では、個人が創造性を働かす際には集団の制約のもとであって、決して無からの創造性はありえず、集団において創造性が考えられていた。あくまでも「創造性」を集団の生活組織のなかで捉えていたのである。ところが、中野は「生活の創造性」をあえて「個人の自主性」へと読み替える。こう考えることによって、中野は社会構造とは関係なく個人を対象とするライフヒストリー研究の有効性を論理化したのである。

6．オーラリティ

　さらに中野がインタビューをとおして語られたライフヒストリーの記述に、オーラリティへのこだわりがあった点についてもふれておかなければならない。『口述の生活史』からはじまり『離島トカラに生きた男』そして『日系女性立川サエの生活史』など一連のライフヒストリー作品は、いずれも中野によるインタビューをとおして語られ、語りを逐語的におこし、トランスクリプトを作成して時系列に編集したものである。中野のオーラリティの重視は、その後のライフストーリーにつながる視点である。

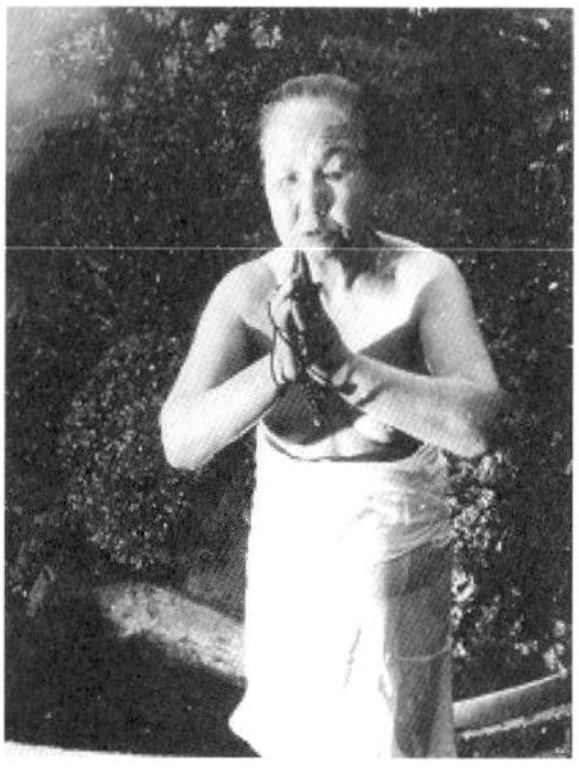

水垢離をする松代さん
（1976年頃、上田喜三郎氏撮影）

　オーラリティが中心の記述になったのは、まずなによりも語り手の「世界をそのままに読者に伝えるという主旨」からであると考えられる。『口述の生活史』で、自らを編者と位置づけし、「ほんとうの著者は〝奥のオバァサン〟自身」といえるほど、中野は語り手から「人間として深い関心と、強い研究関心」を引き起こされたことを認めている。一九七五年三月から翌年にかけて語り手の松代（仮名）さんに数回会って、彼女のライフヒストリーを聞いて録音している。のちに中野は「彼女は大師堂復興のきっかけとなった昭和四七年の出来事の思い出から話し始め、私の望むままに、幼い頃からの身の上を、詳しく話してくれたのです。それは個人の自己形成の過程、度重なる苦難の克服と独自な主観的生活世界の展開を、共感的に理解することを、私だけでなく、彼女の『口述した生活史』の読者にも、可能にしてくれるような面接記録となりました」［中野 1994］と語り、読者の共感的理解を十分意識していた。

もうひとつの理由は、「研究のための科学的資料」と考え、読者に自由に読みとってもらうことを目指したからである。したがって、自分でストーリー化し「事実を創作してしまう結果になるような編集を避ける」ことに注意したのである［中野 1977a：3-4］。ライフヒストリーの「資料」の意義を強調する点は、すでに述べた『明治四十三年京都――ある商家の若妻の日記』でも同じであった。

いずれの理由も、オーラリティの重視が読者を十分に意識していたことを表している。中野は、執筆当初は資料的意義を強調したことからもわかるように読者を研究者中心で考えていた節が見られるが、『口述の生活史』の読者層は限定された研究領域に止まらず、一般人も含む幅広い分野から受け入れられたことは、すでにふれた通りである。この読者を意識すること自体も、従来の研究者コミュニティ向けの研究論文が暗黙の前提にしている形式を越えるものであり、ひいては今日のライフストーリー研究の問題意識ともつながるものであった点は注目しておいてよい。

この時期、私は廃学間近の東京教育大学の大学院に最後の院生として在籍しており、一九七五年の社会学科の三年次学生の最後の社会調査実習を担当する中野教授の助手として、水島工業地帯に隣接する呼松集落の調査に同行する機会をもった。東京教育大学の廃学が三年後に予定されていた。中野さんは学生調査については要所では指導するものの、あとは私に学生が収集した調査票のチェックと管理が任され、その間に「奥のオバァサン」と話し込んでいた。私は大学院時代、当時、現象学的社会学の創始者として注目されはじめていたA・シュッツの著書を読んで、そのおもしろさをことあるごとに話していた。のちに著作集の一部を『現象学的社会学の応用』（一九八二年）として翻訳・出版した際に中野さんに監修者の役割をとってもらったのも、その故であった。輸入ものの理論にほとんど関心を示さなかった中野さんが、シュッツには意外にも大いに興味を示し、私自身も気をよくして自分の考えを語ったものである。とくに呼松調査に出かける車中では、ほとんど初めて社会学についての会話を交わしたが、調査方法論について大いに共鳴し合ったのであった。

中野は「ウェーバーも人間理解という点で、アルフレッド・シュッツには及びえなかったように思います」と述べ、シュッツを評価する［中野 1981b］。ウェーバーは合理的行為を軸にしていたために「非合理的な行為を含む『生活』」を理解することには十分ではない。また「ウェーバーの『方法的個人主義』は、個人を実際には『行為』だけで把え、特定行為の側面だけ個人を典型化したため、シュッツが「他所者（異邦人）」・「帰郷者」という概念を用いて行ったような個人の把握には、必ずしも成功しなかった」というのである。M・ウェーバー以来の社会学的伝統では行為や役割が分析の単位になったが、シュッツは、「個性ある具体的な姿での個人を、科学的に理解する方法を理論的に示してくれた」という。さらに中野はシュッツの「多元的リアリティ」の考え方も評価している。したがって、松代オバァサンの語りに登場する〝お稲荷さんのキツネ〟や吉岡亀太の語りのなかのさまざまな神々や生霊・死霊の訪問の語りを「多元的リアリティ」の事例と捉えることができた。これらは語り手の語り口をとおしてしか表現できない。この点もオーラリティの有効性を示す一因になったのではないか、と思われる。『口述の生活史』の出版において、「編集註記を終わった彼女直話のままの原稿」を出版社へ渡したすぐあとに、「文字化は大仕事だったが、面接もその文字に起す東京での仕事も、私を勇躍させた」［中野 1977e : 151］と中野は興奮冷めやらぬ筆致で語っている。

7．当事者と調査者の位置

中野のライフヒストリー研究は、これまでの集団を対象にすることに対して個人を研究対象とし、人間像を行為や役割に分解して考察するのではなく人間をホーリスティックに捉えようとするものであった。したがって、有賀から受け継いだ機能主義的分析法や類型論による社会学分析法とは、なお社会学会長講演ではその残滓が見え隠れしているものの、しだいに距離をおくことになった。そこに中野の飛躍もあったのである。中野はライフヒストリー論によって「有賀を越える」ことができる、あるいは少なくとも有賀とは別の境地を拓くことができるという思いをもっていた。九学会連合大会の解散に際しての記念講演（一九八九年）で、中野は『離島トカラに生きた男』を「ヨソモノ」のライフヒストリー研究と位置づけ、次のように述べる。

「ムラの連帯による相互扶助から除外されているヨソモノの生活世界へ研究の視点を向けることは従来の構造機能的接近を脱して、この学会連合では未踏の領域で、意義あることと考えた」［中野 2003 : 164］。

社会構造と個人の相互媒介という有賀的視点は、個人の社会構造への統合的な側面を強調している。中野以降の多くのライフヒストリー／ライフストーリー研究の対象となった語り手が量的調査で焦点化されるマジョリティから疎外されるマイノリティであったり、構造から外れた人びとを対象にしてきた点は、ライフストーリー研究の特質として私も指摘した［桜井 2002］。中野が対象としたライフヒストリーの調査協力者はすべてがかならずしもマイノリティとはいえないけれども、彼／彼女らを社会統合の視点からではなく、その主体性、自律性によってとらえようとした。中野の関心は、マイノリティ研究というより近現代史の社会変動に翻弄されながらも主体的、自律的に生きた個人にあった。晩年は、自分自身がその格好の素材になったのである。

　中野のライフヒストリー作品は、インタビュー・トランスクリプトがすべて書きおこされて、ほとんどのトランスクリプトを活かしながら時系列的に編集されて作品化された。時系列的編集は、それが歴史的事実を表象すると考えたからであろうが、個人のライフヒストリーは年代順表記が標準と見なされてきた常識的理解によるところも大きい。それは、私たちがライフヒストリーを誕生から年代順に成長過程を描くことで、歴史と重ね合わせることが可能となり、客観的な理解が得られやすいとする常識に由来する。それに対して、ライフストーリーは語りのストーリーやナラティヴの言語的特質に焦点をおく立場から、むしろ語り方そのものを尊重する記述となる。オーラリティを重視した中野の作品はむろんライフストーリーにも通じるものだが、時系列的編集や語られた事実・リアリティに本質的な意義を見出していた点で、あくまでもライフヒストリーを歴史の客観的資料の一種と見なしたのである。

　ライフヒストリーからライフストーリーへ研究の焦点が移るとき、もう一つの違いとしては、調査者である語りの聞き手のポジショニングが新しい視点として導入されたことである。私はインタビューにおける語り手と聞き手の相互行為をもとにしたライフストーリー研究法として「対話的構築」法を提唱したが［桜井 2002］、中野のライフヒストリー作品には、聞き手である「私」はどのように位置づけられているのだろうか。中野の一連の「口述生活史」作品には、インタビュアーである中野自身も解説や註記でところどころに顔を出しているが、あくまでも語り手が「私」という主人公であり、中野は編者として後景の位置に止まっている。これは、従来の聞き書きによる語り手のモノローグとして記述する編集方法に類似しているけれども、オーラルな語りを忠実に書きおこしている点と、語り手の著者性（authorship）を認める点において中野固有の調査態度がよく表れている。それは、中野が調査協力者と調査者を対等な関係と見なしていたからである。もっとも、その後のライフストーリー研究が問題にした調査者のポジショニングや両者の権力関係、相互行為や対話的視点をライフヒストリーに取り入れるところには至っていない。

中野は、語り手と聞き手のコミュニケーションが社会調査の態度として肝要であることは十分理解していたが、ライフヒストリーの資料的意義を強調したところにもみられるように語りを事実の反映（リアリティ）であると考えており、そのストーリー性やフィクション的な性格を認めてはいなかった［中野 1995］。実際、中野は『口述の生活史』の語り手が語った地震の記憶をもとに「南海道地震」をはじめとする過去の地震について調べ、干拓地における石油コンビナートの危険性を警告する論文を、語りを聞いたあとに次々と発表している［中野 1976, 1977b, 1977c, 1977d］。こうした市井の人の語りに見られる歴史的事実から「天災」がもたらす危険性の調査に傾注した中野の熱意をみても、ライフヒストリー／オーラルヒストリーの意義にリアリティを求めることになんの躊躇もなかったことも頷けるのである。

もっとも、こうしたリアリティ派としての中野の考え方を揺るがす契機は、彼が「口述生活史」作品を次々と生み出していく過程でなかったわけではない。『日系女性立川サエの生活史』（一九八三年）を著すきっかけになったハワイの共同調査には、文化人類学者の前山隆と、大学院時代に中野のもとで学んだ社会学／民俗学者の鳥越皓之が同行し、後年、前山は『ハワイの辛抱人』（一九八六年）、鳥越は『沖縄ハワイ移民一世の記録』（一九八八年）を著した。ここではいずれも語り手の語りを中心に構成された作品化が行われている。中野と前山は一人の個人生活史をオーラリティでまとめ、必要に応じて解説や註記をした構成をとったのに対し、鳥越は七名の語り手を各節ごとにとりあげ、解説のなかに語り手の語りを挿入して作品化した。オーラリティの語りはいずれもモノローグになるように編集され、聞き手が登場するインタビュー形式にはなっていない。鳥越の作品は、著者自身が「私」として解説の地の文には登場するものの、他の作品は解説文か註記において登場するのみである。鳥越は、編集者や監督の立場から特定の主題でストーリーを組み立て、それに適切な語りを挿入した。それに対し、中野と前山は生涯にわたる人生全体を語り手のオーラリティをもとに作品化している。したがって、前山の作品も、大筋では中野の作品化のプロセスに沿っている。

ところが、前山は「あとがき」で、語り手と聞き手（調査者）の関係に言及して次のようにいう。「聞き手は自らの視点を混ぜ入れず、語り手の視点を忠実に把えるのが聞き書きや面接の鉄則のように言われる。（中略）これは明らかな誤りであり、欺瞞であると私は判断している。語り手の視点を把えるには、聞き手の視点をもってからめ取る以外に方法はない。語り手の視点を掘り起こし、それを明るみにもたらすためには、聞き手の視点と解釈装置を積極的に仕掛け、投げかけて、相手の視点・解釈装置とぶっつけ合わせ、照合させる以外に方法はないと私は了解している。ライフ・ヒストリーの調査・研究は、このような語り手と調査者の本来的な協同作業であり、相互の解釈装置間の対話の過程である」［前山 1986：287-8］。これは「アクティヴ・インタビュー」の考え方の基本であり、「協同作業」は語りの構築性を示唆してもいることから、その後のライフストーリー研究の認識論に通じるものである。ハワイの共同調査の時点でこうした認識論の議論があったかどうかは定かではない。それは、その後のライフストーリー研究の基本的視点を先取りしたものであったが、残念ながら作品の記述には十分に活かされなかった。中野は調査者の役割を十分に認識しながら、調査者や調査インタビューそれ自体をライフヒストリー研究の主題のひとつとは考えなかったのである。

オーラリティに基礎をおくライフストーリーは、ナラティヴが内包する物語と行為としての語りという二重の意味をもつ。語られる内容だけではなく語り方にも注意を向けさせたのである。すなわち、語り手と聞き手における権力関係や権力作用（「沈黙」や「語りがたさ」をふくむ）などのメタ・コミュニケーション、聞き手の「構え」やリフレクシビティなど、さまざまな論点を登場させた。結局、ライフヒストリー研究からライフストーリー研究への展開は、『口述の生活史』がそれまでの社会学的研究に挑んだ視点を受け継ぎながら、そこに示唆されたオーラリティの特質と語り手・調査者相互の対話という調査過程の省察へと歩を進めることで始まったのである。

＊本稿は「オーラリティの復権――『口述の生活史』前後」（『現代民俗学研究』第5号、二〇一三年）を改稿したものである。なお、上記論文には、事実誤認が含まれていたことを森岡清美先生から指摘され本稿で修正した。森岡先生にお礼を申し上げたい。

注

（1）森岡清美先生への私のインタビューによる（二〇一二年一月三一日）。

（2）なお、もっとも早い学生向けの社会調査法のテキストは、［福武 1958］であろう。

（3）森岡先生は前出のインタビューで、「社会学の先生方は、民俗学の方法論には批判的な方が多かったのですか」という私の質問に、「まったく、と言っていい。歯牙にもかけなかったというと失礼ですけれど（笑）」と明快に語っている。

（4）森岡先生のインタビューによる。また、東京教育大学大学院で私の先輩にあたる鳥越皓之氏は、史学方法論教室で民俗学を学んだあと大学院では社会学専攻へ進学する。まだ、民俗学専攻の研究科がなかったためだが、ほとんどの進学希望者が日本史学研究科へ進学するなかでは異色であった。当時の史学方法論教室は、民間信仰の研究者が中心で社会伝承の研究希望であったために社会学研究科で農村社会学の勉強をはじめたのである（鳥越皓之氏談、二〇一二年三月二六日）。

（5）一九六〇年代後半に東京教育大学文学部で民俗学を学んだ鳥越氏は「覚えているんだけどね、授業うけているときに、直江（廣治）先生が、素人の民俗学者なんかもいますよね、たとえば、宮本常一とか。そのころは（宮本先生は）そんなに有名じゃなかったから」と、当時、アカデミズムの権威からは宮本常一は素人民俗学者と見なされていたと語っている。

（6）中野の調査資料は、中京大学退職時に中京大学に残され、その後、処分されるにあたって多くが佐藤健二氏の手元に保管された。最近、私は佐藤氏からそのうちの一部を預かり、資料整理をはじめている。そのなかから見つけたものである。佐藤氏には便宜を図っていただいたことに感謝したい。

（7）玉野和志は、中野が内海松代の生活史の中に「日本社会のもうひとつの構造を見出すことができなかったこと」を「失敗」と断じている［玉野 2004］。しかし、これは玉野の自らの社会学的の見方による価値評価という狭い文脈での早計な批判のように思われる。端的に言えば、中野は『口述の生活史』以降、構造や機能、集団を基本とする研究から、個人が構造に完全に組み込まれるわけでも歴史に翻弄されるだけの存在でもない、という認識からライフヒストリーを本格的にスタートしたのである。

文献

有賀喜左衛門 1969『有賀喜左衛門著作集Ⅷ　民俗学・社会学方法論』未来社

有賀喜左衛門 1976『一つの日本文化論』未来社

桜井厚 1988「有賀理論の方法的基礎と生活史研究」柿崎京一・黒崎八次良・間宏編『有賀喜左衛門研究』御茶の水書房

桜井厚 2002『インタビューの社会学』せりか書房

鈴木榮太郎 1997『鈴木榮太郎著作集Ⅶ』未来社

玉野和志 2004「第3章　魅力あるモノグラフを書くために」好井裕明・三浦耕吉郎編『社会学的フィールドワーク』世界思想社

鶴見和子 1967「女の自己改造能力」『思想の科学』64号

鶴見和子 1982「書評　中野卓編著『口述の生活史』」『社会学評論』32-4

鳥越皓之 1973「有賀社会学にみる生活把握の方法」『現代

社会の実証的研究』東京教育大学文学部社会学教室
鳥越皓之 1988『沖縄ハワイ移民一世の記録』中公新書
鳥越皓之 1988「実践の学としての有賀理論」柿崎京一・黒崎八次良・間宏編『有賀喜左衛門研究』御茶の水書房
中野卓 1968「大正期前後にわたる漁村社会の構造変化とその推進力」村落社会研究会編『村落社会研究』第４集、塙書房
中野卓 1976「地震と工業公害」『未来』12月号、未来社
中野卓 1977a『口述の生活史』御茶の水書房
中野卓 1977b「水島工業地帯に地震はないのか」『書斎の窓』１月号、有斐閣
中野卓 1977c「『公害』と地震」『環境と人間』２巻２号、環境科学総合研究会
中野卓 1977d「水島工業地帯と地震」『環境と人間』３巻１号、環境科学総合研究会
中野卓 1977e「石油コンビナートの『公害』と『天災』」『現代社会の実証的研究──東京教育大学社会学教室最終論文集』東京教育大学文学部社会学教室
中野卓 1981a「個人の社会学的調査研究について」『社会学評論』32-1
中野卓 1981b「個人生活史の方法論」『月刊百科』10月号、平凡社
中野卓 1989『中学生のみた昭和十年代』新曜社
中野卓 1992「或る大正生まれの自分史(8)」『中京大学社会学部紀要』7-2
中野卓 1994「私の生涯における研究課題と方法」（中京大学社会学部最終講義、一九九四年一二月二一日、未発表レジュメ）
中野卓 1995「歴史的現実の再構成」中野卓・桜井厚編『ライフヒストリーの社会学』弘文堂
中野卓 2003『生活史の研究』東信堂
中野卓・西垣晴次・岩本由輝・樺山紘一 1982「シリーズ座談　地域史構成のための視座をもとめて⑲　第六回社会構造はシステムじゃない〈その３〉」（『歴史公論』10月号）
福武直 1958『社会調査』岩波書店
府中市史編さん委員会編 1974『府中市史　中巻　近代編』（再版）東京都府中市、一九七四年、p. 1361
前山隆 1986『ハワイの辛抱人』御茶の水書房
宮本常一 1971『宮本常一著作集10　忘れられた日本人』未来社
安田三郎 1975「『社会調査』と調査者─被調査者関係」『福武直著作集　第２巻』東京大学出版会
柳田國男 1970（1935）「郷土生活の研究法」『定本柳田國男集25』筑摩書房

『ポーランド農民』における手紙と自伝の利用――再評価の試み

高山 龍太郎

はじめに

「個人の生活記録をできるだけ揃えれば、それは完璧な社会学的資料になる」（III, 6=1983：88、強調は原文）。[1] このように力強く宣言したW・I・トマスとF・ズナニエツキの[2]『ヨーロッパとアメリカにおけるポーランド農民』（一九一八―二〇年）（以下『ポーランド農民』）は、手紙や自伝などのパーソナル・ドキュメントを初めて本格的にもちいた社会学の研究とされる。この『ポーランド農民』が示した調査法は、シカゴ学派と呼ばれるシカゴ大学の社会学者たちに受け継がれ、一九二〇年代から三〇年代にかけて多数のモノグラフ研究として結実した（宝月・中野 1997；中野・宝月 2003）。このようにシカゴ学派の礎を築いた『ポーランド農民』は、一九三七年に社会科学研究会議の研究評価委員会によって第一次世界大戦後にアメリカで出版されたもっとも優れた社会学の研究に選ばれている（Blumer 1979）。しかしながら、パーソナル・ドキュメントをもちいた研究は、一九四〇年代以降、アメリカ社会学のなかで衰退していく（桜井 1983）。その一因として、上記の研究評価委員会が主催した『ポーランド農民』の批評によって、その方法論が科学的基準を満たしていないという評価が定着してしまったことがあげられよう。こうした経緯のため、『ポーランド農民』は、「アメリカの経験社会学における最初の偉大な古典」（Coser 1977：381）のような最大級の賛辞を送られながら、言及されるわりに実際には読まれない「無視された古典」（Bulmer 1984：45）になってしまっている。

本稿の目的は、こうした不幸な境遇にある『ポーランド農民』の再評価を試みることである。そのために、まず『ポーランド農民』のなかでもっとも影響力の大きい方法論ノートの主張と社会科学研究会議でおこなわれた批評について見ていく。次に、手紙や自伝の利用を概観し、方法論ノートと実際の資料の利用とのあいだにあるへだたりを確認する。そして、そのへだたりの理由について、手紙と自伝の収集にいたった経緯およびトマスとズナニエツキの学問的な好みなどを探りながら考察する。最後に、データアーカイブとして『ポーランド農民』を再評価することを提案する。

方法論をめぐる議論

『ポーランド農民』の概要(3)

二二五〇頁の分量をもつ『ポーランド農民』は、一九一八年から一九二〇年にかけて、五巻の本として出版された(4)。第一巻と第二巻の「第一次集団組織」では、有名な態度と価値の図式を示した冒頭の方法論ノートに続いて、農民たちの手紙を資料に、家族や共同体など第一次集団の組織形態と変容が検討される。第三巻「移民の生活記録」では、元農民の自伝を資料に、社会変動期におけるパーソナリティ形成が検討される。第四巻「ポーランドにおける解体と再組織化」では、新聞記事を資料に、ポーランドにおける第一次集団の解体と、合理的な協同組合を基礎にしたポーランド農民社会の再組織化が扱われる。最後の第五巻「アメリカにおける組織化と再組織化」では、舞台がアメリカに移り、社会機関や裁判所などの記録を資料に、母国ともアメリカ社会とも異なる独特なポーランド移民社会の再組織化と、移民の不適応が明らかにされる。このように、『ポーランド農民』は、一九世紀から二〇世紀初頭のポーランドとアメリカという二つの社会の変動とそこで暮らす農民たちの心理と生活の変容を描いたきわめて射程の広い研究である。

『ポーランド農民』の貢献について、シカゴ学派の第三世代と目されるハーバート・ブルーマーは、（一）主観的要因の必要性を例証、（二）ヒューマン・ドキュメント（生活記録、生活史）の導入、（三）社会心理学と社会学の輪郭を描く社会理論の提示、（四）社会学を科学的なものにする方法の提案、（五）パーソナリティ論・社会制御論・社会解体論・四つの願望論などの重要理論、（六）態度・価値・生活組織・状況の定義などの概念の提起、（七）洞察や刺激的な一般化や鋭い観察など内容の豊かさ、（八）ポーランド農民社会の特質の描写、の八点にまとめている（Blumer 1979 : 81-2=1983 : 225-6）。

方法論ノートの主張

これまで『ポーランド農民』の検討は、冒頭の八六頁の「方法論ノート」をめぐる議論に偏っており、ポーランド農民についての具体的なモノグラフ部分についてはほとんど取り上げられてこなかった。その理由の一つは、方法論ノートの主張が、アメリカ社会学の出発を宣言するような内容になっているからである。自己論で名高いワイリーは、態度と価値の図式によって示されたシンボルや意味にもとづいて判断する「再帰的自己」(reflexive self)の概念が、(一)進化論、(二)ドイツ観念論、(三)経済学、(四)道徳的なコミットメント、という四つの知的文脈から社会学を離脱させ、社会学独自の認識論的領域を切り拓いたと評する(Wiley 1979 ; 1986)。この指摘は、具体的には、移民という研究分野にあてはまる。当時、優生学的な発想から移民を生物学的に劣った存在とみなして二級市民の地位をあたえるべきだという人種差別的な主張があった。それに対して、再帰的自己の概念は、あらゆる人びとの平等を擁護する理論的根拠を提供したのである(Wiley 2011)。

方法論ノートは、まず、社会の進化が急速になるにつれて、「命令と禁止」といった従来の方法に代わる社会の合理的制御が必要になると指摘する。しかしながら、これまでの常識を土台にした実用社会学では、それに応えられない。こうした時代の要請に応える新しい社会学に必要なのは、問題や状況の複合体からなる全体性をモノグラフ的に研究する、あるいは、特定の社会問題を全体の社会的文脈と関連づけて複雑な意味を考察することである(I, 19=1983 : 19)。手順としては、研究対象の集団や問題をまったく知らないという前提から出発する。データに慣れ親しむようになって初めて、方法論的一般化と科学的仮説を助けに理論的に重要なデータを取捨選択し分類する。さらに、具体的なデータを分析して諸要素に分け、これらの諸要素を体系化し、社会的事実を定義し、社会的法則を定立していく。こうした科学的手続きは、より成熟した自然科学に学ぶ必要があるという(I, 19-20=1983 : 19-20)。

社会学が科学的に解き明かすべき課題は、「(一)個人の社会組織と文化への依存の問題、(二)社会組織と文化の個人への依存の問題」(I, 20=1983 : 20)の二つであり、そのためには、社会が個人を規定する側面を表すデータである「価値」(社会生活の客観的文化的要素)、および、個人が社会を規定する側面を表すデータである「態度」(社会集団の成員の主観的特性)の二つが必要である。これらの態度と価値は、活動によって結びつく(I, 21-2=1983 : 21-2)。

合理的制御が必要な実践的状況には、(一)客観的な条件としての価値、(二)個人の行動に影響をおよぼす態度、

（三）意思を実際の行動に移す際の準備作業として複数の態度と価値の組み合わせから一つを取捨選択する状況の定義、の三点が含まれる。この状況の定義にもとづいて実行された具体的な活動によって、状況が解決される。通常の状況の定義には、反射的行為や本能的行為とは異なる反省（reflection）の過程がともなう（I, 68-9 =1983 : 62-3）。このような状況の解決を目指す一連の具体的な活動をとおして、日々、社会が生成されていく。社会学の目的は、こうした社会的生成を合理的に制御するために、「社会的生成の全体をそうした因果過程に分解し、それらの過程間の関係を我々が理解できるように体系化することである」（I, 36=1983 : 34）。このような『ポーランド農民』の方法論的原理は、「価値や態度の原因となるのは、価値や態度そのものではなく、普通は態度と価値の組み合わせである」（I, 44=1983 : 41、強調は原文）と表現される。

まとめると、方法論ノートで主張された新しい社会学の目的は、態度と価値の相互作用にもとづき社会的生成の法則を因果的に解き明かし、社会的生成を合理的に制御することである[5]。すなわち、態度と価値を基本データにもちいながら、状況の定義とそれにもとづく活動によってかたちづけられる社会的生成の過程について、虚心坦懐にデータを眺め、個々のデータを社会全体と体系的に結びつける科学的な手続きにもとづいて、因果関係の法則を帰納的に導き出すというものである。

ブルーマーの批評と著者たちのコメント

こうした『ポーランド農民』の方法論は、社会科学の方法論への関心の高まりを背景に、出版から二〇年後の一九三八年、社会科学研究会議の研究評価委員会[6]において本格的に検討される。基調報告を担当したのは、三八歳の新進気鋭の社会学者であったブルーマーである。彼は、データと理論の相互関係を問うという問題設定をおこない、価値と態度という基本図式をはじめとして、社会的パーソナリティ論や社会解体・再組織化論などの理論、そして、手紙や自伝といった人間の生活を記録したヒューマン・ドキュメント（人間的記録）と呼ばれる資料の利用法について詳細に論じる。このブルーマーの基調報告と、それに対するトマスとズナニエツキのコメント、基調報告を受けて開かれた公開討論会の模様は、一冊の本にまとめられて出版されている（Blumer 1979）。

ブルーマーは、「トマスとズナニエツキが『ポーランド農民』で提示した理論的図式は、彼らのドキュメント資料から導き出されたとは考えられない」（Blumer 1979 : 109）と断じる。また、態度と価値の方法論的原理についても「曖味模糊とした混乱したものである」（Blumer 1979：24=1983：171）と手厳しい。一方で、『ポーランド農民』が主観的要因の重要性を指摘し、それを分析する手段としてヒューマン・ドキュメントを位置づけた点を高く評価しながら、他方で、それらの資料が代表性・適合性・信頼性・解釈妥当性という観点から科学的な検証に耐えられないとみなす。したがって、ブルーマーの結論は、以下のようなジレンマとして表現される。

一方では、社会生活の研究には人間経験の要因を理解することが必要なようだ。この主観的側面が、トーマスとズナニエツキの示したように把握されなければならない。「客観的要因」に限定された研究は不適切で一面的である。だが人間経験や主観的要因を確証しようにも、現在のところその解釈を決定的に検証できる方法が作られていないように思われる。確証も解釈も今のところ判断任せなのである。（Blumer 1979：79-80=1983：224）

つまり、社会生活の研究には主観的要因を取り入れる必要があるが、それを可能にする科学的方法がまだ確立されていないため、研究者によるデータの解釈に頼らざるをえない。だから、『ポーランド農民』の方法論は不完全だというのである。こうしたジレンマは、ブルーマーが一九二八年の博士論文ですでに指摘していたものであり、彼が生涯かけて取り組んでも根本的な解決に至らなかったという（Hammersley 2010）。

こうしたブルーマーの基調報告に対して、トマスとズナニエツキがそれぞれコメントを寄せている（Blumer 1979：82-98=1983：226-41）。トマスは、方法論ノートの鍵となる態度と価値の図式について、彼が長年考えてきた態度の理論と、ズナニエツキが体系化を目指していた価値の理論を結びつけたものだと語る。ブルーマーの指摘する方法論の難点についてトマスは大筋で認め、法則の定立に楽観的だったことを反省し、「態度と価値の相互作用に高度の蓋然性があることを探究すべき」（Blumer 1979：84=1983：228、強調は原文）と述べる。そして、統計法と生活史法の相互補完的な利用を提案してコメントを終える。

一方、ズナニエツキは、ブルーマーの批判を認めながらも、ブルーマーの指摘する欠点を克服してヒューマン・ドキュメントをもちいた帰納的な科学が社会学においても可能であると反論する。彼は『ポーランド農民』の帰納の手続きに問題があるとは考えていない。ブルーマーがヒューマン・ドキュメントの解釈が研究者に頼り過ぎていると批判した点も、ズナニエツキはそれがむしろそうした資料の本質ではないかと疑問を呈する。ズナニエツキの考える『ポーランド農民』の根本的な問題は、態度と価値という概念の組み合わせが単純すぎて、その使用がきわめて安易で危険なものになっている点である。つまり、ズナニエツキにとって、ブルーマーの指摘する方法論のジレンマは原理的なものではなく、概念を適切に精緻化することによって克服できる技術的なものである。

若手研究者のブルーマーが出身大学の大先輩の古典的作品をこのように厳しく批評するのは、きわめて大胆に思える。しかし、シカゴ大学社会学科の学科長を務めたエルスワース・フェアリスの『ポーランド農民』の書評（Faris 1928）を読むと、ブルーマーの「理論がデータから導き出されていない」という指摘が既に多くの研究者に共有された認識だったことがわかる。(7) ブルーマーに対するトマスのコメントは、一九二〇年代後半以降の質的調査と量的調査の間の論争を反映した当時の常識的な見解（Faris 1967 : 113-5=1990 : 163-5）であり、方法論に特化した議論に対する彼の関心の薄さをうかがわせる。(8) 一方のズナニエツキのコメントには、『ポーランド農民』の方法論を擁護しようとする熱意が感じられる。後に見るように、方法論ノートはズナニエツキが中心に書いたものである。方法論は彼の生涯をとおしての関心事だった。

手紙と自伝の利用

方法論ノートをめぐる議論の陰に隠れて、これまでほとんど省みられなかったのが、ポーランド農民の具体的な生活の変容を描いたモノグラフの部分である。確かに、ブルーマーが指摘するとおり、方法論とモノグラフの間には大きなへだたりがある。社会学独自の学問領域を宣言した方法論ノートの華々しさにくらべると、これから見る手紙や自伝の分析はいかにも「地味」である。脚注などでなされる著者たちの分析は断片的であり、方法論ノートで強調された体系性はあまり感じられない。一九三一年にシカゴ大学で博士号を取得しシカゴ社会学の小史を残したロバート・フェアリスは、「率直にいえば、同書が、互いに関連のない二つの部分から構成されていることはたしかな事実である。農民の生活にかんする具体的な資料部分は、著者をも含めてほとんどの社会学者に利用されてはいない。この部分は、大規模な資料収集がいかに重要かを後続の研究者に示唆するにとどまっている」（Faris 1967 : 18=1990 : 41）と厳しい。ここからの課題は、なぜ『ポーランド農民』がこのような構成になっているかを探ることである。

利用の実際

『ポーランド農民』のモノグラフ部分でもちいられている資料には、手紙、自伝、新聞記事、裁判記録、社会機関の記録、の五種類が指摘できる。手紙と自伝は、執筆者が自分の経験や気持ちを自らの言葉で書き残している点で、パーソナル・ドキュメントと言われる。一方、新聞記事、裁判記録、社会機関の記録は、執筆者が他人の経験を第三者の立場から書いた公的なドキュメントである。歴史学などで従来から利用されてきた公的ドキュメントに加えて、パーソナル・ドキュメントを大規模にもちいたことが『ポーランド農民』の新機軸である（Bulmer 1984 : 54）。

手紙が資料にもちいられるのは、第一巻と第二巻である。第一巻は、冒頭の「方法論ノート」に引き続き二一六頁の「第一巻と第二巻に向けた序論」が、当時のポーランド農民の生活様式とその変容を概説する。この「序論」は、「農民家族」「結婚」「ポーランド社会における階級システム」「社会環境」「経済生活」「宗教的・呪術的態度」「理論的・審美的態度」の七節からなり、ポーランドの農民社会に関するたいへん包括的な概説になっている（中野・高山 1999 ; 高山 1999）。

読者は、方法論ノートと序論を読んだ上で、いよいよ手紙の分析に入る。最初の一一三頁の「農民の手紙の形態と機能」では、儀礼的な手紙、近況報告的な手紙、感傷的な手紙、文学趣味的な手紙、仕事の手紙の五種類に分類できると解説される。引き続いて、英訳された合計七六四通におよぶ農民たちの手紙が、七九九頁にわたって、五〇組の家族ごとに収録されている。手紙の書き手は、ポーランドの様々な地方に暮らし、自作農や小作農、都市の農民労働者など多彩であり、年齢・性別も様々である。この手紙シリーズは、さらに、「家族集団の成員間の往復書簡」「家族的連帯の分解を示している個々の手紙と手紙の断片」「夫婦間の往復書簡」「夫婦と家族以外の個人的関係」の四つに分類されている。

五〇家族の手紙シリーズのそれぞれには、簡単な家族構成図などとともに各家族の特徴が述べられる。手紙は小さな文字で印刷され、シリアル番号が打たれ、送り手ごとに日付順に収録されている。また、手紙の本文は、基本的には元の文章をそのまま掲載しているが、省略や要約も一部なされている。さらに、各々の手紙には、脚注によって著者たちの説明や解釈が加えられている。この脚注は、事実関係の補足、背景の一般的な説明、理論的観点からの解釈的なコメントなど多岐にわたる。

次に、自伝がもちいられる第三巻は、まず、社会的パーソナリティについて論じた「序論」が八四頁にわたって展開される。この序論はたいへん抽象的で、方法論ノートで提出された価値と態度の図式を基礎に、パーソナリティの形成過程が論じられる。その理論的な道具として、安定を求める欲求、新しい経験を求める欲求、応答を求める欲求、社会的認知を求める欲求という四つの基本的な欲求や、気質、性格、生活組織から成るパーソナリティの構造、フィリスティン、ボヘミアン、創造的個人というパーソナリティ類型などの概念が導入される。

続いて、ウラデク・ヴィスニシエフスキという当時三〇歳のポーランド人青年が書いた自伝が、本文より小さい文字で、三一二頁にわたって収録される。(9) 収録された分量は、実際にウラデクが書いたもののおよそ半分である。トマスとズナニエツキによって短縮された箇所は本文中では括弧で示され、その部分の内容が要約されている。加筆は、語句の説明など最小限に押さえられており、加筆の箇所も括弧で示されている。つまり、ウラデク自身の表現をできるだけ活かすかたちで収録されている。

この自伝の分析でも、手紙の場合と同様に、多数の脚注が付され、その数は二三四個に上る。そして、最後に一八頁の「結論」が置かれ、ウラデクのパーソナリティが、ボヘミアンとフィリスティンという類型の間を往復しながら、最終的に経済的なタイプのフィリスティンに向かったと結論される。

手紙と自伝の分析の特徴を一言でまとめると、「著者たちは、資料そのものにはあまり手を加えずに、序論によって資料全体の文脈を示し、脚注で個々の資料に説明や解釈を加える」というものである。方法論ノートで主張された「法則」では、研究者の解釈が唯一無二の絶対的な存在になる。しかし、手紙や自伝の分析における著者たちの解釈は、数ある解釈の一つにすぎないように見える。著者たちの立場は控えめなものである。

収集の経緯

手紙と自伝の収集は、ある意味で、偶然のたまものである。当初のトマスの研究計画は壮大なものだった。この研究は、不動産で財を成したヘレン・カルバーが、トマスの人種心理学（race psychology）の研究に、一九一〇年、年間七〇〇〇ドルを五年間助成(10)することになったのが始まりである（Haerle 1991 : 24）。当時のトマスの年収が三五〇〇ドルというから、かなり高額であった（Abbott and Egloff 2008 : 228）。アメリカのバージニア州の農場主の家に一八六三年に生まれたトマスは、もともとオベリン大学で英文学を教えていた。ドイツ留学のときに出会った民族心理学に影響を受けて、一八九三年シカゴ大学社会学科に入学する。

授業も担当するかたわら博士号を取得し、一九一〇年に教授に昇進した。

一九一〇年に、トマスがカルバーと研究費の契約を結んだとき、研究は構想の段階だった。ロシア、ポーランド、ボヘミア、ハンガリー、セルビア、ブルガリア、ルーマニア、イタリアといったヨーロッパの国々の農民について、各国の研究者の協力を得ながら、ドキュメントにもとづいて研究し、その成果を数巻にわたって発表する予定だった。しかし、それを実現する具体的なあてはまだなかった（Haerle 1991 : 25-6）。そこで、トマスは一九一〇年から一四年にかけてヨーロッパに渡り、さまざまな研究者たちと対話を重ねる。アーカイブに保管されたトマスの書簡などにもとづいて『ポーランド農民』の成立過程を跡づけたハールは、トマスに理論的影響をあたえたとされるズナニエツキやパークに出会う以前の一九一〇年から一三年の間に、トマスの理論的・方法論的な枠組みが形成されたと主張する（Haerle 1991 : 22）。

この時期に書かれたのが、「人種心理学」（Thomas 1912）という論文である。この論文でトマスは、精神的能力に人種間の差はないことを確認した上で、人種心理学の研究目的が、人種を規定する要因が生物学的なものか文化的なものか、その程度を確定することだと述べる。次に、注意、習慣、危機、模倣、孤立などの概念をもとに、社会変動も射程に含んだ行為論を展開する。[11] それは、問題解決過程として人間の行動を捉えるプラグマティズムの行為論そのものであり、シカゴ学派の理論的視点の一つになっている（宝月 2010a）。また、この論文は、アメリカ社会学で公刊された初の社会調査の指針とも目される（Haerle 1991 : 26）。

> 可能なかぎり、事例ごとに記録しなさい。つまり、一般的な記述よりも、むしろ実例を示しなさい。原典は、わかりやすくまとめるのではなく、文字通りに引用しなさい。もし可能ならば、聴き取りの代わりに、書かれた陳述を確保しなさい。常に、情報の出典について述べなさい。そして、原典が印刷物の場合は、書誌情報を記録する際に特に慎重にしなさい。写真を撮り、集めなさい。
> （Thomas 1912 : 772）

この記述から、「収集したドキュメントを原文のまま事例ごとに提示する」というのが、トマスの基本方針だったことがわかる。また、この論文で、彼は参与観察やドキュメント分析を重視し、聴き取りは嘘をつかれる可能性が高いとして慎重な姿勢をとっている。

ヨーロッパ各地をめぐる研究旅行を続けるうちに、ポーランドの農民について資料の目処が立つ。それは、一八六三年に創刊された『Gazeta Swiateczna』という週刊の新聞である。占領者のロシアの支配に対する抵抗運動が失敗するなか、ポーランドの上流階級は農民たちの啓発が必要と考え、この新聞を創刊した。新聞は農民たちの間に浸透し、しだいに農民たちはさまざまなことを手紙で新聞に投稿するようになった。農民たちの態度や生活の変容を知るのに最適だと考えたトマスは、直近二〇年分の新聞を購入し、八回のポーランド滞在中に八〇〇〇の文書や記事を収集している（Blumer 1979 : 104）。

しかし、一九一四年七月に勃発した第一次世界大戦がトマスの研究計画に変更を迫る。戦争によって、トマスは収集済みの資料の三分の一を失い、ヨーロッパでの資料収集も継続できなくなる。このため、トマスは、ヨーロッパ各国の農民を比較するという構想を断念して、もっとも資料の集まっていたポーランドの農民に研究対象を絞り、アメリカで資料収集を進めることにする。ここから、「移民」というテーマが前面に出てくる。アメリカに来るポーランド人移民の数はたいへん多く、一八九九年から一九一〇年にアメリカに来た移民の四分の一を占めた。シカゴには三六万人が暮らし、その数はワルシャワとウッチに次いで世界第三位であった（Bulmer 1984 : 50）。

研究の力点がポーランド人移民へ変わったことで、トマスより一八歳若いポーランド出身のズナニエツキの役割の重要性が増す。一八八一年にポーランドの農村地主の家に生まれた彼は、ポーランドの大学で哲学の博士号を取得する。しかし、ロシア、ドイツ、オーストリアの三国によって分割占領されていたポーランドの独立を目指す政治活動に携わっていたため、大学に職を得られなかった。そのため、彼は、ポーランド移民保護協会の責任者として働いていた。ポーランドを訪れたトマスがズナニエツキに出会ったのは一九一三年である。トマスはズナニエツキに共同研究者になるよう誘い、一九一四年九月にズナニエツキはアメリカに渡った（Znaniecki 1948）。

こうした経緯から、『ポーランド農民』の資料の多くはシカゴで収集されている。面白いことに、新聞などポーランドでの資料収集はアメリカ生まれのトマスがおこない、逆に、手紙や自伝などアメリカでの資料収集はポーランド生まれのズナニエツキがしている（Bulmer 1984 : 49）。さらには、アメリカで結婚したズナニエツキの妻アイリーンが、資料整理や草稿清書の担当として研究を下支えした。

手紙の収集のきっかけは、以下のようなものだった。ある雨の朝、トマスがシカゴのウェストサイドにあるポーランド人移民街の道を歩いていると、窓からゴミ袋が落ちてきた。衝撃で破れた袋からこぼれ落ちた一通の手紙をトマスは、家に持ち帰って読む。病院で訓練中の若い女性が父親に宛てたその手紙には、仲たがいする家族の様子が興味深く書かれていた（Janowitz 1966 : xxiv ; Coser 1977 : 533）。手紙が研究に役立つと考えたトマスは、一九一四年一一月、ポーランド移民向け雑誌『Dziennik Zwiazkowy』に、移民たちの受け取ったポーランドからの手紙に対して、一通あたり一〇から二〇セント支払い、後ほど返却するという広告を掲載した（Madge 1962 : 55-7）。

ウラデクが自伝を書くことになったのは、この広告がきっかけである（Ⅲ : 396-7）。ポーランドからアメリカへ移民してきた後、彼はパン屋に勤めるが、結婚の直前に解雇され、しばらくの間、妻の収入で暮らしていた。しかし、その妻が妊娠し仕事を辞めなければならなくなる。その時、ウラデクは、新聞広告で手紙の募集を知る。さっそく、彼は、ポーランドの家族が送った手紙を持っていく。このとき、ズナニエツキと面識を得る。彼は、ズナニエツキに、お金がなくても妻を出産させてくれる病院を紹介して欲しいと手紙に書いた。ズナニエツキからの返信で、お金に困っているようならば報酬を出すから自伝を書いて欲しいと頼まれる。二〇〇枚につき三〇ドルという約束であった。お金に困っていたウラデクは、休まずに自伝を書き続けた。彼はこの自伝を三ヶ月ほどで書き上げている。

現実の壁にぶつかって紆余曲折するのが調査の常である。『ポーランド農民』もその例外ではない。もし当初の研究計画が順調ならば、手紙や自伝は収集されなかったかもしれない。

トマスとズナニエツキの学問的な好み

パーソナル・ドキュメントとトマス

さまざまなドキュメントを大量に集め、それらをできるだけ原文のまま掲載し、解説を加えて出版するという発想は、トマスのものと考えられる（Thomas 1912）。現役のシカゴ大学教授でシカゴ学派の歴史に詳しいアボットとエグロフ（Abbott and Egloff 2008）は、トマスの学問的な好みの形成について、ケースブック、精神医学、英文学という三つの文脈から論じる。それによると、『ポーランド農民』で手紙と自伝が利用されたことが、こんどは必然のように思えてくる。

一次資料に解説を加えるという形式の本は、ケースブック[12]と呼ばれる（Abbott and Egloff 2008 : 235-7）。ケースブックは、当時、けっしてめずらしくなく、医者、法律家、社会改革家といった実務家向けの手引書や教科書として出版されていた。特にトマスに影響をあたえたと考えられるのは、社会改革家のものである。[13] 周知のとおり、トマスはハルハウスを通して社会改革の実務家たちと親交が深かった。トマス自身も、移民たちの生活史を収集した『彼ら自身によって語られた普通のアメリカ人の生活史』（一九〇六年）というケースブックを書評している。以下のような見解が『ポーランド農民』につながっていくことは想像にかたくない。

この本は、興味深い一連のヒューマン・ドキュメントを収めている。それらは、外国からの移民が見る主要なアメリカの条件において提示され、ほとんどの部分が彼ら自身の言葉で表現されている。（中略）おそらく、これらの話がもつもっとも顕著で有益な特徴は、満足と不満を生み出す条件の開示である。アメリカの移民が見いだす条件がいかに厳しくとも、母国での条件よりも緩和されたものであり、よりよい機会を意味している。アメリカの外国人たちは、一様に、幸福であり、成功しており、熱心である。（中略）アメリカ人をつくるのが血ではなく、ほとんどすべての場合、環境であるという事実にもまた印象づけられる。一気に熱烈なアメリカ人になった外国人によるこれらの物語は、不品行な外国人移民に対する偏見を修正するのに十分である。（Thomas 1906 : 273-4）

次に、精神医学におけるドキュメントの利用も、トマスに影響をあたえた（Abbott and Egloff 2008 : 238-245）。そこには、ウィリアム・ヒーリーとアドルフ・マイヤーの名前が上がる。[14] トマスと個人的な親交も深かったシカゴ在住のヒーリーは、典型的なケースブックである『個人の非行』（一九一五年）を出版し、非行に導く社会的要因を強調した。『ポーランド農民』は、ヒーリーに言及したり（I, 79=1983 : 73）、彼の資料を引用したりしている（V, : 299など）。一方、アメリカでもっとも著名な精神医学者と言われるマイヤーは、欲求の抑圧といった患者の内的な力動に着目する従来の精神医学を拡張し、状況への反応や適応という観点から患者を取り巻く社会的な環境にも着目する。トマスは、マイヤーについて「自分の思想にもっとも影響をあたえた三人のうちの一人」（Abbott and Egloff 2008 : 239）と後に妻に語っている。こうしたマイヤーの手法は、患者の詳細なケースヒストリーを集め、それらをつきあわせて帰納的に考察していくというものである。そして、患者の生活の軌跡を視覚的にとらえるために、彼は「ライフ・チャート」という手法を一九一五年頃に考案している（Leys 1991）。

さらに、トマスがドキュメントに惹かれた理由には、彼がもともと英文学を研究していたこともあげられよう（Abbott and Egloff 2008：245-252）。トマスは、シカゴ大学で社会学を学ぶ以前、オハイオ州のオベリン大学で、一八八九から九三年の間、英文学を教えていた。オベリン大学の書庫に保存されていたトマスの授業シラバスによると、授業で取り上げていた作品には、チョーサー、シェークスピア、ミルトンの古典的な作品のほか、スティール、アディソン、スウィフト、バーク、カーライル、アーノルド、ジョージ・エリオットのエッセーや、モア、リリー、リチャードソン、フィールディングの小説が含まれていた。これらの作品に共通する特徴は、（一）歴史へのこだわり、（二）複雑なナラティブ形態、（三）個人のアイデンティティの問題、の三点であり、これらは『ポーランド農民』に引き継がれたという（Abbott and Egloff 2008：248-9）。

そのなかで特に注目される作品が、イギリス一九世紀ヴィクトリア朝の詩人であるロバート・ブラウニング[15]の『指輪と本』（一八六八－六九年）である。『指輪と本』は、イタリアのフィレンツェに住む貴族が妻を殺した事件をめぐる実際の裁判を題材にする。それは全一二巻二万一一一六行の詩からなる長大なものである。その裁判で一〇人の登場人物がそれぞれの立場から殺人事件について意見を述べる。それは劇的独白と呼ばれ、事件と人間心理の複雑さと多様性を浮き彫りにする。つまり、『指輪と本』は、複数の登場人物の視点から物語を構成する作品である。

日本でも、夏目漱石などブラウニングから影響をうけた小説家がいる。なかでも芥川龍之介は、自ら「ブラウニング信者」と称し、『指輪と本』を下敷きに『藪の中』を書いた（飛ヶ谷 2013）。この芥川の『藪の中』と『羅生門』を映画化したのが、黒澤明監督の『羅生門』である。家族の各成員が自分の言葉で自らの生活を語るという方法でメキシコの貧困の文化を描いたオスカー・ルイスは、自らの方法を、黒澤の映画にちなんで「羅生門式手法」（Lewis 1959=2003：21）と呼んだ。『ポーランド農民』の手紙の分析は、家族が直面している問題について各成員がそれぞれの立場から手紙で意見を述べるという羅生門的手法になっている。トマスとルイスは、ブラウニングを介して結びつく。

トマスの英文学の造詣の深さは、おそらく、『ポーランド農民』のスポンサーであるカルバーとの個人的な親交を深める上でも役立っただろう（Haerle 1991：26）。カルバーは、いとこのチャールズ・ハルが経営する不動産事業の片腕となり、ハルが亡くなった後は事業を引き継ぎ、シカゴ初の女性大企業経営者と称される。また、ハルが残した膨大な遺産を、ハルハウスを始めとする慈善事業や教育研究事業に寄贈している。こうしたカルバーは、父親の勧めもあって、小さいときから文学に親しんでいた。彼女が好んだ作家は、エマソン、ホームズ、ロングフェロー、テニスン、そして、ブラウニングである。カルバーはかなりの文学好きで、事業で多忙なときでも、その勉強を欠かさなかったという（Haerle 1991 : 37）。

このように、トマスは、人間そのものに強い興味をもった人物だった。状況に翻弄される人びとが、何を感じ、何を考え、どう乗り越えたのか。それをその人自身の言葉で聴きたいという強い欲求をもっていたように思われる。そうした関心を満たすのに、パーソナル・ドキュメントは最適であった。確かに、第一次世界大戦がなければ、トマスは手紙と自伝を収集しなかったかもしれない。しかし、遅かれ早かれ、彼はそれらを社会学のデータに使ったにちがいない。

方法論ノートとズナニエツキ

かつては、『ポーランド農民』におけるズナニエツキの役割が資料収集と翻訳に限られていたという見解もあった（Symmons-Symonolewicz 1968）。しかし、現在では、ズナニエツキの貢献が、資料の収集や翻訳、方法論ノートや序論を始めとする草稿の執筆など多岐にわたることが知られている。特に、理論と方法論の体系化では、彼の役割が大きい。ズナニエツキは、当初から『ポーランド農民』を単なる資料集で終わらせるのではなく「論文」にすべきと主張し、方法論ノートの追加を提案していた（Bulmer 1984 : 49-50）。トマスの業績を詳細に検討したキンボール・ヤング（Young 1962 ; 1963a ; 1963b ; 1963c）は、一九五一年八月、『ポーランド農民』の執筆分担についてズナニエツキに手紙で照会した（Dulczewski 出版年不詳）。六九歳となったズナニエツキの返事は、以下のとおりである。

> この時、私は完全に自分の創意により、ポーランド農民共同体の文化遺産に関する一般的考察を含み、主要にはポーランドの民族誌家や若干の歴史家たちに支えられて例の「イントロダクション」を書いたのです。トマスはこの「イントロダクション」を読んだ後、私に共著者として彼と一緒に共同研究に従事する提案をしたのです。従って、問題設定、資料分析ならびに社会学的結論の体系づけについても同じです。そのような共同研究は、当然ながらある共同の問題発見的な手がかりを必要とし

ました。それ故私は彼の「態度」概念から出発する文化現象の彼の見解を「価値」概念が中心にある私自身のアプローチと統合することを試みたのです。諸個人を社会生活の参加者として研究する彼の方法と、集合体ないし「社会」を考察する方法――これはデュルケム学派によって展開されたのであり、私がパリで学んだのでしたが――この方法とを統合しようと私は試みました。この試みの成果を『方法論ノート』において「私が文言化」したのです。沢山の議論の後にこれは書かれました。程度はまちまちですが、その他の巻でも同じように彼の構想と私の考えは結びついています。これらの巻は、人間の人格性とその社会生活への参加や社会解体に関係しています。これらは主要にはトマスに由来します。またこれらの巻は、社会組織を扱っていますが、これはほとんどが私の考えです。(Dulczewski 出版年不詳 =2008 : 152-3)

ズナニエツキは、トマスと議論して草稿を書く。その草稿をもとに、トマスと再び議論して、草稿を修正する。それをズナニエツキの妻のアイリーンがタイプライターで清書する。こうした作業を繰り返しながら、『ポーランド農民』は書かれていった。アイリーンの記憶によれば、ズナニエツキは方法論ノートの草稿を三度書いている(Dulczewski 出版年不詳 =2008 : 153)。

ズナニエツキは、生涯にわたって、社会学の体系化と方法論に関心を持ち続ける(Lopata 1976)。方法論における成果の一つが、一九三四年に出版された『社会学の方法』(Znaniecki 1934)である。この本で彼は方法論ノートの議論を発展させ、具体的な研究の手順を示す。まず、自然システムと文化システムを分け、自然的対象を事物、文化的対象を価値と呼び、両者を分かつものとして意味を想定する。そして、文化システムを研究するためのデータの特徴として、常に「誰かの」データであることを強調し、このようしたデータの特性を「人間係数」と呼んだ。このような人間係数を含むデータから理論的洞察を導き出す方法として示されるのが、分析的帰納の手順である(Znaniecki 1934=1978 : 219)。この方法は、その後修正されて、リンドスミスの麻薬常習者、D・R・クレッシーの横領犯、ベッカーのマリファナ使用者の研究に継承されていく(宝月 2010b)。そして、この分析的帰納の事実上の創始者として、ズナニエツキはトマスの名をあげる(Znaniecki 1934=1978 : 201)。

ズナニエツキによれば、『ポーランド農民』における二人の協働は、「人格的にも、知的にも、ひじょうに調和的なものだった」(Znaniecki 1948 : 766)という。ただし、当初のズナニエツキは、収集した大量のドキュメントに解説を加えるというトマスの方法を軽視していたふしがある。一九一四年九月にトマスの助手になったズナニエツキは、最初の一年半、『ポーランド農民』の資料を収集するかたわら、自分の哲学の研究を継続していた。ズナニエツキが書いた第一巻の序論を読んだトマスは、単なる助手ではなく共同研究者としてすべての時間と労力を『ポーランド農民』へ注ぐよう申し出る。その時のズナニエツキの気持ちは、以下のようだった。

> 一年前だったら、私は断っていただろう。自分自身の体系を発展させようとしている一人の哲学者として、一般化を望んでおり、特定の具体的なデータの研究に没頭するつもりはなかった。さらに、私にとって社会学とは、文化に関する包括的な哲学の一部にすぎなかった。私の態度を変えてしまったのは、トマスの魅惑的な影響であった。トマスのように膨大な多様性をもつ社会文化パターンに広い共感的な関心をもち、あらゆる人間のパーソナリティのユニークさを理解する才能をもつ人物に、私は会ったことも聞いたことも読んだこともなかった。（Znaniecki 1948 : 766）

トマスは、人間に対する好奇心にあふれた感性豊かな人物であり、周りの人を惹きつけるエネルギッシュな人だった。それが、哲学者を志すズナニエツキを社会学者へ変えていく。[16]一方のトマスも、ヨーロッパで広く学問的研鑽を積んだズナニエツキの聡明さを評価するようになる。

> トマスが具体的データや経験的証拠を強調する重要性を私が少しずつ評価するようになったのと同時に、トマスは私の理論化について、それがあまりにも抽象的であったり理解が困難であったりしなければ、評価した。しかしながら、トマスにとって理論とは、単なる道具にすぎず、社会心理学的現象を発見・分析・解釈する助けになるかぎりで価値のあるものだった。（Znaniecki 1948 : 766）

このように、方法論ノートはズナニエツキの主導で書かれている。しかも、出版二〇年後にトマスが明らかにしたように、方法論ノートが書かれたのは、最初の二巻が印刷に出される直前である（Blumer 1979 : 83=1983 : 227）。ズナニエツキを中心に短期間で書かれた方法論ノートが、トマスの好みであるパーソナル・ドキュメントの分析のために入念に準備されたとは考えにくい。そもそも、トマス自身は、理論や方法論の体系化にさほど関心はない。したがって、方法論ノートは、社会学に関心を持ち始めた弱冠三六歳のズナニエツキが、哲学を中心とするヨーロッパの知的伝統を基盤に、経験豊かなトマスとの議論に触発されながら、「新時代の社会学はこうあるべきだ」と宣言したマニフェストとみなすのがよい。そこには、若きズナニエツキの学問的野心も込められていただろう。こうした事情が、方法論ノートとモノグラフ部分のへだたりを生んだ理由だと思われる。

一九三八年の社会科学研究会議の批評は、このマニフェストの不履行を確認する場になってしまった。しかし、それをもって『ポーランド農民』の「すべて」を否定してしまうのは、いかにも惜しい。次節は、その再評価の道を探る。

データアーカイブとしての『ポーランド農民』

ブルーマーは「科学的な社会調査と科学的な社会理論の基礎づくりの試み」(Blumer 1979 : 69=1983 : 215) と位置づけて『ポーランド農民』を批評した。しかし、この問題設定が、言及されるわりに実際には読まれないという不幸な運命につながるように思われる。もともとは、『ポーランド農民』は資料集として出版が目指されていた (I : 74=1983 : 68)。『ポーランド農民』の再評価には、この原点に戻って、「分析の手引き付き質的データアーカイブ」と見なすのがよい。

既述のとおり、トマスは、当初、ヨーロッパ各国の農民およびアメリカの黒人を比較する壮大な研究の構想を抱いていた。そして、その実現のために各方面に働きかけをしている。一つは、研究が長期にわたって継続できるように、カルバーへ単発的な「基金」ではなく組織的な「財団」を設立するよう要請したことであり、もう一つは、ヨーロッパ各国の研究者たち、および、アメリカの黒人についてはロバート・パークに、研究への参加をうながしたことである (Haerle 1991 : 32)。カルバーと研究者たちの理解と協力を得るために書かれた一九一二年一二月の手紙で、トマスは研究目的をこう書く。

一．移民問題の分野の科学的従事者が移民階級の生活に関わるデータにアクセスできるようにする。二．アメリカの黒人との比較研究をおこなう基盤を提供する。三．一般的な関心を引き、人種的・社会学的問題を解釈するのに価値の高い一群の諸事実を備える。(中略) 私の究極的な目的は、包括的なドキュメントの収集物を一つにまとめることです。人間社会の問題に科学的な関心をもついずれの人も、自らの理論や解釈をそうしたドキュメントに結びつけることができるようになるでしょう。（Haerle 1991：33）

こうした発想はまさにデータアーカイブであり、ここが『ポーランド農民』の出発点である。

データアーカイブとみなせば、「方法論ノート」および手紙や自伝に付された「序論」や「脚注」は、データの文脈の説明であり、データアーカイブの活用に向けた提案であると考えられる。つまり、「分析の手引き」である。ブルーマーが指摘するデータと理論のへだたりも、こう考えれば、さほど不自然ではない。それを難点と感じるのは、『ポーランド農民』を完結した単独の調査研究と考えるからである。完結した単独の調査研究であれば、こうしたへだたりは確かに「ねじれ」や「混乱」と映る。しかし、データアーカイブとみなせば、二次分析者に自由な発想や解釈を許す「ゆとり」や「あそび」へ変わる。(17)

データアーカイブという多様な人びとが参加できる共通の研究プラットフォームを作るために、トマスは、外部から多額の研究資金を獲得して、研究に専念できる環境を整えながら、研究者たちに協力を募っていった。これは、近代的な大規模研究プロジェクトの先駆と言える（Bulmer 1984：48）。スキャンダルで一九一八年にトマスがシカゴ大学を辞職（Janowitz 1966：xiv-xv）した後も、こうした研究体制のひな形は、パークとバージェスの都市研究に引き継がれる。彼らが指導した大学院生たちが残した多数のモノグラフは、モザイクのピースのように組み合わされることでシカゴという都市全体の絵柄を浮かび上がらせ、相互参照されることでその絵柄に深みをあたえる（Becker 1966）。現代の眼からみれば、こうしたモノグラフの蓄積も、当時の都市についての貴重なデータアーカイブと見なすことができよう。

データアーカイブとして『ポーランド農民』を捉え直すことは、「個人の生活記録をできるだけ揃えれば、それは完璧な社会学的資料になる」という有名な言葉を、「個人の生活記録」だけでなく「できるだけ揃えれば」の部分にも力点をおいて読み直すということである。一見何でもない資料であっても、それが多数集まることで、資料と資料が共鳴しあい、さまざまな解釈が創発してくる。(18) データアーカイブの理想は、多様な参加者による多面的な二次分析を可能にし、議論が議論を呼ぶような開かれたダイナミックな展開にある。そこへの参加者は研究者に限らない。この点に、『ポーランド農民』の再評価の鍵がある。

おわりに

「『ポーランド農民』は、それまでのアメリカの研究がなしえなかったやり方で理論とデータの統合を試みたという点で、記念碑的な作品である」（Bulmer 1984：45）と評される。しかし、私はそのことを実感できずにいた。むしろ、ブルーマーの見解に近く、「内的な一貫性の欠けた作品」という印象だった。しかしながら、手紙や自伝などの資料に書かれている内容はたいへん興味深い。『ポーランド農民』について統一的な像が私のなかでなかなか結ばず、しばらく手をつけられずにいた。

宝月誠先生と中野正大先生の指導を受けながら修士論文で『ポーランド農民』に取り組んで、博士課程一年生の時に関西社会学会で初めて学会報告をした。「生活史を社会学で初めて本格的にもちいた『ポーランド農民』は、決定論的な法則定立型科学を目指しており、その内部矛盾がその後の生活史研究の衰退をもたらした」という内容だったと思う。鋭い質問を受けて立ち往生していた私に助け船を出してくださったのが、その部会の司会をしていた桜井厚先生だった。そして、本稿の「データアーカイブとしての『ポーランド農民』」という着想を得たのは、二〇一三年の関西社会学会の質的データアーカイブに関するシンポジウムを聴いていたときである。このときの司会も桜井先生だった。

データアーカイブと捉えることで、理論とデータの統合という強迫から解放され、多様な人びとによる二次分析という可能性に気づくことができた。研究は、何もかも一人で完結させる必要はない。データの蓄積は、多くの人にとって財産である。

※本研究はＪＳＰＳ科研費22330163の助成を受けたものです。

注

（1）著者名のない引用・参照記号は、Thomas and Znaniecki 1918-20からの引用を表す。ローマ数字は、初版の五巻本の巻を示す。

（2）Thomasの日本語表記は、トマス、トーマス、タマスなどがある。引用は原文のままとするが、本文はトマスに統一する。一方、Znanieckiは、ズナニエツキ、ズナニエッキ、ズナニエッキーなどがある。引用は原文のままとし、本文はズナニエツキに統一する。

（3）『ポーランド農民』の第一巻「方法論ノート」「農民の手紙の形態と機能」、第三巻「序論」「自伝の一部」「結論」には、桜井厚による翻訳がある。また、その概要についても、すでにいくつも紹介がある（Madge 1962 ; Coser 1977; Blumer 1979 ; Bulmer 1984 ; Zaretsky 1984 ; 水野 1979 ; 中野 1989 ; 藤澤 1997 ; 高山 2003 ; 藤澤 2004 ; 宝月 2007 ; 宝月 2011）。

（4）出版当初は五巻の本だった『ポーランド農民』は、一九二七年に二巻の本に編集されて再版される。その際、移民の自伝とパーソナリティ形成を扱った第三巻が最後に移された。また、分量が多い『ポーランド農民』は、縮約版も二種類出版されている。最近では、The Internet Archive（http://archive.org/, 2013 年 6 月 8 日閲覧）にて全文が電子データで、無料でダウンロードできる。

（5）「社会的生成（social becoming）を個人意識と客観的な社会的現実との絶えざる相互作用の産物だと見なすことによって、初めて法則定立的な（nomothetic）社会科学が可能となる。これが第一分冊の方法論の中で概説したわれわれの観点であった。」（III, 5 ＝ 1983 : 87）

（6）研究評価委員会は、社会科学の各分野から第一次世界大戦後にアメリカで出版されたもっとも優れた研究業績を批判的に検討して、今後の発展に向けた示唆をえることを目指した。『ポーランド農民』の他に選ばれた研究は、Berle and Means *Modern Corporations*, Boas *Primitive Art*, Dickinson *Administrative Justice*, Mills *Behavior of Prices*, Webb *The Great Plains* の五つである（Blumer 1979 : xlv）。

（7）『ポーランド農民』が二巻に編集されて再版された際に、当時シカゴ大学社会学科長だったエルスワース・フェアリスは、「いったいこの作品の理論的な結論が資料から実際に引き出されているのかについて、これまで疑問にふされてきた。注意深く読むと、読者は、四つの願望や態度と価値の理論が具体的な資料に本質的に依っているのかについて、真剣に疑わざるをえなくなる」（Faris 1928 : 818-9）と書評する。

（8）以下の引用は、『ポーランド農民』の方法論について質問したパークへ、一九二八年、トマスが書いた返答である。一九三八年の社会科学研究会議の公開討論会の席で、ルイス・ワースが読み上げた。「形式的な方法論的研究は比較的利益が少ないというのが私の経験です。それらは、哲学や哲学史で発展してきた観点を提示する傾向がありました。私の印象では、方法における進歩が生じるのは、対象を設定し、特定の技法をもちい、それから、さらに別の対象の導入や技法の修正とともに問題を再設定する、といった地点から地点においてです」（Blumer 1979 : 166）。

（9）自伝の内容は、おおよそ下記のとおりである（高山 1997）。ウラデクは、一八八四年に、ポーランドの首都ワルシャワから西に二〇〇キロほど離れたカリシュ州のルボティンで生まれた。農民出身の父は、ウラデクが小さかった頃、ルボティンで居酒屋を営んでいた。家は裕福であったが、次第に貧しくなっていく。ウラデクの兄弟は一〇人おり、ウラデクは上から五番目である。彼は、一四歳の時、ギルド制度のもと、パン職人になるために徒弟奉公に入る。いくつか奉公先を変えながらも、一人前のパン職人になり、働き始める。しかし、勤めていたパン屋の倒産や仕事のミスなどからパン屋を辞めざるをえなくなり、ポーランド各地を放浪する。パン職人としての仕事を見つけることは困難をきわめ、ドイツの農場へ季節労働に出かける。季節労働終了後、ウラデクは仕事を見つけることができず、冬のベルリンで寒さと飢えのため死ぬような思いをする。彼は、ポーランドに戻り、軍隊に入る。除隊後、巡査となり、自分のパン屋を建てるためにお金を貯める。ウラデクは、両親と共同で食料品店兼パン屋を建てるが、両親から受けた待遇のひどさから、アメリカに行く決意をする。アメリカで彼は結婚し、子どもも産まれようとしていた。しかし、彼はパン屋の仕事を失い、再び困窮する。

(10)トマスがカルバーから受けとった助成金の時期と金額は、一九三八年の社会科学研究会議の公開討論会におけるトマスの発言から、「一九〇八年に五万ドル」とされてきた(Blumer 1979 : 103)。しかし、トマスとカルバーが交わした書簡や契約書草稿などを分析したハールによると、それはトマスの記憶違いのようだ(Haerle 1991 : 24)。

(11)「注意とは、外部世界に気づき、それを操作する精神的態度である。それは、順応の器官である。しかし、注意は、それ自身だけでは作用しない。注意は、一方では習慣と、他方では危機と連携している。習慣がスムーズに進行しているときは、注意はリラックスしており、働いていない。しかし、習慣の進行を妨げることが何か起きると、注意が作動して、危機に対処できる新しい行動様式が生み出される。すなわち、注意は、新しい適切な習慣を確立するもの、あるいは、そうした機能のことである」(Thomas 1912 : 732)。これは、トマス自身の著書『社会的起源のためのソースブック』(Thomas 1909)からの引用である。

(12)二次文献の抜粋を集めて解説を加えるという形式はソースブックと呼ばれ、トマスは、『ポーランド農民』出版以前に、『社会的起源のためのソースブック』(Thomas 1909)を刊行している。

(13)当時の社会改革の実務家向けのケースブックには、二〇頁の事例資料を含む『貧困者を友人のように訪問する』(一八九九年)、七〇頁の事例資料を含む『非行の子どもとその家庭』(一九一二年)、五〇〇頁ほどの記念碑的ケースブック『社会診断』(一九一七年)などがあった(Abbott and Egloff 2008 : 236)。

(14)一八六六年にスイスで生まれたマイヤーは、シカゴ大学病院に勤めた。ジョン・デューイの知遇を得たマイヤーは、プラグマティズムの影響を受ける(楊・白水 2012)。その後、ジョンズ・ホプキンス大学病院の精神科主任などを務めながら、アメリカ精神医学会の会長になった。マイヤーは、実践的活動にも関心をもち、精神病院の患者の処遇改善を求めたクリフォード・ホイティンガム・ビーアズの精神衛生運動を支援している(江畑 1980)。また、学生時代のトマスは、当時シカゴ大学病院にいたマイヤーの講義を聴いている。

(15)上田敏が一九〇五年にブラウニングを日本に紹介する。「時は春」で始まり、「蝸牛は枝に這い、神、空に知ろしめる。すべて世はことも無し」で終わるブラウニングの「春の朝(あした)」という詩は、国語の教科書に掲載されていたこともある。ブラウニングの作品に対する英米の文学研究者による評価は、「変わっていて難しい」というものである(黒羽 2010)。

(16)トマスは、一九一八年、スキャンダルでシカゴ大学を辞職する。トマスの後ろ盾を失ったズナニエツキは、『ポーランド農民』の完成後、一九二〇年、ポーランドへ戻る。ポズナニ大学の社会学教授に就任し、ポーランド語で『社会学入門』（一九二二年）を執筆するなど、ポーランド社会学の確立に向けて尽力した（下田 1978）。そのかたわら、彼は、ポーランドで最初の自叙伝コンテストを一九二一年に開催している（Thompson 1979：21）。その後、第二次世界大戦のために、アメリカからポーランドへ帰れなくなったズナニエッキは、以後の生涯をイリノイ大学で過ごす。

（17）フェミニストで社会主義者であったオリーヴ・シュライナーが残した約四八〇〇通の手紙を編集・分析するリズ・スタンレーは、こう語る。「『ポーランド農民』は、ここで名づけるならば、「訂正可能なデータ」（retrievable data）を含んでいる。従来の調査報告は結論と議論を提供し、データの断片のみ提供して事実上閉じたテキストを支持する。しかしながら、『ポーランド農民』は、もちいたデータを提示し、こうした資料をとおして解読される主題・論点・意味に関わる詳細な分析的作業の大部分を提示する。その帰結として、読者たちは自分自身でこれらのデータを分析して、トマスとズナニエッキによる解釈的な注釈を受け入れたり反論したりできる。彼らの分析は、ブルーマーがしたように、対立する知的観点から尋問される。それは、『ポーランド農民』が尋問を可能にする詳細な手段を提供しているからであって、他の調査よりも問題が多いからではない」（Stanley 2010：146）。

（18）「一世代以上前にシカゴ学派が生み出してきたような個人的記録が今後新たに生み出されるならば、それらの記録は私がすでに示したようなあらゆる方面での貢献を、そしてまた、いまのところは予測できないような貢献をもしてくれると思われる」（Becker 1966：xviii=1998：17）。

参考文献

Abbott, Andrew, 1999, *Department and Discipline：Chicago Sociology at One Hundred*, Chicago：University of Chicago Press.（=松本康・任雪飛訳『社会学科と社会学——シカゴ社会学百年の真相』ハーベスト社）

Abbott, Andrew and Rainer Egloff, 2008, "The Polish Peasant in Oberlin and Chicago：The Intellectual Trajectory of W. I. Thomas," *The American Sociologist* 39(4)：217-58.

Becker, Howard S., 1966, "Introduction," Clifford R. Shaw, *The Jack-Roller：A Delinquent Boy's Own Story*, Chicago：University of Chicago Press, v-xviii.（=1998, 玉井眞理子・池田寛訳「序文」『ジャック・ローラー——ある非行少年自身の物語』東洋館出版社、1-19.）

Blumer, Herbert, [1939] 1979, *Critiques of Research in the Social Sciences：An Appraisal of Thomas and Znaniecki's The Polish Peasant in Europe and America*, New Brunswick：Transaction Books.（=1983, 桜井厚部分訳『生活史の社会学——ヨーロッパとアメリカにおけるポーランド農民』御茶の水書房、169-241.）

Bulmer, Martin, 1984, "*The Polish Peasant in Europe and America*：A Landmark of Empirical Sociology," *The Chicago School of Sociology：Institutionalization, Diversity, and the Rise of Sociological Research*, Chicago：University of Chicago Press, 45-63.

Coser, Lewis A., 1977, "William I. Thomas, Florian Znaniecki,"

Masters of Sociological Thought : Ideas in Historical and Social Context, 2nd ed., New York : Harcourt Brace Jovanovich, 510-59.

Dulczewski, Zygmunt, 出版年不詳 "Florian Znaniecki : Co-Author des Werkes "The Polish Peasant"," (=2008, 佐藤嘉一訳「『ポーランド農民』の共著者としてのズナニエツキ」『立命館産業社会論集』44(3) : 143-56.)

江畑敬介 1980「C・ビーアズとアメリカ精神衛生運動の歴史――訳者あとがきにかえて」クリフォード・W・ビーアズ『わが魂にあうまで』星和書店、257-73.

Faris, Ellsworth, 1928, "(Book Review) *The Polish Peasant in Europe and America*. by William I. Thomas and Florian Znaniecki," *American Journal of Sociology* 33(5) : 816-9.

Faris, Robert E. L., 1967, *Chicago Sociology 1920-1932*, Chicago : University of Chicago Press. (=1990 奥田道大・広田康生訳『シカゴ・ソシオロジー 1920-1932』ハーベスト社)

藤澤三佳 1997「社会と個人――その解体と組織化――W・I・トマス、F・ズナニエツキ『ヨーロッパとアメリカにおけるポーランド農民』」宝月誠・中野正大編『シカゴ社会学の研究――初期モノグラフを読む』恒星社厚生閣、133-70.

藤澤三佳 2004「W・I・トマスと「社会心理学」の形成」宝月誠・吉原直樹編『初期シカゴ学派の世界――思想・モノグラフ・社会的背景』恒星社厚生閣、27-52.

Haerle, R. K. jr., 1991, "William Isaac Thomas and the Helen Culver Fund for Race Psychology : The Beginnings of Scientific Sociology at the University of Chicago, 1910–1913," *Journal of the History of Behavioral Sciences* 27 : 21–41.

Hammersley, Martyn, 2010, "The Case of the Disappearing Dilemma : Herbert Blumer on Sociological Method," *History of the Human Sciences* 23(5) : 70-90.

飛ヶ谷美穂子 2013「漱石の愛した作家たち――4.ロバート・ブラウニング」(http://www.timewithbooks.com/rensai_soseki/vol04/p01/p01.html, 二〇一三年五月六日閲覧)

宝月誠 2007「『ポーランド農民』の方法論再考」『立命館産業社会論集』43(3) : 39-60.

宝月誠 2010a「シカゴ学派社会学の理論的視点」『立命館産業社会論集』45(4) : 45-65.

宝月誠 2010b「事例研究からの仮説構成の可能性――シカゴ学派の方法論を中心に」『立命館産業社会論集』46(3) : 39-61

宝月誠 2011「質的データの活用――W・I・トマス/F・ズナニエツキ『ヨーロッパとアメリカにおけるポーランド農民』」井上俊・伊藤公雄編『社会学的思考』(社会学ベーシックス別巻)世界思想社、147-56.

宝月誠・中野正大編 1997『シカゴ社会学の研究――初期モノグラフを読む』恒星社厚生閣

Janowitz, Morris, 1966, "Introdaction," William I. Thomas (Morris Janowitz ed.), *W. I. Thomas on Social Organization and Social Personality : Selected Papers*, Chicago : University of Chicago Press, vii-lviii.

黒羽茂子 2010『ブラウニング『指輪と本』を読み解く』時潮社

Lewis, Oscar, 1959, *Five Families : Mexican Case Studies in the Culture of Poverty*, New York : Basic Books (= 2003, 高山智博・

染谷臣道・宮本勝訳『貧困の文化――メキシコの〈五つの家族〉』筑摩書房）
Leys, Ruth, 1991, "Types of One: Adolf Meyer's Life Chart and the Representation of Individuality," *Representations* 34 : 1-28.
Lopata, Helena Znaniecki, 1976, "Florian Znaniecki : Creative Evolution of a Sociologist," *Journal of the History of the Behavioral Sciences* 12 : 203–15.
Madge, John, 1962, "Peasants and Workers," *The Origins of Scientific Sociology*, New York : Free Press, 52-87.
水野節夫 1979a「初期トーマスの基本的視座――『ポーランド農民』論ノート（一）」『社会労働研究』25(3, 4) : 69-100.
水野節夫 1979b「『ポーランド農民』の実質的検討に向けて――『ポーランド農民』論ノート（二）」『社会労働研究』26(2) : 17-64.
中野正大 1989「ドキュメントを用いた調査の事例――『ヨーロッパとアメリカにおけるポーランド農民』」宝月誠・中道實・田中滋・中野正大『社会調査』有斐閣、227-49.
中野正大 2006「シカゴ学派造反劇の真相」大橋良介・高橋三郎・高橋由典編『学問の小径――社会学・哲学・文学の世界』世界思想社、107-22.
中野正大・宝月誠編 2003『シカゴ学派の社会学』世界思想社
中野正大・高山龍太郎 1999「『ポーランド農民』における第一次集団論（その1）」『人文』（京都工芸繊維大学工芸学部）47 : 37-71.
桜井厚 1983「生活史研究の課題」W・I・トーマス、F・ズナニエツキ『生活史の社会学――ヨーロッパとアメリカにおけるポーランド農民』御茶の水書房、243-65.
下田直春 1978「解説 ズナニエッキーの社会学方法論と現代社会学」F・ズナニエッキー『社会学の方法』新泉社、279-303.
Stanley, Liz, 2010, "To the Letter: Thomas and Znaniecki's *The Polish Peasant* and Writing a Life, Sociologically," *Life Writing* 7(2) : 139-51.
Symmons-Symonolewicz, Konstantin, 1968, ""The Polish Peasant in Europe and America": Its First Half-a-Century of Intellectual History (1918-1968)," *The Polish Review* 13(2) : 14-27.
高山龍太郎 1997「変動期のパーソナリティ形成――『ポーランド農民』における生活史法」『京都社会学年報』（京都大学文学部社会学研究室）5 : 103-21.
高山龍太郎 1998「カリキュラムにみる初期シカゴ学派――１９０５年から１９３０年まで」『京都社会学年報』（京都大学文学部社会学研究室）6 : 139-62.
高山龍太郎 1999「『ポーランド農民』における第一次集団論（その2）」『富大経済論集』（富山大学経済学部）45(2) : 245-91.
高山龍太郎 2000「『ポーランド農民』における第一次集団論（その3）」『富大経済論集』（富山大学経済学部）46(1) : 1-50.
高山龍太郎 2003「範例としての『ポーランド農民』」中野正大・宝月誠編『シカゴ学派の社会学』世界思想社、90-102.
Thomas, E. A., 1978, "Herbert Blumer's Critique of *The Polish Peasant* : A Post Mortem on the Life History Approach in Sociology," *Journal of the History of the Behavioral Sciences*, 14

: 124–31.

Thomas, William I., 1906, "(Book Review) *The Life Stories of Undistinguished Americans as Told by Themselves*. by Hamilton Holt," *American Journal of Sociology* 12(2) : 273–4.

Thomas, William I., 1909, *Source Book for Social Origins : Ethnological Materials, Psychological Standpoint, Classified and Annotated Bibliographies for the Interpretation of Savage Society*, Chicago : University of Chicago Press.

Thomas, William I., 1912, "Race Psychology : Standpoint and Questionnaire, with Particular Reference to the Immigrant and the Negro," *American Journal of Sociology* 17(6) : 725-75.

Thomas, William I. and Florian Znaniecki., 1918-1920, *The Polish Peasant in Europe and America : Monograph of an Immigrant Group*, Boston : Richard G. Badger.（=1983, 桜井厚部分訳『生活史の社会学――ヨーロッパとアメリカにおけるポーランド農民』御茶の水書房, 1-168. ; =1993a, 桜井厚部分訳「〈翻訳〉あるポーランド人移民の生活記録（１）」『中京大学社会学部紀要』8(1) : 25-45. ; =1993b, 桜井厚部分訳「〈翻訳〉あるポーランド人移民の生活記録（２）」『中京大学社会学部紀要』8(2) : 25-44.）

Thompson, Paul, 1979, "The Humanistic Tradition and Life Histories in Poland," *Oral History* 7(1) : 21-5.

Wiley, Norbert, 1979. "The Rise and Fall of Dominating Theories in American Sociology." William E. Snizek, Ellsworth F. Fuhrman and Michael K. Miller, eds., *Contemporary Issues in Theory and Research : A Metasociological Perspective*, Westport : Greenwood Press, 47-79.

Wiley, Norbert, 1986, "Early American Sociology and *The Polish Peasant*," *Sociological Theory* 4(1) : 20-40.

Wiley, Norbert, 2011, "The Chicago School : A Political Interpretation," *Studies in Symbolic Interaction* 36 : 39-74.

楊鋥・白水浩信 2012「アメリカにおける精神衛生運動と教育――アドルフ・マイヤーの精神衛生論を手がかりに」『神戸大学大学院人間発達環境学研究科研究紀要』5(2) : 47-54.

Young, Kimball, 1962, "Contributions of William Isaac Thomas to Sociology I," *Sociology and Social Research* 47 : 3-24.

Young, Kimball, 1963a, "Contributions of William Isaac Thomas to Sociology II," *Sociology and Social Research* 47 : 123-37.

Young, Kimball, 1963b, "Contributions of William Isaac Thomas to Sociology III," *Sociology and Social Research* 47 : 251-72.

Young, Kimball, 1963c, "Contributions of William Isaac Thomas to Sociology IV," *Sociology and Social Research* 47 : 381-97.

Zaretsky, E., 1984 "Editor's Introduction," W. I. Thomas and F. Znaniecki *The Polish Peasant in Europe and America*, abridged ed., Urbana and Chicago : University of Illinois Press, 1-53.

Znaniecki, Florian, 1934, *The Method of Sociology*, New York : Farrar & Rinehart.（=1978, 下田直春訳『社会学の方法』新泉社）

Znaniecki, Florian, 1948, "William I. Thomas as a Collaborator," *Sociology and Social Research* 32(4) : 765-7.

語りとリアリティ研究の可能性——社会学と民俗学の接点から

足立　重和

1．語りのもつ豊饒さ

筆者の専攻は環境社会学や地域社会学であるが、これらの分野では、そこに住む人々のローカルな悩みに応えるという実践的な性格をもち合わせている。そのために、できるだけ、そこに住む人々の日常や生活をふまえて応答する必要があり、フィールドワークによる地元の人々のナマの語りが重要な位置を占めている。

このことからライフヒストリー論を眺めるならば、筆者として学ぶべき点が多い。というのも、これまでの実証研究が話者から独立した「客観的（客体的）事実」を追い求めるのに対し、ライフヒストリー論は、特定の個人を中心とした主観的世界が広がっていることを明らかにしたからだ。そのうえで、桜井厚が提唱するライフストーリー論は、特定の個人が語る〈生〉が調査者を前にした「物語」〈ストーリー〉であることを指摘する。このような個人の〈生〉をくぐりぬいた先に、社会学や民俗学が追い求める〈日常〉をみようとするのが、ライフヒストリーおよびライフストーリー論の考え方であるだろうと、筆者は思っている。(1)

もしこれまでの実証研究のように、聞き取り調査において語りを「事実伝達の媒体」としてだけ認めるのならば、それは、社会学や民俗学が追い求めている〈日常〉をすくい切れていないのではないだろうか。(2)というのも、すべての語りを事実と対応させることで、必ずしも事実にもとづかない——たとえば、なぞらえたり、皮肉ったり、推論したりといった——日常の語りのもつ豊饒さを取り逃がしてしまうことになるからだ。このような豊饒さは、語ることそのものがひとつのふるまいとなっており、語られた内容の事実検証を無効にさせるような水準にある。この水準にある、ふるまいとしての語りも、社会学や民俗学が探究すべき、もうひとつの〝事実〟ではないだろうか。では、ここでいう〝事実〟とは何なのか。

そこで本章では、桜井のライフストーリー論をにらみつつ、語りをたんなる事実伝達の媒体とみるのではなく、その豊饒さに注目することで、どのような社会学的・民俗学的な地域研究の可能性が開かれるのかを示してみたい。

2. 語りとリアリティの社会学——ひとつの理論的系譜

まずは理論的前提を示しておこう。それは、一言でいえば、「語りとリアリティの社会学」という分野に属するだろう。

とはいえ、語りとリアリティの社会学といっても、はたして社会学のなかにそのような分野があるのか、といぶかしく思う読者がいるかもしれない。それこそ、本書のテーマであるライフヒストリー／ライフストーリー論それ自体ではないのか、と。それほど、わが国の社会学において、語りやリアリティからローカルな地域社会をえがきだすフィールドワークはマイナーであり、その理論的系譜や展開を辿ろうとすると、あまりにも広範で、かつ多様であるのだ。

ただ、その出発点は、「もし人間がある状況をリアルなものとしてとらえれば、その状況は結果においてリアルである」とするW・I・トマスの公理、つまり状況の定義にまでさかのぼることができよう。このトマスの公理を起点として、H・ベッカーのラベリング論、さらにM・B・スペクターとJ・I・キツセらのいう社会問題の構築主義へと連なる「定義主義的アプローチ」から筆者は多くを学んでいる。それは、ふつうの人々が日常的にことばを用いて状況、モノ、人物などを定義していくという視点であり、その視点には社会をプロセスとしてみると同時に、そのプロセスを織りなす人々の主体性をみるものであった。

特に重要だったのは、スペクターとキツセによる社会問題の構築主義（Spector & Kitsuse 1977=1990）である。構築主義は、社会問題とは何らかの社会の状態にクレイム（＝異議）を申し立てることによってつくられる、と考える。とすれば、いかにして社会問題を構築するか、というとき、「クレイム申し立て者」がいかなる言語的資源としてのレトリックを用いるのかに着目することが自然な成り行きとなる。言い換えれば、「これは社会問題だ」とある人が一般公衆に向かって説得するとき、どのようなレトリックが語られるのか、である。

ただ、社会問題の構築主義は、「社会問題の実在」を公の場でアピールするプロセスに焦点をあてるため、どうしても新聞・雑誌・テレビ・インターネットといったメディア言説が中心にならざるをえない。一方、地域社会に関心をもつ筆者は、メディア言説中心の社会問題の構築主義を、地域社会の内部においてどのような「口説きの世界」が展開するのか、に読み変えた。(3) そのような関心は、定義主義的アプローチだけでなく、〈いま・ここ〉でのリアリティ構築を志向する現象学的社会学やエスノメソドロジーへの接近をも可能にしていく。

これら定義主義的アプローチと現象学的社会学・エスノメソドロジーが寄りあわさったものとは、桜井がライフストーリー論の理論的支柱である「対話的構築主義」（桜井 2002）と重なるものだろう。(4) そのような視点は、「マスター・ナラティブ」や「モデル・ストーリー」（桜井 2002：36）などといったような地元住民の語りによってその場でつくられる「リアリティ」（＝本当らしさといった現実感）が人々をつなぎとめ、集団化をはたす、というものだ。このことは、これまでの社会学が客観的な属性、階層、構造による集団化とは異なる、より地元住民の生活に密着したものだと考えられる。

ここで少しまとめよう。なにゆえに筆者は「語りとリアリティ」だったのか。それは、語りによってつくられるリアリティが人々を突き動かす、言い換えれば、人々を集団化する〝接着剤〟として語りとリアリティがある、という社会学的な関心をもっていたからである。そのような集団化を促す語りを、筆者は後に「統制的発話」（足立 2010：8）として概念化することになる。

3．語りとリアリティの〝奥行き〟〝色合い〟――郡上おどりのフィールドワークから

3・1　郡上おどりの概観

以上のような分析視角をふまえて、筆者が行ってきた地域社会の研究を振り返ってみよう。事例は、岐阜県郡上市八幡町にて踊られている「郡上おどり」である。(5)

岐阜市内から東海北陸自動車道で北へ約一時間、長良川河口から約一〇〇キロ上流に位置する岐阜県郡上市八幡町は、二〇一一年四月現在で人口一万四九九五人、世帯数五四二八の小さな町である。なかでも市街地区は約一万人で、「水と踊りの町」として全国的にも特に有名である。

そこで毎年夏に踊られている郡上おどりとは、「かわさき」をはじめとする一〇種目からなる盆踊りの総称で、毎年七月中旬～九月上旬の約三〇日の夜間に市街地区の各自治会によって持ち回りで開催されている。その約三〇日のうち、お盆の四日間（八月一三・一四・一五・一六日）は、徹

夜で踊るという特色をもつ。地元では、この四日間を「徹夜おどり」と呼ぶ。「約四〇〇年の歴史を有する」される踊りの形態は、唄、笛、三味線、太鼓などのお囃子方が乗る大きな移動式屋形の周りを一つの踊りの輪が取り囲むというものである。ただし、踊り種目のなかには、笛、三味線、太鼓などの鳴りものがなかったり、右回りだったり左回りだったりするものもある。

その輪を取り仕切っているのが、一九二三（大正一二）年設立の地元有志「郡上おどり保存会」（以下、保存会）である。現在七〇名ほどの保存会員は、実際の輪のなかでお囃子を担当したり、踊りの手本となって率先して踊りの輪に加わったりしている。この保存会は、観光客へのサービスを怠らない。たとえば、一九五三（昭和二八）年、戦後の民謡ブームに乗って踊りの輪に大勢で押し寄せる観光客に対応すべく、保存会は、それまでの踊りとお囃子が混然一体となった複数の輪を、踊り手とお囃子手に分離し、屋形を取り囲むように一つの大きな輪に統一した。その後、踊りの輪に入って楽しみたい観光客には、踊り方のマニュアルを用意して、定期的に講習会を開催している。また、実際の輪のなかでの踊り上手には、保存会発行の踊り免許状が贈られる。このような一貫した観光客サービスのおかげで、今では、一シーズン約三〇万人がこの郡上八幡を訪れるようになる。その一方で、一九九六年一二月には「国重要無形民俗文化財」にも指定され、保存団体として保存会が登録された。つまり、郡上おどりは、観光資源化と文化財化の両立を図ることに成功したと言えよう。

ところが、フィールドワークを重ねると、このような踊りに対して、地元住民は冷ややかだった。聞き取りなどでは「地元の踊り離れ」がまことしやかに語られ、実際の踊り場では（特に平日）地元住民は踊りの輪に入って踊らず、遠巻きに眺めているだけといった感じなのである。さらに、そのような「地元の踊り離れ」を食い止めるため、保存会以外の地元有志が立ち上がり、観光化以前の踊りとお囃子が分離せず、複数の踊り種目の輪が併存するかたちを復活させた「昔をどりの夕べ」という踊りイベントを開催する（一九九六年〜）。ここでの踊りは、公式日程での観光客向けの踊りとは異なり、「地元が楽しめる踊りを」をモットーに複数の輪で、踊り手自らが唄って踊る観光化以前のものを「再現」したのだという。

3・2 聞き取りでつっこむ――本質化の発見

このような現状に、筆者は、漠然とした疑問を抱く。それは、いくら観光化されていても、ちゃんと文化財として「保存」されているはずの「郡上おどり」に「昔おどり」

があるということは、ちゃんと「保存」されていないのではないか、というものだった。そんな疑問を抱きつつも、地元住民への聞き取りを重ねていたとき、ふっとある三味線の師匠への聞き取りにて、思わず「なんか踊りが二つありますよね？」とうっかり口にしてしまうのだった。この問いかけは、「『郡上おどり』が今現在あるために必要だとされる歴史の累積性を〝ブリーチ〟（漂白）」（足立 2004：112）することを意味していた。

だが、それへの師匠の反応は、ちょっとした沈黙の後、かたちは違うが「基本はいっしょですわ」という切り返しであった。どういうことか。その切り返しには、「本質化」という推論を見てとることができよう。すなわち、本質化とは、①共時的に存在する「昔おどり」と「郡上おどり」を、前者から後者へと通時的におき直し、②通時的に並べられた両者を比較して、違う部分を「変化した」ものと考え、③その一方で、それでも両者に同じ・共通する〝何か〟（〝質〟）があるはずだと想定する、という推論である。これを言い表す語彙として地元では、「基本」「基礎」「源流」「もと」が既に流通していた（足立 2010：78-81）。このような①～③の推論過程は、〈いま・ここ〉において、「おどりはひとつ」としてずっと「保存されている」というリアリティをささえている。そのリアリティは、地元において何とも頑強なものだった。

この「二つありますよね？」という（漫才でいう）〝ツッコミ〟は一見すると、通常の聞き取り調査、ひいては近年のフィールドワーク論では禁じ手であろう。それは、調査者が質問し、被調査者が回答するという非対称な権力性を背後に背負った「誘導尋問」（桜井 2002：142-3 も参照）というのが通常思い浮かぶ理由だからだ。その一方で、伝統文化を重んじる地域社会に飛び込んで、あえてこういう質問をする調査者の姿勢に、「相手の思いや情緒を少しばかり攪乱させる〝ラディカルさ〟と〝勇気（やる気？）〟が必要」（好井 2006：61）と賛同する議論もある。とにかく、批判であろうと賛同であろうと、通常の実証研究の観点からすれば、調査というニュートラルな行為に、このような評価の分かれる〝危うい〟質問は、持ち込むべきではないというのが穏当なところだろう。

しかし、調査者が一方的に質問し、被調査者が一方的に回答すると想定されるコミュニケーション空間こそ、ある意味で〝異常〟ではないのか。おそらく、ふだんの日常会話では、われわれはつっこんだり、つっこまれたりするのではないか。

ここでいうツッコミとは、日常会話を精緻に記述・分析する会話分析のいう「釣り出し装置」（fishing device）と呼ぶものに近いだろう（Pomerantz 1980）。つまり、「二つありますね」という質問は、「話し手（＝調査者）の経験を報告しているものの、報告されたことについて『相手（＝被調査者）が独立に知識を持つはずだ』ということを示している。そこでこの種の発話は、次にその経験についての相手の報告……を『釣り出す』ために用いることができる」（串田 2001：217、補足筆者）というものである。

実は、この装置は、聞き取りにおいて頻繁に使われている。その例を日本民俗学の技法から引いてみよう。民俗学者の宮本常一は、自身の聞き取り論のなかで「『あそこのところに馬頭観音様がありましたね』『わかれ道のところに小さい祠がありますね』などといって聞き出す方が話を聞かれるにしても安心して答えられるものである」（宮本 1976：76）と述べている。宮本の場合、被調査者を「安心」させるのであるが、筆者の場合、被調査者にある種の「ゆらぎ」を与えている違いに注意しなければならないが、これなどは、ある種の「釣り出し装置」といえるものであろう。

その後、あの師匠に行ったツッコミ型の質問は、どうなったのか。それは、一人の地元住民だけではなく、ことあるたびにあらゆる人に繰り返していった。すると、あの師匠への思わずのツッコミが、相手からつっこまれることを期待するという、確信犯的な（漫才でいう）〝ボケ〟へと変貌していく。このような質問を糸口に、本質化という推論を、筆者はある論文のファインディングスにし、地元住民にとっていかに「保存」というリアリティが大切かという強固な「信念」に出会うことになったのだ。

3・3　聞き取りから離れて歓談に加わる――〝風情〟の出現

このようなツッコミ型調査は、エスノメソドロジーのいう「違背実験」に似ているのかもしれない。浜日出夫によれば、違背実験とは、「対象の同一性を破壊して、不調和をつくりだすことによって、ふだん気づかれていない人間の知覚作用を可視化するために考案されたもの」（浜 1992：14）であるという。ならば、あの「二つありますね？」という質問も、これに当てはまるものだろう。

だが、フィールドワークが長くなるにつれて、そのようなツッコミ型調査が完全なる「独り善がり」にみえてくる。その理由は二つある。まず一つめの理由は、ツッコミ（後にボケ）という釣り出ししつづけることの〝しんどさ〟という調査者側の問題である。すなわち、筆者は、聞き取りの場において「二つありますね？」という流暢さに至るまでに、どれだけことばにつかえ、身体的なこわばりを感じたことか（足立 2004：114-5）。

また二つめの理由は、その調査にいったい何の意味があるのか、という被調査者側の問題である。もちろん、筆者のツッコミ型調査に対して、面と向かって「何の意味があるの？」と問うた地元の人々はいない。だが、ある出来事をきっかけに、ツッコミ型調査とそこから得られるファインディングスが、地元住民の関心事とあまりにもかけ離れていることに気づいたのだ。その出来事とは、郡上おどり調査も四年目にさしかかったある日、突然やってきた。その日、筆者は、「昔をどりの夕べ」を主催する地元有志たちとともに、踊りの出張公演に向かうため、大型バスに乗り込むところだった。そのとき、地元有志の代表がふと、あなたはいろいろと踊りについてしつこく調査しているが、いったい何がわかったというのか、あなたの立場から今の踊りはどう見えるのか、これからの踊りはどうあるべきなのか、バスでの道中でいっぺん話してくれ、と依頼されたのだった（足立 2007：160-1；2010：284-5）。

　このような「切実な〈人びとの問い〉」（山室 2004：152）が突き付けられたとき、これまでの「二つありますよね」というツッコミ型調査は、いったい何ほどのものだったのか。もっといえば、「二つありますね」とツッコミながらも、観光化された「郡上おどり」にも、地元の楽しみを追求して始めた「昔おどり」にもニュートラルな態度を取る質問は、地元にとってそもそも何ゆえに踊りが二つなのか、という意味をまったくすっ飛ばしているのだ。

　この出来事の後、筆者は、独り善がりなツッコミ型調査を封印し、この踊りをどうすべきか、という切実な〈人びとの問い〉に社会学的な問いを重ねる調査へと徐々にシフトしていった。ただし封印直後は、観光化された「郡上おどり」も、地元の楽しみを追求する「昔おどり」も、その担い手がともに「地元住民」であるがゆえに、はたして部外者である調査者にいったい何を主張する権利があるのかと思い悩み、ただただ惰性でフィールドに赴くのみだった。この頃のフィールドでの過ごし方といえば、郡上おどりについて聞くべき人すべてに出会い、〝聞くべきことはすべて聞いた。で、どうしたらいいの？〟という閉塞状況に陥っていたので、「調査」というには程遠い、ほとんど「生活」しに行っていたといっても過言ではなかった（足立 2012b）。

　そのうち、そうやって毎年夏になってはやってくる筆者に向かって、地元の知り合いは、「おっ、今年も夏の風物詩が来た！」と冗談を言ってくるようになる。おそらく、地元の人々からすれば、「物好きな人間が遊びに来た」というくらいに思っていたのかもしれない。その合図をきっかけに、筆者は、ニヤニヤしながら彼らに近寄り、歓談に加えてもらう。すると、そこでは、観光化された踊りへのぼやき、観光化以前の踊りへのノスタルジーがいきいきと語られるようになる。それは、聞き取り調査を重ねていた頃とは明らかに口調が違うのである。

そんなある日、いつものように行きつけの喫茶店を訪れると、店のマスターと常連客がカウンター越しに「もうすぐ徹夜おどりが始まる」と話していた。そのときに「昔は……」といって、以下のように語った。

> 徹夜おどりのとき、夜も明けてあたりが白々としてくる頃、もうその頃には観光客は宿に帰っていなくなって、地元の踊り好きの人々しか踊っていない。そのときの踊りは本当にきれいに揃って、まるで白鳥のようにきれいなんですよ。とそこへ、岐阜バスの始発が踊りの輪のそばを「ブーッ」と通り過ぎる。（足立 2010：123）

そして、この語りの後につづけて、その場にいる人々が一斉に「昔の踊りには風情があったなぁ」と感慨深げに語り合うのであった。

このようなリアリティに出会ったとき、筆者は鳥肌が立つほどの感慨にふけったことを覚えている。この感慨の一端はどこからくるのか。それはこうだろう。ここでの語りは、連綿と続く〈あのとき・あそこ〉という歴史的なコンテクストが〈いま・ここ〉での語りを可能にさせると同時に、〈いま・ここ〉での語りを契機にして〈あのとき・あそこ〉という歴史的コンテクストが呼び寄せられるという〝交錯〟したところからくるのではないだろうか。

が、しかし、ここでの語りは、〈いま・ここ〉と〈あのとき・あそこ〉が交錯しているがゆえに、はたして客観的事実なのだろうか。というのも単純に、未だ観光開発がなされていない戦前期の話として語っているにもかかわらず、「観光客」や「岐阜バス」がさりげなく登場するからだ。はっきり言って、時代考証はメチャクチャだ。しかし、ここに今の地元住民の密やかな「願い」が込められているのではないか。それは、民俗芸能をめぐって柳田國男や宮本常一といった日本民俗学の教えにあるように、かつての踊りが「異常なる感動」（柳田〔1926〕1990：477）、あるいは、「もとの精神」（宮本 1967：201）に包まれていたのかもしれない。それほど、地元住民は、今の郡上おどりに物足りなさを感じていたのだ。

ここに至って、筆者は、3・2のような当初の〈いま・ここ〉だけの関心から、〈いま・ここ〉での語りと〈あのとき・あそこ〉という地域をとりまくコンテクストとの〝交錯〟へと方法論をシフトしていくようになる。(6) その方法論からすくいあげられたものとは、地元住民の「願い」

をともなった〝風情〟という審美的リアリティの産出であり、このリアリティに突き動かされた地元有志による「昔をどりの夕べ」という新たな踊りイベント開催の意味であった。なにゆえに二つの踊りが今郡上八幡にあるのか――それは、観光客ではなく、地元住民本位の「異常なる感動」「もとの精神」を復興させようという「願い」がそうさせたのである。

3・4　語りとリアリティの〝奥行き〟〝色合い〟

これまで、郡上おどりのフィールドワークを簡単に振り返ってきた。3・2「つっこむ」から3・3「歓談に加わる」へと調査スタイルはゆるやかに変化してきたが、ともに期せずして同じことを何度も語り―聞くという「反復性」があったことは変わりないだろう。この、とめどもなく、飽きるほど繰り返される語り―聞くという反復性は、たんなる「情報伝達」とは言い難い、異質な地平をわれわれに示してくれている。

それはどういうことか。ここで、民俗芸能研究者である橋本裕之のいう「オーラリティの限界」についての議論を引き合いに出そう。橋本は、松戸市大橋の三匹獅子舞のフィールドワークから、最高齢の歌うたいが何度も繰り返すフレーズ、すなわち、「サキジシの角はまっすぐで、アトジシの角はねじれたかたちをしている」という語りについて注意深く考察を加えている。彼はいう。この語りをインタビューで聞くなら、一度ノートにとってしまえば、語りが運んできた情報として〝わかる〟。では、あの最高齢の歌うたいは、どうして一回聞けばわかることを繰り返すのか。それは、獅子舞を舞っている最中に、「獅子頭の角は歌うたいが舞子の位置を確認して舞子の身体技法を構成する過程に貢献する決定的に重要な資源」（橋本 2008：29）であるために、わかりきったことを調査者に何度も語って聞かせたのだ、と彼は分析する。

それをふまえて橋本は、フィールドワーク全般にまで話を広げて、「それはインタビューというよりも、稽古に同伴してみるとか、民俗芸能の場合させてもらえない場合も多いでしょうが、自分も演じてみるとかでしょうね。そういう別の方法を通して、異なる実践的な了解の方法が考えられるのではないでしょうか」（橋本 2008：32）と述べ、〝わかること〟の地平の多元性、とくに調査者の身体から〝わかること〟の地平を指摘している。繰り返される被調査者のフレーズを、調査者の身体を駆使する参与観察から了解しようという、民俗芸能研究者らしい議論である。

その一方、この議論の裏で橋本が想定する聞き取りのイメージとは、耳で聞くのみの事実伝達の媒体、あるいは、情報収集の手段としての方法であり、そのような〝わかる〟地平を彼は「オーラリティの限界」と結論づけている。

しかし、本章でいう、つっこむ（3・2）、歓談に加わる（3・3）という反復のなかで、体感できる語りとリアリティがしっかりと存在する。「『話』を聞き取るのは決して録音機ではなく、我々生身の人間であるということ」（重信 2012：105）、つまり、聞き取りにも耳で聞くだけでなく、〝身体全体で聞く〟という身体性の側面があることを、（橋本の関心からはやむをえないかもしれないが）「オーラリティの限界」論ではしっかりと語られていないのである。

同一のフィールドにて、繰り返し・惰性・なぞりによって得られた語りとリアリティは、ある種の〝奥行き〟や〝色合い〟を表現しているのではないか。これこそ、語りとリアリティ研究の可能性であると筆者は考えるのだ。

4．語りとリアリティから〝生きざま〟へ

4・1　語りとリアリティ研究はどこに向かうのか

まとめよう。本章では、筆者の郡上おどりのフィールドワークから、語りのもつ豊饒さに注目することで、どのような可能性が開かれるのか、を示してきた。それは、語りの豊饒さを、ただたんに情報として一回きりで聞くだけでなく、繰り返し語り―聞くという反復性・惰性・なぞりからうみだされる〝奥行き〟や〝色合い〟のあるリアリティへと到達する。そのような語りとリアリティは、客観的か主観的か、真か偽かを越えた、事実検証を無効にする側面をもっていて、地元住民のあいだに流通する共同主観的なリアリティなのである。これを調査者の身体を通して体感することを、語りとリアリティ研究の可能性として指し示した。

では、語りとリアリティに注目することでいったい何が見えてくるのだろうか。そこで再度、本章の事例研究に立ち返ろう。事例研究において、地元住民は、自らの「信念」（3・2）や「願い」（3・3）をこのような共同主観的なリアリティに〝託している〟のではなかったか。[7] ならば、共同主観的なリアリティに託された、これらの心的事実もひとつの〝事実〟ではないか。

そのような〝事実〟を積み重ねる先にある「語りとリアリティ」のモノグラフとは、その地域に暮らす人々の「その時々にはそうすることでしか（ありえ）ない、物事の成り行きの結果として〝思わず〟漏れ出て（さらけだして）しまう生活態度」（足立 2010：290）に行きつくと考えられる。そのような生活態度を、筆者は、〝生きざま〟と呼んでいる。それは、柳田民俗学でいう心意論（柳田〔1935〕1967；鳥越 2002）に近い関係にあるだろう。

ただし、本章でいう語りとリアリティという対象は、柳田國男のいう民俗資料分類論の第二部「言語芸術」に相当するが、どうも「言語芸術」では、方法的に〝採集〟、対象的に〝芸術〟という制約があるのではないだろうか。[8] その一方で本章が示した語りとリアリティ研究は、第三部「心意現象」[9]に即通じる道筋なのではないだろうか。

以上のように、語りとリアリティ研究は、当初の「語りとリアリティの社会学」を梃子に生活論的な柳田民俗学の方法論をバージョンアップする可能性を秘めている。その点を自覚することが、社会学研究者にも民俗学研究者にも今求められているのではないだろうか。というのも、地元住民の生きざま（＝心意）を基本にすえることは、人文社会科学のなかでの独自の位置を占めていて、M・フーコーやカルチュラル・スタディーズなどの〝脱構築〟的な社会分析とは異なり、これからの運動や政策を見据えた地域社会の現状分析へわれわれを導いてくれるからだ。[10] それは、冒頭に述べた、そこに住む人々のローカルな悩みに応える学問として社会学や民俗学をバージョンアップすることにつながるのだ。

4・2　ライフストーリー論と生活論

では最後に、これまでの議論をふまえて、桜井のライフストーリー論がはたして人びとの生活をどこまでとらえているのかを論じて本章を閉じることにしたい。

近年のライフストーリー論は、中野卓が著した『口述の生活史』（中野 1977）のような、ある一人の人物を深く掘り下げて作品化するというよりも、特定のテーマのもとに関連する複数の人物のライフストーリー・インタビューから、そこに被調査者の人生や生活を描くというやり方をとっている。桜井の場合、本書第2部にもあるように、環境問題、被差別部落問題、HIV問題など対象やテーマは多岐にわたるが、なかでも主著と目される『境界文化のライフストーリー』（桜井 2005）では、琵琶湖岸の八つの被差別部落を調査地にして、「それぞれのむらと一人ひとりの個人の固有性を尊重しながら通奏低音として流れる『被差別の文化』のローカルにしてホーリスティックな側面をとりあげ」（桜井 2005：13）ている。

だが、なにゆえに被差別部落なのか。桜井はいう。「生活という概念は、なにも部落の人びとのみにあてはまるものではなく、庶民や民衆とよばれたりするふつうの人びとにも等しくあてはまるものだが、差別を温存し、差別に荷担してきた支配的文化から相対的に自律的に生活を営んできた部落の人びとの語りに、より本質的な意味を見いだすことができる」（桜井 2005：28-9）と。そのうえで彼は、支配的な文化の規範やルールと抵触し、矛盾したり、侵犯し合う独自の「生活の論理」を「境界文化」と名づけたうえで、「その内容と変化を、変動期の日本社会を背景に描き出すことが、本書のテーマである」（桜井 2005：29）とした。要するに、ここでの問題関心は、「部落の人びとが紡ぎだすさまざまな語りから、……ゆたかで多様な意味が織りなす世界をうかがう」（桜井 2005：28）ことで、より本質的な生活の意味を問い直すとともに、境界文化から支配的な文化を相対化するというものである。

さらに、岸衞との共著である、近著『差別の境界をゆく』（岸・桜井 2012）では、二〇年にわたるフィールドの変質から、部落差別の〈現在〉が克明に描かれている。その〈現在〉とは、調査地の急激な人口移動により、これまで部落差別の根拠であった「地域」「血統」「職業」にゆらぎがみられることを示している。たとえば、部落出身者ではないが、部落に住んでいる人は「部落民」か。部落出身の親をもつ、部落の外で育った子どもたちは「部落民」なのか。出身地も血統も部落民なのだが、決定的な差別経験をもたない若者はどうか、など。岸と桜井は、彼らへのライフストーリー・インタビューから「部落民とは誰か?」という問いをきっかけに「いったい部落差別とは何か?」へと部落差別そのものの相対化を果たし、差別現象の不条理さ、理不尽さ、恣意性を明らかにしている。

以上のような、支配的な文化や部落差別の相対化戦略は、われわれが漠然といだく「被差別者」イメージにくさびを打つ。おそらく、被差別部落に生きる人々は、うまれてこのかた、ずっと差別を受けてきたにちがいない。もし調査者ならば、そのような差別体験を聞くことができるかもしれない、と。しかし、「被差別部落」「部落民」が一枚岩的な姿を見せるわけでなく、被差別部落に生きる人々は、支配的な文化や差別にときに抗い、ときにはぐらかしながら、「生活戦略」（桜井 2005：37）を駆使して生きてきた。桜井のライフストーリー論は、差別問題を舞台としながら、差別されてきた人々の「創造性」を描き出した。

この創造性をともなった生活戦略という概念は、桜井が柳田國男―有賀喜左衞門―中野卓の生活論の系譜から継承したものである（桜井 1988：173, 180-1；2012：31；2013：7）。だが同時に、桜井は、中野のライフヒストリー論に対して、「インタビュー・トランスクリプトがすべて書きおこされて、ほとんどのトランスクリプトを活かしながら、年代順に編集されて作品化された」ことを指摘し、「語り手と聞き手の相互行為は認めても、……記述に調査者を登場させたものの、それ自体を研究の対象としたわけではない」（桜井 2012：36-7）と批判し、生活論をふまえつつも中野とは異なる、調査者側の権力性によりリフレクシヴな対話的構築主義という独自の方向へ歩んでいった。

しかし、対話的構築主義が「ライフストーリーは、〈いま－ここ〉のインタビューの相互行為〈hows〉を通して〈あのとき－あそこ〉の物語（whats）として構築される」（桜井 2005：41-2）という認識をもち、その構築過程にみられる「生活＝ライフの『創造性』、なかんずく個人の『主体性』」（桜井 2013：7）に着目すればするほど、[11] 被差別部落に生きる人びとの「切実な問い」が置き去りにされていく。ここでいう切実な〈人びとの問い〉とは、〝われわれは、なにゆえに差別されなければならないのか？〟という ものではないだろうか。[12] それは、いくら急激な人口流動で部落差別の根拠がゆらいでも、確実に存在するものだ。だからこそ、「ふつうは『声』をあげられない人の『声』こそを、聞いてきたという自負はある。……そこに行き、そこに生きている人と差別をなくす会話をする」（岸 2012：16）必然があったのではないか。

本章の立場からすれば、このような問いかけに、桜井は、被差別部落の人びとの〝思いいたるところ〟から応える必要があったのではないか。かつて、柳田―有賀の系譜において「『実際に感ずることが真の理解にわれわれを導く』という有賀の思いは、柳田が生活意識すなわち心意現象をもっとも深い資料として、心の採集、同郷人の採集と呼んだことと軌を一にする」（桜井 1988：203）と論じていたように、桜井もそれが生活論の要であることは自覚していたはずだ。だが、そのような生活論の要の部分（＝心意論）に言及することなく、彼は、心意現象の手前に位置する生活戦略のトランスクリプトに向かってしまった。そのような「スーパーリアリズム」から跳躍して、繰り返し語り―聞くという身体性に立ち返って、被差別部落の人びとの心意現象（＝生きざま）をふまえた切実な〈人びとの問い〉に応える方向性がありえたはずである。

このような方向性は、かつて柳田國男が、いわゆる「常民」とは違って多くを語らなかった被差別部落の心意現象に踏み込むとともに、これまでの書き起こされた生活戦略をたんなる「創造性」「主体性」という表象にとどめることなく、より深い内実をともなった分析と概念彫琢を可能にするだろう。そういった意味で、桜井のライフストーリー論が本章の立場と同じく、語りとリアリティに関心をもち、生活論を共有していたにもかかわらず、トランスクリプト上に現われた生活戦略にとどまってしまったことは、筆者として残念でならない。

追記

本章は、現代民俗学会二〇一二年度年次大会シンポジウム「民俗学的〈技法〉の構築を目指して——方法としてのナラティヴ」（二〇一二年五月二六日、成城大学）での発表内容に大幅な加筆・修正を加えたものであり、平成二三〜二五年度日本学術振興会科学研究費助成事業（学術研究助成基金助成金）基盤研究（C）（課題番号：23530662）の助成による成果の一部でもある。

注

（1）ライフヒストリーおよびライフストーリーから〈日常〉をとらえようという機運は、社会学だけでなく民俗学からも起こっている。日本民俗学会は、二〇一〇年にドイツの民俗学者で、オーラル・ヒストリーのアーカイブから「意識分析」という方法を展開するアルブレヒト・レーマンを招聘し、彼を中心とした国際シンポジウムを開催した。それを契機に企画された論集では、ライフヒストリーおよびライフストーリーの語りと〈日常〉の研究が同義なものとして議論されている（岩本・レーマン 近刊）。

（2）どうしてここで「社会学と民俗学」と併記しているのかといえば、本章のもとになる学会発表が現代民俗学会二〇一二年度年次大会シンポジウムで行われているため、現代民俗に関心をもつ民俗学者に向けたものだからである。そのうえで議論を進めるが、ここで「社会学と民俗学」と併記して〈日常〉をとらえるべきという主張に違和感をもつ民俗学者も多いのかもしれない。だが、柳田國男—有賀喜左衛門—中野卓といった生活論の系譜から日本民俗学をとらえるならば（鳥越 2002；桜井 2013）、〈日常〉は、社会学と地続きに取り組むべき民俗学的対象であると筆者は考えている。

（3）日本民俗学の生活論を社会学にスライドさせ、環境社会学の分野で独自の分析視角となったものに生活環境主義がある。生活環境主義でいう「言い分」論（鳥越 1997：36-40）や「説得と納得の言説」論（松田 2009：156）は、構築主義のレトリック論と重なる部分がある。しかし、鳥越らの関心はあくまでも地元住民の生活システムにあるため、彼らは語りについての踏み込んだ考察を行ってはいない。

（4）対話的構築主義は、個人のライフを以下のようにとらえている。「ライフストーリーは口述の語りそのものの記述《アカウント》を意味するだけでなく、調査者を調査の重要な対象であると位置づけている」（桜井 2002：9）と。つまりまとめると、被調査者の〝ライフ〟が調査者—被調査者間の〈いま・ここ〉での相互作用によってつくられることを意味している。そういった意味では、本章冒頭にて簡単にふれたように、ある種のフィクションをも含みこんだ物語（ストーリー）なのである。ただし、桜井自身は、この視点を徹底化させているわけでなく、「人びとは過去の出来事を〈体験〉し、その〈経験〉を保持しながら、その〈経験〉をもとに過去の出来事を〈語る〉」（桜井 2012：22）という実証主義的な考えを崩さない。とすれば、この考えは、構築主義一般からすれば矛盾するのではないか。この点については、すでに足立（2003）にてコメントしているので、参照していただきたい。

（5）郡上おどりの詳細については、足立（2010：64-72）を参照していただきたい。なお、本章の3・1～3・3についての事例記述は、足立（2004；2007；2010）と内容的に重複することをお断りしておきたい。ただし、本章の試みはあくまでも、特に中野卓の生活論を継承しながらも新たな展開を果たした桜井のライフストーリー論をにらみながら、社会学と民俗学の接点を探るような、生活論的な語りとリアリティ研究の理論的・方法論的な方向性を示すことにある。

（6）これまでの地域研究で主流である構造論でもなく、〈今・ここ〉での語りのみに強調点をおく構築論でもない、ここでいう〝交錯論〟の理論的な詳細については、足立（2010：1-24）を参照していただきたい。

（7）〝託す〟という点については、注2でも述べたシンポジウムに先立った研究会（現代民俗学会第一三回研究会、東京大学東洋文化研究所）での口承文芸研究者である山田厳子による報告（山田厳子2012a）と、それを受けた民俗学者の山泰幸のコメントを参考にした。

（8）だが、口承文芸研究者のなかでも、一九八〇年代後半あたりから、この柳田の制約にいち早く気づき、口承文芸ということばの〝文芸〟にこだわらず、〈口承研究〉として日常の語りや話を積極的に研究対象に据え、民俗学の現代性を取り戻そうという動きがある。詳しくは、重信（1989；2012）や山田厳子（1997；2012b）を参照のこと。

（9）ここでいう「心意」とは、あくまでも今の地域社会において日常を生きる人々の〝思いいたるところ〟をさしている（足立2007：169）。

（10）現代文化の分析をめぐるカルチュラル・スタディーズと日本民俗学の違いについては、足立（2012a）でふれておいた。

（11）生活の「創造性」あるいは個人の「主体性」といった表現は、柳田―有賀の時代とは違って、現代の社会学や民俗学において注意を要するワードである。というもの、これらの表現をオチにすることで、注4で述べた対話的構築主義の矛盾をあいまいにするからだ。たとえば、こうだ。

> 語りが事実を反映するのか、はたまた語りが事実（現実）を作るのか、といった語りの真偽に関する二分法に対して、私の立場はどちらでもない、あるいはどちらでもある、ということになる。あくまでもライフストーリーは語り手と聞き手の相互行為によって産出されるけれども、両者の経験が基礎になっているのであり、語りの形式だけが語りを産出するわけではない。また、個人の記憶（経験）は集合的記憶によって全面的に決定されるわけでもなく、ライフストーリーの語り手と聞き手は、ともに歴史を作り出す能動的な主体である（桜井2012：23、傍点筆者）。

ここで「能動的な主体」とすることで、桜井は、冒頭の二分法から「個人が主体的かどうか」「能動的か受動的か」という新たな二分法にずらしている。この点については、「アクティヴに歴史を作り出す主体」と表現する山田富秋の議論も参照のこと（山田富秋 2011：206）。

（12）ここで筆者が被差別部落に生きる人びとの切実な問いを断定することができるのは、次のような岸のエピソードによる。かつて人権教育を担当していた岸の勤務先である滋賀の高校で差別発言がおき、その発言を受けた被差別部落出身の生徒が、「私、部落出身やけど」と言い残して家に帰り、自室に引きこもってしまった。急いでその家にかけつけた岸は、これまでの授業での「教えること」「わからせること」に無力感をいだき、「知っていることは、差別をなくす力にはならない」とその母親に告げた。そのとき、その母親は、自分の生い立ちや子育てのことを岸に語り始めたという（岸 2012：8-9）。ここから推して、いくら被差別部落が変動期にあろうとも、被差別部落での生活上、差別をめぐる問いかけは切実なものと言えよう。

文献

足立重和 2003「生活史研究と構築主義――『ライフストーリー』と『対話的構築主義』をめぐって」『社会科学論集』（愛知教育大学地域社会システム講座）40・41: p.219-31.

――――2004「常識的知識のフィールドワーク――伝統文化の保存をめぐる語りを事例として」好井裕明・三浦耕吉郎編『社会学的フィールドワーク』世界思想社、p.98-131.

――――2007「盆踊り――その〝にぎわい〟をどのように考えることができるのか」小川伸彦・山泰幸編『現代文化の社会学 入門――テーマと出会う、問いを深める』ミネルヴァ書房、p.153-71.

――――2010『郡上八幡 伝統を生きる――地域社会の語りとリアリティ』新曜社

――――2012a「現代文化のフィールドワークとは何か？――民俗学と社会学の接点から」山泰幸・足立重和編『現代文化のフィールドワーク 入門――日常と出会う、生活を見つめる』ミネルヴァ書房、p.1-18.

――――2012b「フィールドでの生活」山泰幸・足立重和編『現代文化のフィールドワーク 入門――日常と出会う、生活を見つめる』ミネルヴァ書房、p.174-5.

浜日出夫 1992「現象学的社会学からエスノメソドロジーへ」好井裕明編『エスノメソドロジーの現実――せめぎあう〈生〉と〈常〉』世界思想社、p.2-22.

橋本裕之 2008「獅子頭の角――フィールドワークにおけるオーラリティの効用と限界」『日本オーラル・ヒストリー研究』4：p.19-33.

岩本通弥／アルブレヒト・レーマン編『〈語り〉研究の最前線――日常・経験・意識をめぐる方法』ミネルヴァ書房（近刊）

岸衛 2012「はじめに」岸衛・桜井厚『差別の境界をゆく――生活世界のエスノグラフィー』せりか書房、p.8-22.

岸衛・桜井厚 2012『差別の境界をゆく――生活世界のエスノグラフィー』せりか書房

串田秀也 2001「私は―私は連鎖――経験の『分かちあい』と共―成員性の可視化」『社会学評論』52-2：p.214-32.

松田素二 2009『日常人類学宣言！――生活世界の深層へ／から』世界思想社

宮本常一 1967「民衆の生活と放送」『宮本常一著作集 2 日本の中央と地方』未来社、p.195-206.

―― 1976「民俗事象の捉え方・調べ方」池田彌三郎・宮本常一・和歌森太郎編『日本の民俗 11 民俗学のすすめ』河出書房新社、p.75-100.

中野卓編 1977『口述の生活史――或る女の愛と呪いの日本近代』御茶の水書房

Pomerantz, Anita, 1980, "Telling My Side : 'Limited Access' as a 'Fishing' Device," *Sociological Inquiry*, 50 : p.186-98.

桜井厚 1988「有賀理論の方法的基礎と生活史研究」柿崎京一・黒崎八洲次良・間宏編『有賀喜左衛門研究――人間・思想・学問』御茶の水書房、p.171-209.

―― 2002『インタビューの社会学――ライフストーリーの聞き方』せりか書房

―― 2005『境界文化のライフストーリー』せりか書房

―― 2012『ライフストーリー論』弘文堂

―― 2013「オーラリティの復権――『口述の生活史』前後」『現代民俗学研究』5 : p.1-14.

重信幸彦 1989「『世間話』再考――方法としての『世間話』へ」『日本民俗学』180 : p.1-35.

―― 2012「『声』のマテリアル――方法としての『世間話』・柳田國男から現代へ」『日本民俗学』270 : p.85-110.

Spector, Malcom, & John I. Kitsuse, 1977, *Constructing Social Problems*, Cummings.（=1990、村上直之・中河伸俊・鮎川潤・森俊太訳『社会問題の構築――ラベリング理論をこえて』マルジュ社）

鳥越皓之 1997『環境社会学の理論と実践――生活環境主義の立場から』有斐閣

―― 2002『柳田民俗学のフィロソフィー』東京大学出版会

山田厳子 1997「世間話と聞き書きと」久保田淳・栗坪良樹・野山嘉正・日野龍夫・藤井貞和編『岩波講座日本文学史 17 口承文芸2・アイヌ文学』岩波書店、p.133-156.

―― 2012a「世間話研究の射程――口承文芸研究から〈口承〉研究へ」現代民俗学会第一三回研究会（東京大学東洋文化研究所）配布資料

―― 2012b「ことわざ研究の射程」『日本民俗学』270 : p.146-62.

山田富秋 2011『フィールドワークのアポリア――エスノメソドロジーとライフストーリー』せりか書房

山室敦嗣 2004「フィールドワークが〈実践的〉であるために――原子力発電所候補地の現場から」好井裕明・三浦耕吉郎編『社会学的フィールドワーク』世界思想社、p.132-66.

柳田國男〔1926〕1990「郷土舞踊の意義」『柳田國男全集 18』筑摩書房、p.471-9.

――〔1935〕1967『郷土生活の研究』筑摩書房

好井裕明 2006『「あたりまえ」を疑う社会学――質的調査のセンス』光文社

フォークロア研究とライフストーリー

島村　恭則

当初、編者から筆者に与えられた課題は、「民俗学とライフストーリー」というものであった。筆者は、これまで「民俗学」を自らの専攻分野の名称として名乗ってきたが、近年は、民俗学を批判的に継承・発展させたディシプリンとしての「フォークロア研究」を自らの専攻分野であると位置づけている。したがって、以下、本稿でも、「フォークロア研究とライフストーリー」という課題設定で論述してゆきたい。

1．フォークロア研究とは何か

フォークロア研究　フォークロア研究とは何か。筆者は、次の八つの特性要素からなる複合体が「フォークロア研究」というディシプリンであると考えている。[1]

（1）フォークロア（何らかのコンテクストを共有する人びと（folk）の間で生み出され、生きられた、経験（experience）・知識（knowledge）・文化（culture）のこと）の研究を通して、人間（人と人びと）の創造性について究明することを目的としている。

（2）現代のフォークロア研究では、人びとの経験、知識、文化を、現在と過去、個人と集団、グローバルとローカルの交差という観点から研究するが、とくに、フォークロア研究では、社会や文化を厚い歴史の重層（時間性）の上に成立するものと考えるため、「「現在」の事象を「過去」との照合によって解析する」ことが方法論的特徴の一つとなっている。

（3）日常性、ヴァナキュラリティ（vernacularity 文脈固有性）を重視する。

（4）人と物（物質文化）、人と場所（地域）のかかわりについての関心が強い。

(5)「ことば」に対するセンス（全体的・総合的な判断力）、古典文化に関する文献学（philology）的知識が、対象把握に際して重要な役割を果たす。

(6) いわゆる「輸入学問」ではない。生成母体となった社会において、内発的に発生した。日本の場合は、「民俗学」の名のもとで、長く研究されてきた。フォークロア研究が、それぞれの社会における内発的な産物であることは、世界各地のフォークロア研究においてほぼ共通していえることである。ただし、近年は、それぞれの国のフォークロア研究が持つ方法的個性を重視しつつ、各国フォークロア研究の国際的な交流・照合がさかんになってきており、[2]日本のフォークロア研究もそうした動きの中にある。

(7) 日本のフォークロア研究は、広く学際的であるとともに、「民俗学」の知的伝統を批判的に継承している。

(8) 学問の「公共」的展開（博物館、自治体史編纂、文化財行政、市民連携）に力を入れてきた。

人びとの創造性　これまでの「民俗学」では、民俗学は「民間伝承を素材として、民俗社会・民俗文化の歴史的由来を明らかにすることにより、民族の基層文化の性格と本質とを究明する学問」（和歌森 1972：705）だとする定義にも表われているように、方法論上、「伝承」（「上位の世代から下位の世代に対して何らかの事柄を口頭または動作（所作）によって伝達し、下位の世代がそれを継承する行為」（平山和彦 1992：32））が重視され、一方、人びとが行なう「創造」については、これを正面からとりあげることはほとんどなかった。

それに対して、フォークロア研究では、人びとが、どのようなコンテクストの中で、何を、いかに創造するか、を解明しようとする。ここが、従来の民俗学とフォークロア研究との最大の違いである。

フォークロア研究が創造性を主題に据えるのは、北米においても同様である。北米のフォークロア研究（American folkloristics）でも、かつてはフォークロアの創造性は重視されず、フォークロアを「過去からの伝承文化」ととらえ、その起源、伝播経路、分布、歴史的変遷の解明を目的とする「歴史地理的方法」による研究が大勢を占めていた。

しかしながら、一九七〇年代以降、社会言語学の言語運用（performance）論の展開と共振するかたちで、フォークロアをパフォーマンスの過程としてとらえる視点が登場し、その議論の延長線上で、フォークロアに見られる創造性、人はいかにフォークロアを創造するかを問うことがフォークロア研究の主要な研究課題とされるようになったのである（平山美雪 2012；小長谷・平山編訳 2012；Sims and

Stephens 2005 ; Haring and Bendix 2012）。

一方、日本の民俗学においては、近年に至るまで「伝承」を重視する方法論が採用され続けてきた。ただ、その中で一部、例外的にではあったが、創造性への着目を強調した研究者はいたし、また個々の研究者による個別的な事例研究の中には、創造性をとりあげて論じるものがなかったわけではない。

宮本常一は、彼と同時代の民俗学において作成されるエスノグラフィが、「日常生活の中からいわゆる民俗的な事象を引き出してそれを整理して並べ」（宮本 1993 : 192-3）るものであったのに対し、[3] 人びとが生きていくために「生活をうちたてる」（宮本 2003 : 86-7）その方法、「創意工夫」（宮本 1967 : 56）のあり方をこそ記述してゆくべきだと主張した。これは、人が生活をどのように創造してきたかを問う視点である。[4]

また、有賀喜左衛門は、一九三八年刊行の『農村社会の研究』（のちに改訂して『日本家族制度と小作制度』（一九四三年）として刊行）において、「庶民生活に於ける創造性の存在は今迄如何に無関心に放置されてきた事であらうか」、「一般庶民の生活自体に関しては依然として殆ど創造性が認められてゐない」とする問題意識のもと、「従来看過されて来た庶民生活に於ける創造性の問題を近世に於ける農村の生活組織を中心として検討」しようとした[5]（有賀 1966 : 7-10）。

このほか、個別研究の中で創造性をとりあげたものは一定程度存在しており、たとえば、筆者も、自身の研究歴の初期の段階から、村落祭祀の「伝承」に民間巫者の創造性がいかに影響を与えているかとか、民俗宗教の土壌の中から新宗教がいかに創造されたか、などをテーマとして論文を書いてきた（島村 1994 ; 1996）。

とはいうものの、やはり民俗学の大勢としては、創造性の問題は議論の前面に出てくることは無いという状況が長らく続いてきたのであった。

だがやはり、「伝承」を重視し――あるいは偏重しといってもよいかもしれない――、創造性を正面から扱わない既存の民俗学の枠組みは、人びとの生の多面性のうちの「伝承」という側面しか扱えない、非常に狭くて硬直したものであるといわざるをえないであろう。筆者はそのように考えた。

そこで、筆者はこの問題意識を拡大し、また宮本常一と有賀喜左衛門に見られる創造性研究への志向を再確認し、さらに近年の北米フォークロア研究の動向も視野に入れる中で、自らの学問の枠組みを「伝承」重視の「民俗学」から「人びとの創造性」を重視した「フォークロア研究」へと変化させてきたのである（島村 2006；2010）。

「過去」との照合　ところで、フォークロア研究の方法論において、もっとも根幹的なものは、「「現在」の事象を「過去」との照合によって解析する」という視点である。そして、これは従来の民俗学においても方法論的認識の中枢にあった考え方である。[6] 右の「特性要素」の（２）で示したとおり、フォークロア研究では、「現在」の社会や文化を、厚い歴史が地層のように積み重なった上に成り立っているものと考える（山 2009：25；島村 2012：182-3）。そして、その歴史の地層を一枚ずつはがしながら、その積み重なり具合と「現在」の状況とを照合することで、「現在」がいかにして成り立ったのか、を解明しようとするのである。

この方法論は、「過去（歴史）」を扱っていても、歴史学のそれとは異なる。歴史学では、特定の時代の社会や文化のあり方の再構成や何らかの事象の起源の解明が第一義的な目標になっており、「現在」と「過去」との関係性の解明、すなわち「現在」がいかなる「過去」の積み重ねによって成立しているかについての解明は、通常行なわれていない。そしてこれは歴史社会学においても同様である（山 2009：25）。これに対して、フォークロア研究では、「過去」との照合によって「現在」の成り立ちのあり方を解くことが、もっとも基盤的な方法論となっているのである。

「過去」との照合による「現在」の解明は、ドイツのフォークロア研究でもさかんに行なわれている。第二次大戦期までのドイツのフォークロア研究（フォルクスクンデ）は、ドイツ・ロマン主義の思潮のただ中にあってゲルマン的要素の復元をめざすような本質主義的基層文化研究として展開され、それが国民国家イデオロギーやナチズムにもつながる結果を生み出したが（河野 2005）、戦後は、そうした学史に対する自己批判が進み、「日常」「日常化」を鍵概念とする日常研究への転換を果した（法橋 2010；Bendix 2012）。

その場合、「日常」研究としてのフォークロア研究では、エドムント・フッサールによる「生活世界」の概念が導入され、「生活世界」を「日常世界あるいは限定された環境としての自明のものとされている経験世界」と定義した上で、一見、非歴史的に見えている「日常」の成り立ち、すなわち「時間的変化・歴史的経験が日常に回収され、非歴史化される過程」を、そこに折りたたまれている重層的な歴史的経験を析出することによって解明することが行なわれている（法橋 2010）。

そこでは、たとえば、ドイツの社会において人びとはコンピュータをどのように生活世界に取り込み「日常化」してきたのか（ヘアリン2010）、日本の社会で一九九〇年代に登場した「たまごっち」という玩具は、いかなるプロセスを経て日常あたりまえのものと化したのか（フェルトカンプ2011）、といった研究が行なわれているのである。

近世国学を学問上の遠い祖先とする日本の民俗学・フォークロア研究の場合、西洋哲学との関係性の中で自己の学問のあり方を考える伝統が存在してこなかったため、現象学との関わりで「日常」研究を構想することは行なわれなかった。しかしながら、ドイツのフォークロア研究の動向を視野に入れた上でその方法論の位置を再考してみると、「過去」との照合によって「現在」の「日常」を解明するフォークロア研究は、現象学の影響を受けて発展した現象学的社会学やその流れの上にあるエスノメソドロジーとはまた異なる形での「生活世界」「日常」研究であることがはっきりする。

すなわち、現象学的社会学やエスノメソドロジーが、「現在」という共時的な観点で人びとの「日常」における相互行為、現実理解、現実構成を解明しようとする（好井2012：242）のに対し、フォークロア研究は、同じく「日常」の成立を主題としながらも、通時的な観点でその成立プロセスを解明しようとする構図が明確になるのである。

もっとも、この構図における両者の関係は、排他的に対立するものとしてとらえられるべきではない。二つの観点が協業し、あるいは相互に乗り入れることによってより立体的な「日常」の把握がめざされるべきであろう。(7)

さて、以上、筆者が考えるフォークロア研究とはいかなるものなのか、簡単に眺めてきた。次に、具体的なフォークロア研究の実例とそこにおけるライフストーリーの位置について、筆者のフィールドワークを事例として述べてゆこう。

2.『〈生きる方法〉の民俗誌』とライフストーリー

福岡市でのフィールドワーク　筆者は、もともと沖縄や韓国の民俗宗教を研究する民俗学者であったが、韓国で三年間暮らした「在韓日本人」体験を経て、在日外国人や日本社会の多文化状況についての関心を強めたこともあり、一九九八年以来、日本各地に暮らす朝鮮系住民をめぐる(8)フォークロア研究を行なってきている。そして、その成果の一部を、二〇一〇年に『〈生きる方法〉の民俗誌——朝鮮系住民集住地域の民俗学的研究』にまとめて刊行した。

『〈生きる方法〉の民俗誌』でとりあげたフィールドは福岡市である。福岡市をフィールドにしたのは、ここが第二次大戦直後に、それまで日本各地にいた朝鮮系住民が朝鮮半島へ帰還する際の出港地の一つとなった街であり、多くの朝鮮系住民がこの地に集結し、かつさまざまな事情からそのままこの地に定着して現在に至っているケースが少なくないという特徴を持った土地だったからである。

福岡市での調査は二〇〇二年に開始した。福岡市には朝鮮系住民が集住する団地が三つあり、調査の初日、筆者はそれらの団地を見学に行った。するとそこでは、フォークロア研究の観点から見てたいへん関心を寄せられる事物を多く見出すことができた。

写真１　増改築された団地。右奥が本来の建物で、左手前が増改築部分（「X団地」２００３年）。「X団地」は２００６年に建替えられており、この建物は現存していない。

写真２　増改築された団地。左奥が本来の建物で、右手前が増改築部分（「X団地」２００３年）。「X団地」は２００６年に建替えられており、この建物は現存していない。

その一つは、団地建築である。三つの団地をそれぞれ「X団地」「Y団地」「Z団地」とすると、「X団地」と「Y団地」は二階建てテラスハウス形式の団地であり、「Z団地」は五階建て中層鉄筋住宅であるが、「X団地」と「Y団地」では、立ち並ぶ建物のほぼすべてで増改築が施されていた。また「Z団地」においても、団地本体には増改築はほとんどなされていないものの、店舗棟と呼ばれる団地付設のプレハブの建物に増改築が施されていた。これらの増改築は、一つとして同じつくりのものはなく、その多様な姿かたちにまず圧倒された（写真１、２）。

また、団地内とその周辺の景観にも注目させられる事物を発見した。たいへん多くの「労務者募集」「作業員募集」という看板（写真３、４）、電柱に貼り付けられた「２DK空室有り！　生活保護者歓迎！」という貼り紙（写真５）、また団地近くの道路の壁面に描か

写真３　「労務者募集」の看板（「X団地」２００３年）。この看板も現在は存在しない。

写真4　「作業員募集」の看板（［X団地］付近。２００２年）。

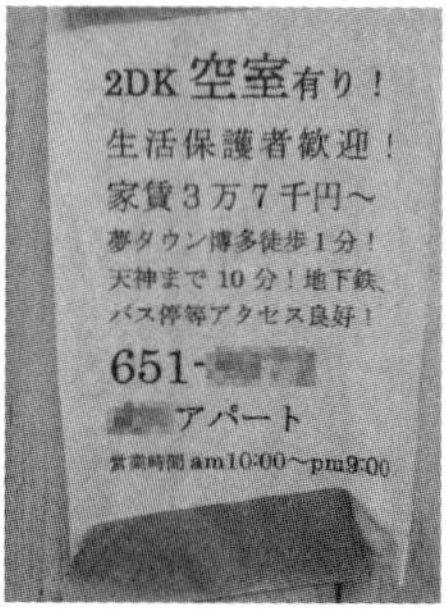

写真5　「2DK空室有り！」の貼り紙（［X団地］付近。２００２年）。「生活保護者歓迎！」の文言がある。

れた意味ありげな落書き（写真6）、などである。

一通り団地内外を歩いてみて感得することができたのは、これらの事物が複合することによって独特の「場所性」が醸し出されているということであった。そこで、これらの景観やそれが発する「場所性」は、なぜ、いかにして生み出されたのか、これを問うことで、この地域とここに暮らす人びととの生活について理解することができるだろうと考え、調査をはじめていった。調査は四年間にわたり、一二回通って実施した。その間、話を聞いた人の人数は、約三〇名である。

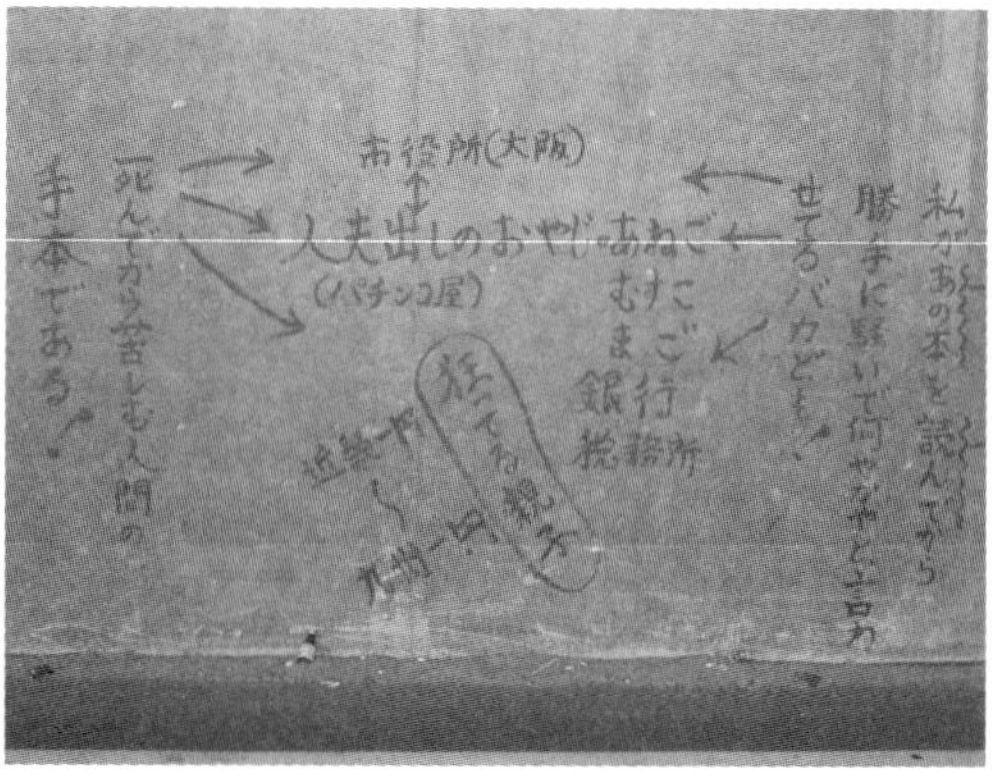

写真6　団地近くの道路壁面に描かれた落書き（２００２年）。

この調査の結果、およそ次のようなことがわかってきた。

① 玄界灘に面した博多港を擁する福岡市には、第二次大戦直後、朝鮮半島への帰還をめざした朝鮮系住民が九州・西日本を中心に各地から集結した。しかしその後、朝鮮半島情勢をはじめとするさまざまな事情により、かれらの多くがこの地にとどまって集住することになった。

② 集住は、博多港周辺の河川敷や空地にバラック集落を形成することで進んだ。そしてそこを舞台に、闇市での商売、密造酒製造、養豚、日雇労働、飲食店、各種商店、廃品回収、人夫出し（労働者派遣業）、間貸し、簡易宿泊所をはじめとするさまざまな生業を展開し生活を創造してきた。こうした生活には、ある種の成り行きによってそのあ

り方が規定された側面もあったが、同時に、社会・経済的な制約のもと、生きてゆくためのさまざまな創意工夫を編み出して生活を創造するという側面も顕著に見られた。バラック集落において、生き抜くために展開されたかれらのこうした創造は、きわめてたくましい〈生きる方法〉の実践であったということができる。

③こうした〈生きる方法〉が展開されてきた集住地域は、やがて一九六〇年代以降、行政主導による立退き事業の対象となり、順次、立退き代替団地への移転を余儀なくされた。この立退き・移転は、行政による圧倒的な力によって執行されたものであり、住民たちは、大筋ではその力に従わされることとなったが、ただし、かれらは行政側の絶対的な力によるコントロールに完全に屈服したわけではなかった。住民側は、行政に対する抵抗や交渉を展開し、その結果、行政側に、代替団地における増築や増築費用の融資などを認めさせることに成功している。ここには、自らをとりまく大きな状況に飲みこまれそうになりながらも、そこになんとか自らの主張をすべりこませてゆこうとするしたたかでたくましい生活創造のあり方を認めることができる。

④朝鮮系住民の生活創造に見られるしたたかさ、たくましさは、代替団地への入居後も顕著に見られた。代替団地では、住戸の増改築などがさかんに行なわれたが、そこには、住民たちが、自らの置かれた状況の中で、状況に一方的に従属させられるのではなく、持てる材料を最大限に活用しながら、したたかに、かつたくましく状況を改変し、生活を創造しようとする〈生きる方法〉のあり方を見出すことができる。

⑤ところで、こうした〈生きる方法〉は、住民間において無条件に均質的・集合的なものとして展開されてきたものではなかった。住民間には、助け合いや連帯、親密感の共有も見られ、また集住地域の外部から住民に対して外圧が加えられた場合、とりわけ外部への抵抗、交渉が展開される際などには、〈生きる方法〉の集合的な実践が志向されることもあった。しかし一方で、個別の利害関係にもとづく、住民間でのさまざまな駆引きや狡知の競いあい、あるいはエゴイズムの発現もまた少なからず見られたのである。したがって、集住地域の住民が無条件に一枚岩的存在になっていたなどという見方をとることはできない。

⑥集住地域が均質的状況にないことは、集住地域内における階層分化の状況について見ても容易に理解できるところである。とくに、当該フィールドにおいてとりわけ注目されるのが、地域内の最下層に位置する日本系住民の存在である。集住地域の大半は港湾に隣接して立地していた

ため、朝鮮系住民たちは日雇の港湾労働者（加えて土木・建設労働者）相手に、人夫出し、間貸し、簡易宿所の経営を〈生きる方法〉として実践した。この場合、日雇労働者の側は、ほとんどが日本系住民であった。ここには雇用者・大家としての朝鮮系住民、被雇用者・間借り人としての日本系住民という階層関係が成立していたのである。

⑦日本系住民を内部に多数抱えこんだ当該集住地域には、寄せ場（日雇労働者街）としての性格が顕著に見出せるが、このような地域の特性は、朝鮮系住民たちが、自らが所持する利用可能な条件——港湾に隣接する地の利、朝鮮系住民の多くが持つ戦前の飯場経験、集住地域の持つ「隠れ場所」的性格（そこに入り込めば過去の人生や素性を詮索されない）など——を最大限に活用して実践した〈生きる方法〉の展開の結果としてもたらされたものに他ならない。

⑧当該フィールドの住民による〈生きる方法〉の実践の中では、何らかの朝鮮系事象が「民族文化」として意味づけられた上で積極的に動員されたり、「民族的アイデンティティ」が明確に意識されたりする状況も存在する。しかし一方で、「民族」を至上の命題とはせず、生活上の必要に応じて、朝鮮系、日本系の別に関わりなく、さまざまな事象が、柔軟に選択、運用される状況もまた多く存在している。そして後者の状況においては、日々の生活、〈生きる方法〉の実践が、「民族文化」「民族的アイデンティティ」、そしてまた「日本文化」といったものにも先行するところとなっている。

以上のような知見を得ることができたが、これらをふまえると、さきに触れた、この地域に見られる景観やそれが複合的に醸し出す「場所性」は、ここに暮らす住民が創造し展開してきたさまざまな〈生きる方法〉が歴史的に重層した結果、生み出されたものであることが理解できるであろう。(9)

解釈的客観主義アプローチ　ところで、これらの知見は、ほとんどすべて、「聞き書き」によって得られた情報をもとに獲得されたものである。そして、この聞き書きによって、聞き取り、書き取った話は、「個人が生活史上で体験した出来事やその経験についての語り」（桜井 2005：12）としてのライフストーリーということになる。(10)

そして、この場合、筆者の調査では、基本的には、「語りは過去の出来事や語り手の経験したことというより、インタビューの場で語り手とインタビュアーの両方の関心から構築された対話的混合体にほかならない」（桜井 2002

: 30-1）とする「対話的構築主義アプローチ」の立場ではなく、「帰納論的な推論を基本としながら、語りを解釈し、ライフストーリー・インタビューを重ねることによって社会的現実をあきらかにしようとする」（桜井 2002 : 25）「解釈的客観主義アプローチ」に相当する立場に立ってライフストーリーを扱っていた。

というのも、前章で触れたようにフォークロア研究の基本的な方法論は、「過去」と「現在」の照合にある。「過去」と「現在」を照合するといった場合、その「過去」とはすなわち、過去の「歴史的現実」である。もとより、それは「絶対的に客観的な事実」として再現されうるようなものではないが（中野 1995 : 192）、かといって決して「架空の物語」ではなく、共に本人・研究者双方にとって歴史的現実としての信憑性をそなえた歴史として再構成されたもの」（中野 1995 : 193）である。まさに、「相対的に信頼できる確かさ（信憑性 authenticity）」（中野 1995 : 192）をそなえたものとしての「歴史的現実」なのである。

こうした「歴史的現実」の記述は、社会的にもフォークロア研究に要請されていることである。フォークロア研究者は、自治体史（都道府県史、市町村史など）の「民俗編」の編纂の際に専門委員として調査・執筆を委嘱されることが多い。そこでは、考古学（考古編）、歴史学（古代編、中世編、近世編、近代編、現代編など）とともに、まさに「歴史的現実」の記述が要請されているのである。実際、筆者は、福岡市の朝鮮系住民集住地域に関する研究成果を公刊したのち、福岡市の委嘱を受けて『福岡市史』編さん委員会の専門委員に就任しているが、そこで求められているのは、福岡市の朝鮮系住民集住地域における「歴史的現実」の記述である。

対話的構築主義アプローチ　もっとも、「対話的構築主義アプローチ」の観点がフォークロア研究にとってまったく不必要とか役に立たないというわけではない。むしろその逆である。福岡市での調査中、次のようなことがあった。

筆者のフィールドとしていた団地群は、調査当時、いずれも建設から三〇年以上が経過し、かなりの老朽化が進んできていた。そこで、［X団地］から順に、行政によって高層住宅への建替え工事が行なわれることになったのだが、多くの住民はこの建替えに反対していた。その理由は、建替えによって、これまでの増改築部分を含めた居住空間の広さの確保が不可能になることや、多額の費用をかけて行なった増改築部分を手放さざるをえなくなることを嫌ってというものであった。そこでは、高層になったら、いまの広さはなくなる。いま、一階と二階、本館と建増しあわせて三〇坪ある。これが3LDKに入れられたら狭い狭い。(「Y団地」住民、朝鮮系住民第二世代、女性、七〇代)

建増し部分に五〇〇万とか八〇〇万とかかけている。それが、建替えになったら、パーになる。補償金なんてそんなにくれるわけがない。最近、工事をした人なんか、たまらない。だいたい、建増し部分は私物だってことは、県、市も認めているんだから。そう簡単に建替えには応じられない。もししたければ、建替えが必要なら、本館だけを建替えればいい。中で鉄板を張って、建増し部分が崩れないようにして、本館だけを崩してもう一回新しい平屋の本館をつくればいい。(「Y団地」住民、朝鮮系住民第二世代、女性、七〇代。前掲の発言の話者とは別の人物)

というような語りが多くなされていたが、中には次のような発言も聞くことができた。

だいたい、払い下げせずに(かつて団地を行政が住民に払い下げ=有償譲渡処分するという話があったが立ち消えになったことを言っている——引用者註)、ここを高層化するなんて、そんな馬鹿なことがあるか。朝鮮人っていって馬鹿にして。本当のことを言ったら、わたしたちの一世が炭鉱で働いていて、その後、解放で、帰るといって大浜(博多港周辺の地名——引用者註)に来て、でも帰れなくなって、そして立退きがあってここに来たわけだ。そのようないきさつがあるのに、なぜ日本(の行政のやり方)に従って高層にしなければならないのか。(「Y団地」住民、朝鮮系住民第二世代、女性、六〇代)

われわれにとって、ここはふるさと。福岡の在日韓国人はみんなここから育っていった。ここはふるさとなのだ。このふるさとを、日本の役所からどうこう言われる筋合いはない。ここは韓国人の村。歴史がある。一世が徴用で日本に連れてこられて、炭鉱のタコ部屋で命を削って、そして、解放されても(朝鮮に)帰るに帰れず、大浜にとどまった。その上、汚い、どかせろといわれて、そこでやっていた商売もやめさせられて立退いた。そして今度はここ(「Y団地」)で根を張った。いまやここがふるさとだ。そういう歴史の経緯がある。そういうわれわれの話に耳を傾けないで、一方的に、「はい、建替えます」はありえない。これは民族問題なんだ。(「Y団地」

住民、朝鮮系住民第二世代、女性、六〇代。前掲の発言の話者とは別の人物）

ここでは「朝鮮人」「一世」「炭鉱」「立退き」「ふるさと」「韓国人」「歴史」「徴用」「タコ部屋」「解放」「民族問題」といった言葉が語られている。

筆者は、この語りを聞いたとき、ある種、驚きを禁じえなかった。というのも、たとえば、後者の語りを語った人物は、一〇年前に家族で日本国籍を取得しており、また、筆者との日常会話の中で、それまでこうした語彙を用いた「民族」や「歴史」の語りは全くなされて来なかったからである。また、前者の語りの話者は、韓国籍であるが、筆者に対し、「この二〇年来、民団の活動には全く参加したことがない」と常々語り、またあるときには、「もうわれわれは日本人ですよ」とも語っていた人物である。そして、筆者がこの語りを聴取したのちも、建替えについての話題以外の話題では、二名とも、全く「民族」や「歴史」について語ることがないのである。

こうした人物たちが、上のような「民族」「歴史」の語りを語っている。これはどういうことなのか。筆者は次のように考えた。かれらが置かれている状況は、住まいをめぐる自分たちの〈生きる方法〉に対して、外圧がかけられている状況である。そしてこの外圧に対抗するための言説として、「民族」や「歴史」が持ち出されている。このことはつまり、「民族」や「歴史」の語りは、所与のものとして日常的に語られているのではなく、状況――この場合は外圧の存在――に応じて動員されるものということになる。そしてこのような「民族」「歴史」の動員も、かれらが生み出し実践する〈生きる方法〉の一つだということができるのではないか。

こうした見方は、まさに「対話的構築主義アプローチ」に通じる見解であろう。つまり、建替えという住民にとって不都合な事態が目前に迫っている状況の中で、これを話題にした筆者を前に、話者たちは右のような語りを「構築」したのである。

ところで、ここで、右にあげた事例中に見られるような、「民族」や「歴史」の動員という、話者たち自身の構築主義的行動が、「過去」においても見られたものなのか、つまり、「歴史的現実」として、「過去」においても、こうした動員的語りの実践というものがあったのかどうか、という疑問が当然、生じてくる。しかしながら、聞き取りによってそのような状況を復元的に把握することは、非常に難しい。なぜなら、このような構築性は、話者と調査者との対話の中で、目の前で観察することによって把握されるものだからである。したがって、筆者はこの問いにこたえうるような「歴史的現実」を明確な形で把握することはできていない。つまり、把握できない「歴史的現実」があるのである。そして、おそらく、このほうが把握できる「歴史的現実」よりも圧倒的に多いに違いない。このことは強く認識しなければならないだろう。

さて、以上の議論をふまえてまとめてみると、筆者の調査におけるライフストーリーの扱いは、基本的には「歴史的現実」の再構成を希求する「解釈的客観主義アプローチ」の立場に立つものだが、「対話的構築主義アプローチ」も併用することで、調査対象への理解がより深まっているということがいえる。そしてまた、「解釈的客観主義アプローチ」によって把握可能な「歴史的現実」とは、かつて実際に存在した「歴史的現実」のごく一部に過ぎない、ということも認めなければならないということになる。

フォークロア研究では、方法論上、「歴史的現実」の希求を手放すことは不可能だと考えるが、「対話的構築主義アプローチ」の有用性を十分に認識し、またあわせて、「歴史的現実」を希求することの限界性、不可能性ということについてもまた深く心にとどめなければならないというのが、筆者の見解である。

3．鎮魂のフォークロア

人間苦の記録　次に、筆者のいうフォークロア研究の体系そのものを意識してなされた仕事ではないけれども、フォークロア研究に包含されるべき「民俗学的個性」を濃厚に宿したライフストーリー記述の作品があるのでここに紹介したい。民俗学者であり国文学者でもある大森亮尚の『悲のフォークロア――海のマリコへ』という著作（大森 2002）である。

大森は、本書執筆の意図について、およそ次のように述べている。まとめてみよう。

柳田國男は、「我々が空想で描いて見る世界よりも、隠れた現実の方が遥かに物深い」と述べ、その著書『山の人生』を、飢えのために山の炭焼き小屋で二人の子供を鉞で斫り殺した男の話からはじめているが、この本はまさにこの「隠れた現実」に光をあてようとするものだ。

戦後の生活史の表皮一枚をめくっただけでも、「物深い現実」は隠れている。このことを大切にする眼差しが民俗学の基盤にある。だがもしも、その眼差しを民俗学が失ってしまったならば、そのとき民俗学は崩壊する。わたしは民俗学の原点に立ち返り、名も無き民の「人間苦の記録」、埋もれた「人生民俗誌」を掘り起こしてみたいと考えた。

そして、ここでとりあげ、「ことば」で残しておきたいのは、人生の悲劇そのものではなく、その悲劇の奥にある一縷の光明――勇気とか律儀、誠実さとかいう、戦後の日本人が経済繁栄の中で忘れてしまった「人としてのまっすぐな生き方」である。本書は、忘れられた一つの戦後史、社会の片隅に置き去りにされた人々への鎮魂のフォークロアをめざしたものだ。

このような問題意識のもと、「新聞の片隅、いや新聞にすら載らなかった人々の人生」が次々と照らし出されてゆく。それは、敗戦後間もない頃の神戸で「混血児」として囃し立てられ苛められる中、海水浴場で水死した少女マリコの記憶（「海のマリコへ」）、徳島で発生したストリップ劇場火災で焼死したストリッパーの人生（「炎の舞」）、生家だった屋久島山中の造林小屋が山津波に襲われ遺児となった少女の苦難の人生（「縄文杉の麓にて――屋久島紀行異聞」）、バブル期の神戸をヤクザとして生き急いだ男の人生（「無頼」）、明治初めの長崎で外国船に乗せられたまま故郷に戻ることなく、ニュージーランドで子孫を残して死んでいった少年の人生（「望郷」）、自身が経験した阪神大震災と人びとの記憶（「午前五時四十六分――阪神大震災覚書」）というものだ。

鎮魂の文化　ところで、ここで筆者が着目したいのは、著者が本書を「鎮魂のフォークロア」として位置づけている点である。鎮魂のフォークロアとはいかなるものなのか。このことは、第一章の「海のマリコへ」を読むと得心がいく。

一九四七年生れの著者は、少年時代を神戸市垂水区で過ごした。通っていた小学校には、のちに「団塊の世代」と呼ばれることになる大勢の子どもたちが学んでいたが、その中で小学六年生の著者が出会ったのが同級生のマリコであった。彼女は、おそらくは進駐軍相手の日本人娼婦の子であり、肌が黒かった。そのため、周囲から、「あいの子」と囃したてられ苛められていたが、著者は、マリコを「あいの子」という蔑称で呼ぶことは無かった。

そんな著者に対し、ある日、マリコは著者の弟を介して愛の告白をする。「おにいちゃん、むこうにいるマリコがおにいちゃんのことすきや、というといて、というとったよ」。これに対して、しかし著者は何もこたえられない。「ただでさえ気の弱い私が、どうやって村八分状態にあるマリコをかばえるというのだろうか。よりによって、なぜ私みたいな気弱な少年をマリコが選んだのかに、とまどってしまったのである。何もしてやれない。どうすることも出来ない。私は何の返事もできないまま、その陽炎のむこうに揺らめくマリコの姿を眺めて立ち尽くしていた」。

そして悲劇は翌日起こった。海水浴場で、マリコが水死したのである。マリコが水死したのは、子どもたちが泳ぐ遊泳場をはずれた危険水域だった。なぜそこにマリコはいたのか。著者は推測する。「マリコは自分の肌の黒さを気にする年頃になっていたので、そんな危険な水域で泳いだのであろうか。皆に肌の黒さをからかわれることを嫌って、人目をさけたのだろうか。あるいは、監視役の母親たちの容赦の無い視線を浴びることに耐えられなくて、危険な海を選んだのであろうか」。

マリコの死は、以来、著者に宿念を与えることとなった。それは、「マリコの生前最後の告白にとまどい、何一つ答えてやれなかった私だから、世間を我が物顔で泳ぎ渡って行くような人生はとても送れそうにないだろう。だからせめて、マリコの死を忘れないように、誰も傷つけず、誰からも傷つけられない、そんな人生が送れたらいい」というものであった（大森 2002：3-42）。

それから四三年後。著者は『悲のフォークロア』につぎのように書き付ける。

> 一二歳で海の中へ消えていったマリコよ、僕はいまだに何一つこれといった人生の解答は見出してはいないけれど、僕も人前で思いやりを説ける人間になったし、少しは人の心の痛みがわかる人間になっていったようだよ。君のおかげで、まっすぐ歪んだというのか、歪んでまっすぐになったというのか、そんな人格になったようだが、フォークロアをやる人間にはふさわしい資質かもしれない、と思えるようにもなったよ。だから、この本が少しでもマリコへの鎮魂になり、僕からの返事になっているのならうれしいのだが。（大森 2002：42）

本書において、鎮魂は、マリコへ向けてだけ行なわれているのではない。たとえば、第二章の「炎の舞」でも、火災の記録を調べに行った先の消防署で、「亡くなったストリッパーの供養と鎮魂のために調べに来たので、火事の資料を見せてほしい」（大森 2002：55）と述べ、第三章の「縄文杉の麓にて」でも、山津波で消滅した「小杉谷の集落跡への鎮魂のためにも是非、改めて小杉谷の生活誌をママ（同章の主人公である遺児となったスナック経営者の女性のこと――引用者註）から聞きだしてみなければならないと思った」（大森 2002：92）と述べている。

大森自身が述べるように、明らかに、著者は、この本を、死者の鎮魂のために書いている。このことは、直接的には、大森の少年時代からの宿念によるものだが、それはしかし、一個人の宿念にとどまらず、実は日本社会の文化的特徴の問題と絡んでいる。

大森は、民俗学者であると同時に、大学院博士課程において国文学の方法論の訓練を受けたプロの国文学者である。(11) そしてその研究テーマは、日本文学に見られる怨霊信仰の研究だ。怨霊とは、現世の人びとから、「この世に強い恨みをいだいて死んだため、そのことを理由に人間に対して霊威を発動させているに違いない」と考えられた死霊のことである。

大森は、その主著『日本の怨霊』（大森 2007）において、井上内親王、早良親王、藤原広嗣、橘逸勢といった古代史上の人物が、どのようなプロセスで人びとから怨霊とみなされていったのか、そして人びとはそれをどのように祀ってきたのかを、史料や文学作品からさぐっていく。そして、怨霊をめぐって人びとが生み出した信仰体系として御霊信仰というものがあり、それは、怨霊を鎮魂するシステムであるとともに、日本文化を特徴付ける文化体系であることを明らかにした。

大森はこの文化体系を「鎮魂の文化」と呼び、次のようにまとめている。

皇位継承や、政治紛争で敗れた側、滅ぼされた側が、死後祟りを発動させて、勝者を圧迫していくことで、滅ぼした側は政治的、現世的には勝者でありながら、敗者を常に意識し、敗者を鎮魂、慰霊し、謝罪しなければ、勝者の立場が保持できない状況に追い込まれる。（中略）日本の文化には御霊信仰の広がりの結果、勝者が敗者に謝罪し、鎮魂するという世界的に稀有な逆転の論理、つまり「鎮魂の文化」があるといえるのではないか。

日本の文学を例に挙げると、『平家物語』では戦に勝った源氏側に文学は発生せず、滅びた平家側に民衆の涙が注がれるのである。政治的勝者である藤原氏にはこれといった文学は発生せず、滅びた大伴氏などを中心にして我が国最大の歌集『万葉集』が伝えられたのである。藤原氏全盛の平安朝時代に成立した『源氏物語』の主人公は、非藤原氏の王族・光源氏である。その意味では「勝者の論理」ではなく「敗者の論理」で文化が維持されてきたといってよかろう。

今日あるのは滅びた側があればこそと、おごりを捨てて、虚心に我が身を反省して、敗者を慰撫し、鎮魂する——そういう「鎮魂の志」があって、文化が維持されてきたこと、そうした鎮魂のメカニズムがあることを、戦後の日本はすっかり忘れてしまった。（大森 2007：261-2）

ここにおいて、『悲のフォークロア』の意義は明確になったといえるだろう。すなわち、戦後の高度経済成長、バブルといった「豊かできらびやかな宴」に酔いしれる者が「勝者」であり、この本にとりあげられている「名もなき人びとの人生」は、そうした宴に結果的に敗北し、排除されることとなった「敗者」なのである。そうした敗者への鎮魂、著者のいう「鎮魂の文化」の実践を試みたのが本書なのである。

そして、あらためてここで確認しておきたいのが、日本の文学や芸能においては、数々の物語が、著者のいうように、鎮魂のために語られ、演じられてきたということである。

> 能や浄瑠璃といった日本の古典芸能は死者を供養するために、その死者を舞台の上に幾度も呼び寄せ、その死に至る苦悩を舞台で再現して観客にその人生を語り伝えようとした。（中略）舞台に登場したシテは自ら「怨霊」や「幽霊」であると名乗り、観客に我が身の苦悩を訴え、観客を異次元の世界へと誘う――こうした鎮魂の役割が日本の古典芸能の根底にある。（大森 2007：265）

『悲のフォークロア』にとりあげられている物語、それは人びとのライフストーリーにほかならないが、著者においては、このライフストーリーも、能や浄瑠璃、古典文学における物語と同様に、鎮魂のために提示し、語られなければならないものだったのである。そうしてみると、『悲のフォークロア』は、日本文化の文化的特質に根ざしたライフストーリー記述の応用的実践であったということができるだろう。

結びにかえて

桜井厚によれば、ライフストーリー研究に底流する社会学的「生活」研究の系譜は、桜井厚から中野卓、有賀喜左衛門へと遡り、さらには有賀の民俗学を通して柳田國男に到達する（桜井 2013：4-12）。有賀喜左衛門は、柳田の民俗学に学びつつ、「柳田民俗学を社会科学の分野へ繋いでいった」（鳥越 2002：191）とされるが、有賀に発する社会学の生活研究の流れの中で、ライフストーリー研究が中野、桜井へと展開していき、柳田から見れば四代目にあたる桜井によって、理論的深化がはかられたということになろう。

一方、「社会学」化へと向かわなかった「民俗学本流」では、ライフストーリーという概念を用いて自らの研究を振り返ったり、課題を設定したりすることは行なわれずにきた。もちろん、宮本常一の『忘れられた日本人』は、それと名乗ることはないものの、ライフストーリーを独自の手法で記述した作品に他ならないし、本稿でとりあげた大森亮尚のような仕事も生み出されてきた。そしてまた、多くの民俗学者が行なってきた聞き取り自体、現場においてはライフストーリーを聞き取ったものといえよう。とはいうものの、そこで聞き取ったライフストーリーは、「伝承」研究というふるいにかけられて、「伝承」研究としての民俗学に必要なものだけが選択されてテキスト化されてきたというのが実状であった。

しかし状況は変化してきている。二〇〇八年に、既存の民俗学の中央学会である日本民俗学会とは別に、現代民俗学会が設立されたが、そこでは積極的に海外のフォークロア研究との照合、交流や隣接する他の学問分野への目配りが行なわれるようになってきている。そうした中で、同学会において「社会学・口承文芸学におけるオーラリティ研究の展開」や「オーラリティの実践と課題」といった研究会が開催され、桜井厚、大門正克といったライフストーリーやオーラルヒストリーに関わる研究者を招いてオーラリティ研究のあり方が学際的に議論されたのである。[12]

このようにフォークロア研究においても、ライフストーリーをその方法論の中に積極的に取り込んでいこうとする動きが生じている。この試みはまだ始まったばかりだが、フォークロア研究の学問的個性を自覚しつつ、社会学のライフストーリー研究などと生産的な形での接合をはかってゆくことが喫緊の課題であるといえよう。

註

(1) 筆者が、自らの学問の名称を、「フォークロア研究」と名乗るのは、これまでの「民俗学」との差異を明確にしようとするためであるが、その際、英語 folklore をカタカナに直した「フォークロア」の語を用いるのは、この学問を、世界中に存在するフォークロア研究（folkloristics）と対話可能なものとして構想していることを明示するためである。

(2) たとえば、Regina F. Bendix と Galit Hasan-Rokem が編集し、二〇一二年に刊行された "A Companion to Folklore" を見ると、日本を含めた世界各国のフォークロア研究の動向を詳細に把握することができる。

(3) ここで宮本が「いわゆる民俗的な事象」と呼ぶのは、民俗調査の調査項目集（柳田・関 1982 など）に示されているような「民俗」のサンプル、たとえば、生業、社会組織、信仰、人生儀礼、年中行事、儀礼、口承文芸、芸能といったジャンルのもとに分類・提示されている事象群のことをいう。

(4) エスノグラフィのあり方にとどまらず、多岐に渡った宮本常一の学問的活動は、全体として、人びとの創造性を究明するものとして構想されていたものと考えられる。すなわち、膨大な彼の民俗学的著述は、人びとの創造性のあり方を歴史を遡源することで明らかにしようとするものであり、また離島振興、農業政策、芸能振興、地域おこし、観光振興などさまざまな社会的活動も、同時代に生きる人びとの創造性の発揮を支援しようとする活動であった。さらに、彼の博士論文である『瀬戸内海の研究　島嶼の開発とその社会形成――海人の定住を中心に』（未来社、一九六五年）も、一見、歴史地理学の研究のように見えながら、これも人びとが島嶼の開拓という創造行為をどのように成し遂げてきたかを歴史的に跡付けようとする創造性のフォークロア研究であり、そのために採用された手法が歴史地理学的であったにすぎないという理解が可能である。このように、「創造性」という観点でとらえると、宮本の学問を統一的に把握することが可能となる。

（5）有賀喜左衛門の生活論における創造性への視点については、鳥越皓之（1982）を参照。

（6）「ほんの百年か二百年前の親々の生活ぶり、それが今日あるに至った事情のようなものがまず知りたい」（柳田1967、一二頁）と述べる柳田國男の民俗学は、まさにこの方法論によって成立している。

（7）エスノメソドロジーとフォークロア研究（民俗学）との接点については、好井裕明（2012）を参照。

（8）本稿でいう朝鮮系住民とは、朝鮮半島に対する日本の植民地支配を直接・間接の要因として日本に移住し定着した朝鮮半島出身者およびその子孫のことをさしている。

（9）ここで、さきにあげた写真の意味を解説しておく。写真1からは、立退き代替団地に少しでも広い空間を確保しようとして増改築が行なわれたことがわかる。写真2も同様だが、「かどや旅館」とあるのは、増改築部分を日雇労働者向けの簡易宿所として使用していたものである。写真3、写真4は、この地域が「寄せ場」となっていることを示すもの。写真4に写っている看板左の街灯のところに、「集合場所」の標識があるが、これは、ここが早朝、日雇労働者が現場へ派遣されるために集合する場所であることを示すものである。写真5は、集住地域やその周辺に生活保護受給者など社会的弱者が多く暮らすことを示唆する。当該地域が持つ「寄せ場」「隠れ場所」的な「場所性」との関わりが推測される。

　写真6は、「人夫出し」のもとで働く（働いていた）労働者の一人が描いたものと思われる。この落書きの正確な意味は、描いた本人にしかわからないものではあるが、落書きの主が、「人夫出しのおやじ」以下その家族や、市役所、銀行、税務署を「死んでから苦しむ人間の手本」「バカ」と考えているのであろうことは推測される。集住地域周辺の労働者の間では、人夫出し飯場について、「人夫出しっていうのは、つまりタコ部屋。入ったら最後、借金漬けにされて、手元にもらえる給料はすずめの涙。どうしても前借りせざるをえず、それが雪だるまのようにふくらんで、借金返済が終わらない。それで抜け出すことができない」、「人夫出しのオヤジやセワヤキ（労働者の元締め的存在の人物）のにいちゃんがやくざ者で逃げ出そうにも逃げ出せない」といった声がある。筆者の調査では、人夫出し

業者（朝鮮系住民）と日雇労働者（日本系住民）との間に、厳しい階層関係、あるいは搾取—被搾取の関係があったことが確認されているが、そうした背景の中からこの落書きが描かれた可能性がある。

(10) もっとも、筆者の調査では、いわゆる「ライフストーリー」の理論的枠組みを検討するというような意図はまったく無かったため、自らの聞き書きを「ライフストーリー」の聞き書きであるとはことさらに意識はしておらず、これまでの二〇年間の調査研究歴で用いてきた「聞き書き」という手法をここでも用いていたに過ぎない。ただ、そこで聞き取った話は、「個人が生活史上で体験した出来事やその経験についての語り」（桜井 2005：12）であり、その点からすれば、大枠としてこれを「ライフストーリー」という名称で呼んで差し支えないであろう。

(11) 大森亮尚（一九四七〜）は、上智大学大学院博士課程（国文学専攻）を修了後、武庫川女子大学教授などを経て、現在、古代民俗研究所代表。専攻は、日本民俗学をベースにした上代文学・芸能史の研究。著書に、『悲のフォークロア』（東方出版、二〇〇二年）、『日本の怨霊』（平凡社二〇〇七年）、『本朝三十六河川——川に流れる文学』（世界思想社、一九八九年）、『万葉飛鳥ルネサンス』（監修、ベネッセコーポレーション、一九九八年）などがある。

(12) 桜井が現代民俗学会において行なった招待講演の記録は、二〇一三年刊行の『現代民俗研究』第五号に「オーラリティの復権——『口述の生活史』前後」として掲載されている。

参考文献

有賀喜左衛門 1966〈1943〉『日本家族制度と小作制度（上）』（有賀喜左衛門著作集 第一巻）、未来社
エルメル・フェルトカンプ 2011「科学技術とフォークロア——「たまごっち」の生と死に対する文化的反応」『日本民俗学』二六五
大森亮尚 2002『悲のフォークロア——海のマリコへ』東方出版
大森亮尚 2007『日本の怨霊』平凡社
ゲリット・ヘアリン 2010「人生記録研究・日常文化研究のテーマとしての科学技術」『日本民俗学』二六三
河野眞 2005『ドイツ民俗学とナチズム』創土社
小長谷英代・平山美雪編訳 2012『アメリカ民俗学——歴史と方法の批判的考察』岩田書院
桜井厚 2002『インタビューの社会学——ライフストーリーの聞き方』せりか書房
桜井厚・小林多寿子編著 2005『ライフストーリー・インタビュー——質的研究入門』せりか書房
桜井厚 2013「オーラリティの復権——『口述の生活史』前後」『現代民俗学研究』五
島村恭則 1994「民間巫者の神話的世界と村落祭祀体系の改変——宮古島狩俣の事例」『日本民俗学』一九四
島村恭則 1996「沖縄の民俗宗教と新宗教——「龍泉」の事例から」『日本民俗学』二〇四
島村恭則 2006「〈生きる方法〉の民俗学へ——民俗学のパラ

ダイム転換へ向けての一考察」『国立歴史民俗博物館研究報告』一三二

島村恭則 2010『〈生きる方法〉の民俗誌——朝鮮系住民集住地域の民俗学的研究』関西学院大学出版会

島村恭則 2012「引揚者——誰が戦後をつくったのか?」山泰幸・足立重和編著『現代文化のフィールドワーク入門——日常と出会う、生活を見つめる』ミネルヴァ書房

鳥越皓之 1982『トカラ列島社会の研究』御茶の水書房

鳥越皓之 2002『柳田民俗学のフィロソフィー』東京大学出版会

中野卓 1995「歴史的現実の再構成——個人史と社会史」中野卓・桜井厚編著『ライフヒストリーの社会学』弘文堂

平山和彦 1992『伝承と慣習の論理』吉川弘文館

平山美雪 2012「アメリカ民俗学における倫理性をめぐって」西田司・島岡宏編著『比較生活文化考』ナカニシヤ出版。

法橋量 2010「現代ドイツ民俗学のプルーラリズム——越境する文化科学への展開」『日本民俗学』二六三

宮本常一 1965『瀬戸内海の研究　島嶼の開発とその社会形成——海人の定住を中心に』未来社

宮本常一 1967〈1964〉「日本列島にみる中央と地方」『日本の中央と地方』(宮本常一著作集 第二巻)、未来社

宮本常一 1993〈1978〉『民俗学の旅』講談社

宮本常一 2003〈1981〉「暮らしの形と美」『民衆文化と造形』(宮本常一著作集 第四四巻)、未来社

柳田國男・関敬吾 1982〈1942〉『日本民俗学入門』名著出版。

柳田國男 1967〈1935〉『郷土生活の研究』筑摩書房

山　泰幸 2009「〈現在〉の〈奥行き〉へのまなざし——社会学との協業の経験から」『現代民俗学研究』一

好井裕明 2012「エスノメソッド——民俗学とエスノメソドロジーの接点とは?」山泰幸・足立重和編著『現代文化のフィールドワーク入門——日常と出会う、生活を見つめる』ミネルヴァ書房

和歌森太郎 1972「民俗学」大塚民俗学会編『日本民俗事典』弘文堂

Bendix, Regina F. 2012 “From Volksknde to the“ Field of Many Names” : Folklore Studies in German-Speakng Europe Since 1945 ” in Bendix, Regina F. and Hasan-Rokem, Galit, Eds. *A Companion to Folklore*. Chichester : Wiley-Blackwell,pp.364-390.

Bendix, Regina F. and Hasan-Rokem, Galit, Eds. 2012. *A Companion to Folklore*. Chichester: Wiley-Blackwell.

Haring, Lee. and Bendix, Regina F. 2012. “*Folklore studies in the United States*” in Bendix, Regina F. and Hasan-Rokem, Galit, Eds. *A Companion to Folklore*. Chichester : Wiley-Blackwell, pp.286-304.

Sims, Martha C. and Stephens, Martine. 2005. *Living Folklore : An Introduction to the Study of People and Their Traditions*. Logan : Utah State University Press.

歴史は逆なでに書かれる――オーラル・ヒストリーからの科学論

三浦 耕吉郎

1．歴史叙述《ヒストリオグラフィ》の一形式としてのオーラル・ヒストリー

この小論は、オーラル・ヒストリーと社会科学的な認識との関連について考察しようとする試みである。[1]

オーラル・ヒストリーとは、簡略に定義づければ、〈過去の出来事にかんする体験や伝聞をもとに語られる歴史〉のことである。しかしながら、「オーラル・ヒストリー」の用法は多岐にわたっているので、あらかじめこの語の用法をつぎの三つに区分しておきたい。

(1) 使用される言語が音声言語であって、しかもそれによって表出された内容が、文字化以前の段階にある歴史叙述（口頭での歴史語り）

(2) 上記(1)から得られた歴史的データ（音声データのみならず文字化されたデータも含む）

(3) 上記(2)を用いて文字によって書かれた歴史叙述

じっさいには、歴史学においては、オーラル・ヒストリーが、純粋に(1)の意味で使用されるケースは少なく（むしろ、人類学で展開されてきた「無文字社会の歴史」などがそれにあたろう）、(2)ないし(3)の意味で用いられることが多い。ただし、本論においては、オーラル・ヒストリーによってもたらされるデータから、どのような「事実」が明らかになるのかに焦点をあてることになるので、むしろ、この(1)の側面が重要になる。

そして、この(1)の側面に着目することによって、私たちはオーラル・ヒストリーという歴史叙述（historiography）の形式上における特徴を、つぎのように指摘することができる。

第一に、音声言語によって叙述された（＝語られた）歴史であるがゆえに、その内容や表現が、語られる場の構成（どこで、だれにむけて語られたか）や時間的な文脈性（いつ、どのような状況において語られたか）に大きく依存することになる。したがって、同じ話者であっても、場所が変わったり、時間が経過するなかで、語られる内容が変化していくのは、それ自体が口述による叙述形式であるという性質上、しごく当然なことなのである（叙述内容の一回性と可変性）。

第二に、話者にとっての個人史的な要素がふくまれることをつうじて、語り手のパースペクティヴ（問題関心）や個性、さらには当事者性が前面にでることが多い。また、主として、当事者によって保持されていた記憶（my story ないし our story）にもとづきながら語られるという点では、「歴史」の原義である his-story（他者についての歴史）が誕生する以前の段階にある、ということもできる。逆にいえば、オーラル・ヒストリーは、「歴史」の未生の場所において営まれている、あらたに「歴史」を生みだそうとする創造的な実践として性格づけることもできよう。

第三に、現在を起点として、過去へさかのぼっていく叙述スタイルがとられることが多いということがあげられる。それは、「わしが、もっと若かったころの話やけどな……」とか「いま、こうやってふっと思い返してみると……」といった定型的な文句が歴史語りのはじめに決まってさしはさまれるところに、端的にみてとることができる。

このような特徴をあげてみると、私たちは、オーラル・ヒストリーというものが、自分たちがよく知っている歴史の概念とは、ずいぶん異なった相貌を呈していることに気づかされないだろうか。

それもそのはずで、先ほどあげた(1)の用法にしたがうかぎり、オーラル・ヒストリーにおいて叙述された（＝語りだされた）内容は、語られた瞬間からもう、音声の消滅とともに聞き手のなかに断片的な記憶を残すのみで消えさりはじめている。たとえ、録音をしたとしても、再話は何度でも可能であるからそれが唯一のバージョンとはならないし、語られるたびに内容が変化するのであれば、どれが確定版であるともいいがたいといった、研究者からみるとなかなか難しい性格をそなえている。

じつのところ、実証主義的な立場においては、もっぱら記憶に依存しながら生みだされるオーラルなデータが身にまとう、こうした曖昧性や可変性といった性質は、歴史研究における大きな弱点とみなされてきた。それゆえに、いまだにオーラル・ヒストリーは、方法論的に歴史学の鬼子の位置におかれているといっても、さほど間違いではないだろう。

しかしながら、歴史学のなかでも、民衆史や社会史の登場とともに、厳密な史料批判に依拠した実証主義歴史学が、当初から文書史料の豊富な政治史や外交史の領域に偏りがちであったことへの批判が提起されるようになってきた。たとえば、社会史家の二宮宏之は、そうした実証主義歴史学に特徴的な歴史的思考のあり方を、認識論的側面に着目しながらつぎのように分析している。

「先に引用したフェステル［ド・クーランジュ］の主張にも見られる通り、実証主義の歴史家にとっては、歴史はただただ史実確定の作業なのであり、すべては知ることにおいて終るのであった。そして、この知るための手段として、彼らはもっぱら文書史料に依拠したのであった。このような歴史にたいする態度から、彼らの歴史認識には、いくつかの特徴的な傾向が生まれることになる。

第一には、文書史料によって確認されるのは、一般に、一つ一つの孤立した史実であるから、それらはすべて相互の関連性なしに個々ばらばらなものとして捉えられてしまうこと。

第二には、文書の形で記録に残りやすい、歴史の表層に現れる事件が注目され、歴史がもっぱら『事件史』――具体的には政治史や外交史――として構成されがちであること。

第三に、進化論的思考・決定論的思考の暗黙の影響の下に、個々の事実の因果連関が、単なる時間的前後関係に還元されてしまい、歴史が、継起する諸事実の記述としての『編年史』と化してしまうこと。その結果として、諸事象の説明原理は、もっぱら『起源論』あるいは『系譜学』のうちに求められていること。」（傍点原著者）（二宮 1986：24）

ここで二宮は、実証主義歴史学が、歴史叙述をおこなうにあたって「史実」確定の水準におけるある種の「厳密さ」を追求してきた代償として、歴史の「説明原理」の水準において、「個々の事実の因果連関が、単なる時間的前後関係に還元されてしま」うといったある種の短絡や、その結果としての「『起源論』あるいは『系譜学』」による説明への依存が認められる、という指摘をおこなっている。

この「史実」確定の水準と、歴史の「説明原理」の水準とを、分析的に切り離して考えようとする二宮の視点は、私たちの視界を一挙に明るくしてくれるように思われる。

というのも、たしかに、オーラル・ヒストリーから得られたデータは、実証主義的な意味での史料批判には耐えられないかもしれない。

しかしながら、私見によれば、オーラル・ヒストリーという歴史叙述の一形式のなかには、私たちが歴史という存在を、さらにはその歴史を生みだしている現代社会を理解するうえで、従来の実証主義的な研究の厳密さが見逃してきた、あるいは、そもそも実証主義的研究によっては把握困難であるような、ある種の「説明原理」が内在しているように思われるからである。

したがって、次節では、実証主義歴史学とオーラル・ヒストリーの歴史叙述にたいして異なった「説明原理」をもたらしている、それぞれの時間意識を比較検討することからはじめることにしたい。

2．歴史叙述を嚮導する二つの時間意識

私たちの日常的な感覚においては、歴史といえば、過去から現在へと連綿とつづくものとしてイメージされている。それは、なぜだろうか。

私は、そこに私たちの歴史認識が形成されるさいの、実証主義歴史学からの奥深い影響を認めないわけにはいかない。それを確認するためには、実証主義的歴史の普及版、ないしは啓蒙版である歴史教科書をひもといてみるのが手っ取り早かろう。

じっさい、「日本史」とか「世界史」といった教科書に書かれている歴史には、つぎのような一つの明確な特徴が認められる。

それは、多種多様な歴史教科書の目次を比較すると一目瞭然なように、すべての歴史教科書が、原始→古代→中世→近世→近代→現代という一方向的かつ単一な時間軸にのっとって記述されている、という点である。

じっさいに歴史教科書をひもといてみると、数千年、いや、数万年前に人類史の起点があり、それ以降、現代にいたるまで人類あるいは（諸）国民の歴史が連綿とつづいているかのように描かれている。そこでは、歴史というものが、過去から現在に至る単一な時間の流れであることは、もはや自明なこととみなされている。

そのような、実証主義的な歴史における時間意識を図示すると、上のようになるだろう（図1）。

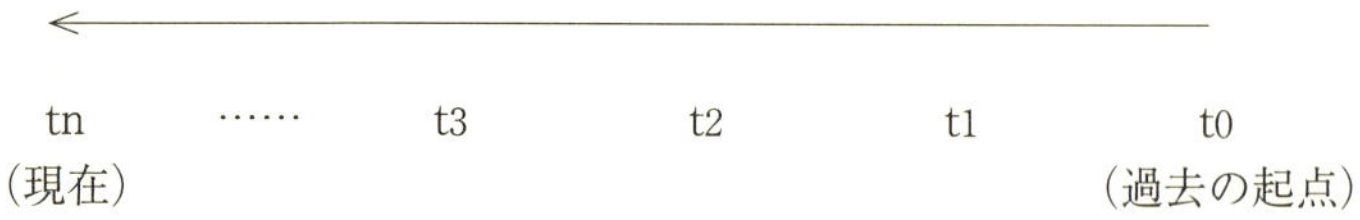

図1　実証主義的歴史における時間意識

そして、私たちは、このような歴史的時間の感覚に慣れきってしまい、たとえば、歴史的な事件Aが起こった原因を、歴史年表にある直近の事件Bや事件Cに求めるような思考様式を、学校教育のなかで、無意識のうちに身につけてきはしなかっただろうか。これが、二宮のいう「進化論的思考・決定論的思考の暗黙の影響の下に、個々の事実の因果連関が、単なる時間的前後関係に還元されてしまい、歴史が、継起する諸事実の記述としての『編年史』と化してしまうこと」の、典型的な例にあたるだろう。

それではつぎに、実証主義的歴史における時間の流れ（図1）にたいして、あたかもそれに逆行するかのような反対方向の時間の流れ、すなわち、オーラル・ヒストリーに特徴的であるような、現在から過去へむかう時間の流れについて考えてみよう。

現在から過去へとむかう時間の流れを私たちがいきいきと実感するのは、わすれていた記憶が、なんらかのきっかけによって、とつぜん意識にのぼってくるようなときだろう。たとえば、高校のクラス会で久しぶりに出会った級友たちとの語らいのなかで、高校生活における様々な出来事がまるで昨日のことのようにありありと思いだされるように……。あるいは、現代のいじめ報道にふれたのをきっかけにして、昔、小学校時代に塾で受けていたいじめの記憶がなまなましく甦ってくるように……。

こうした記憶が想起されるメカニズムを社会学的に考察したモーリス・アルヴァックスは、私たちが営んでいる社会生活自体が、記憶を生成させ、かつ、変容させる力をもっていることを、つぎのように指摘している。

「子供は成長するに従って、とくに成人になると、最初のうちはそのことにはっきり気づかないでいるにしても、より明確で反省的な仕方で、彼が属しているこれらの集団の生活と思考に参加するのである。彼がその過去について抱く観念が、それによってどうして変様されないでいられようか。彼が獲得する新しい観念、事実についての観念、あるいは反省や考えが、どうして彼の想い出に反作用しないでいられようか。われわれが何度も繰り返し述べたように、想い出とは大部分、現在から借用した所与の力を借りて過去を再構成することであり、その一方では、以前の時代になされた別の再構成によって準備された過去の再構成である。そのためかつてのイメージは、すでに著しく変えられている。たしかに、記憶によってわれわれは、われわれの昔の印象のあるものと直接再びつながりを持つのだとしても、想い出は定義上、われわれが物語や証言や他人の打ち明け話などの助けを借りて反省することにより、われわれの過去のあるべき姿について思い抱く多かれ少なかれ正確な観念とは、区別されるのである。」（傍点引用者）（アルヴァックス 1989：72）

ここで述べられているのは、記憶のメカニズムであるとともに、私たちが前節で確認してきたような、その歴史叙述が記憶への準拠を特徴とするオーラル・ヒストリーのメカニズムにかんする指摘でもあるといってさしつかえなかろう。とりわけ、記憶が、過去についての「正確な観念」ではなく、「現在から借用した所与の力を借りて過去を再構成すること」であるという主張は、オーラル・ヒストリーの本質をとらえており、後論との関連で重要である。

ただし、ここでは、実証主義歴史学の時間意識との対比のもとに、オーラル・ヒストリーを駆動させている時間意識の特徴を押さえておきたい。

アルヴァックスによれば、記憶とは、現在からする「過去の再構成」のことである。したがって、記憶を想起するときには、それが過去のいかなる時点の記憶であろうとも、想起者、そして、オーラル・ヒストリーの語り手がいだいているのは、つねに、過去のそれぞれの時点へと向かう現在を起点とした時間感覚である。そうした、オーラル・ヒストリーの時間意識を図示すれば左のようになるだろう（図２）。

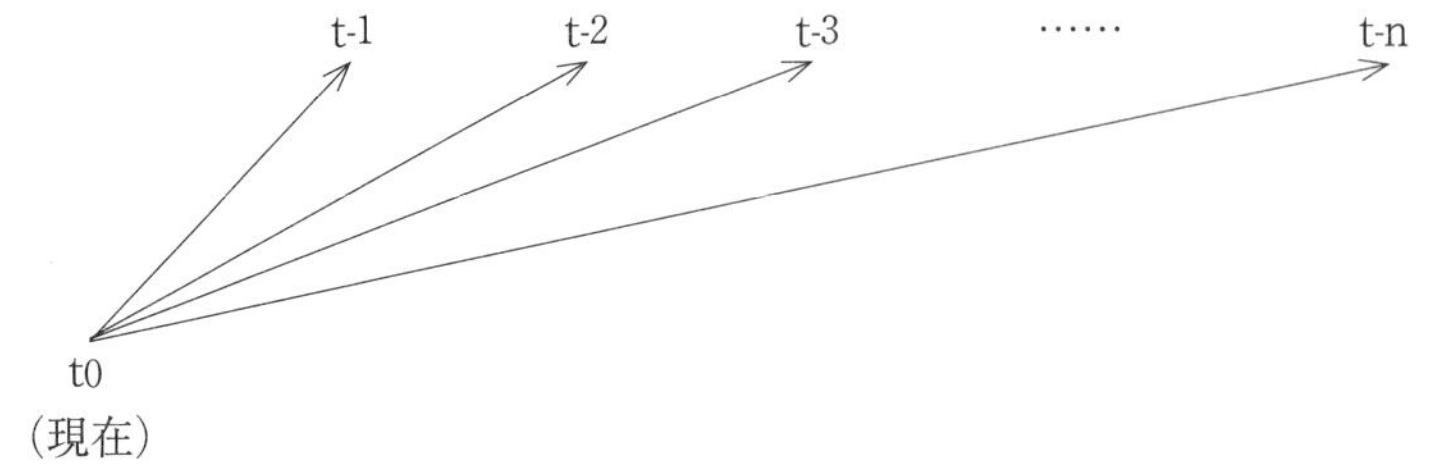

図２　オーラル・ヒストリーの時間意識

このような時間意識に依拠するオーラル・ヒストリーが、どのような「説明原理」を内在させているかを問うのが、私たちにとってのつぎの課題である。

そのまえに、あらためて、図１の実証主義的歴史における時間意識と図２のオーラル・ヒストリーの時間意識とを見比べていただきたい。

過去から現在へとむかうたった一本の時間と、現在から過去へと放たれた無数の時間。

これは、さながら、オーラル・ヒストリーが、実証主義的な歴史的時間を逆なでているようではないか。

3．歴史を〈逆なでる〉ということ

私は、「歴史を逆なでる」という表現を、イタリアの社会史家カルロ・ギンズブルグの論集『歴史を逆なでに読む Leggere la storia in contropelo』から、すこしばかり変形＝拡張したかたちで借用している。そして、じつは、当のギンズブルグ自身も、この言葉を最初につかったドイツ生まれの哲学者ヴァルター・ベンヤミンの用法を、フランスの社会史家マルク・ブロックの影響のもとにいささか変更して用いていると述べていた。

このように書くと、なんだかそうそうたる研究者の後塵を拝しているようで面映ゆいが、ギンズブルグの日本語版論集を編んだ上村忠男によると、本書の表題は著者が希望したものであるが、「[訳語における]『逆なでに（in contropelo）』という破格表現の使用については他に妙案が思い浮かばなかっただけで、特別な理由はない。寛恕願いたい。」（ギンズブルグ 2003：301）とあるので、もしかすると、この訳語に魅せられてしまった私の日本語感覚の方にこそ問題があったのかもしれないのだけれど。

それはともかくとして、この論集によせた序言のなかで、ギンズブルグは「逆なでに読む」という表現の由来について、つぎのように述べている。

「『歴史を逆なでする』というのは、ヴァルター・ベンヤミンの歴史哲学テーゼのひとつに出てくる言葉である。わたしはマルク・ブロックの没後に出版された著書『歴史のための弁明あるいは歴史家の仕事』の一節を考慮して、この言葉に少しばかり変更をくわえて採用する。中世における人びとの生き方と考え方にかんする証言を聖人伝のようなまったく別の目的のために生まれたテクストのうちに探し求めることは、ブロックによれば、『データにたいする知性の大いなる復讐』をなしている。そして、これこそは、証言の音域を拡大して、特定の史料が生産された地平の内部に閉ざされたままでいるのを避けようとする、歴史家たちの傾向を特徴づけているものなのであった。異端裁判記録についてのわたしの逆なで的な読みと、この経験によってうながされた省察とは、ブロックのきわめて密度の濃い考察のなかに込められていたもろもろの含意を——完全に自覚していたわけではないにせよ——体系的な仕方で展開させたものであったと、いまではわたしは考えるにいたっている。」（傍点引用者）（ギンズブルグ 2003：8）

ギンズブルグが、「逆なで的な読み」という表現をもちいるとき、その念頭にあったのは、史料を解読する方法のことだった。彼は、中世のベストセラーであった聖人伝を、カトリック教会による聖人崇拝を拡大しようとする意図とは異なった観点から読むことによって、そこに、当時の人たちの心性（どんな考え方・感じ方をしていたのか）を知るための比類のない史料的価値を見出すことができるとするブロックの主張に同意しつつ、史料にたいする「復讐的」ないしは反逆的な読みの重要性を強調する。

ここで批判の対象になっているのは、研究者が無心に（先入観なしに）史料を読み込むことによって史料自体に語らせるという、実証主義歴史学の方法である。そのような史料批判の方法では、史料をそれが「生産された地平の内部」に閉ざしてしまう、というのがギンズブルグの危惧するところであった。

それでは、史料をそれが生産された地平から解放することを目的とした、「（史料を）逆なでに読む」行為とは、ギンズブルグにとっては、具体的にどのようなものだったのだろうか。

つぎに、ギンズブルグが、一六・一七世紀の異端裁判記録を解読することをつうじてあらわした自著『ベナンダンティ』（ギンズブルグ 1986）を例にひきながら、「（史料を）逆なでに読む」行為について回顧的に説明している箇所を引用したい。ただ、その前に、この書物がどのような題材をあつかっているのかを知っていただくために、私がかつて書いた要約的文章をはさみこんでおく。

「イタリア東北部、オーストリアとユーゴスラビアに接する所にフリウーリと呼ばれる地方がある。その地の大司教庁文書館の棚に長く置き忘れられていた異端審問記録の山の中から、ある奇怪な農耕信仰が四〇〇年の歴史の闇をくぐり抜けてわれわれの前に姿を現わした。

その信仰は「ベナンダンティ Benandanti（善をなす者）」と称する男女たちの結社によって担われている。彼らは教会暦にある四季の斎日期間中の木曜の夜、隊長に召集されて野原（牧草地）や畑へ出かけて行き、悪をなす魔術師や魔女と戦いをする。ただし体は眠ったままで、魂に変じて兎や猫、野鼠の背に乗って（あるいは動物の姿に変身して）夜空を飛んで行くのである。ベナンダンティはウイキョウの枝をもち、魔術師はモロコシの茎をもって打ち合うが、ベナンダンティの側が勝利すれば豊作になり、負ければ飢饉になると信じられている。彼らが身につけている特殊な能力は、その出生時に羊膜にくるまれて（それは「シャツを着て」と表現されるのだが）生まれてくることに由来するものと考えられていた……。

ギンズブルグによって著わされた『ベナンダンティ』

が、その資料の特異性と方法論の独創性とによって、わが国の多方面にわたる研究者に衝撃をもたらしたことは記憶に新しい。資料の特異性とは、右のような農耕的豊饒儀礼を首尾一貫した証言の形で保存しているということだけでなく、ほぼ四分の一世紀にわたって断続的に執り行なわれた異端審問のなかで、そうした農耕的信仰や呪術が、しだいに悪魔的魔術（悪魔崇拝）へと変容していくプロセスが詳細に記されていたことによる。だが、ギンズブルグの真骨頂は、文化的ヘゲモニー論に依拠しつつ行なわれた民衆レベルにおける悪魔的魔術の形成に関する解釈にみることができる。……」（三浦 1987：5-6）

ギンズブルグの研究は、サバトや悪魔との契約、性的オージーといった悪魔的魔術の観念が、聖職者から農民へ一方的に注ぎ込まれたものであるとするノーマン・コーンらの通説にたいして、悪魔学的観念の受容にあたっては、農民が保持している民俗レベルの農耕信仰が重要な役割を果たしていたことを指摘しただけではなく、のちには、そうした悪魔的魔術の観念の創出にも生きた農民信仰がかかわっていたとする新たな観点を呈示していくことになる。ただ、この点にかんしては、拙稿を参照していただくとして、つぎに、ギンズブルグにおける「史料を逆なでに読む」ことのもつ意味に迫っていこう。

「そこでわたしのケースについて振り返ってみるならば、問い――魔術の嫌疑で告発された女や男たちの信仰内容、そしてあったとすれば行動様式は、どのようなものであったのか？――がまず最初にあり、これにつづいて、じつに豊富な史料、二世紀以上にわたってフリウーリ地方の異端裁判所によって積み重ねられてきた記録作業との出会いがあったことがわかる。しかしながら、その記録作業は迫害を目的として生産され利用されてきたものであって、わたしの目的とは遠く隔たったものであった。それどころか、いくつかの面で、正反対のものであった。したがって、わたしは史料を逆なでに読むすべを学ばなければならなかった。すなわち、それらを生産していった者たちや利用していったものたち――一方では異端裁判官と裁判所の書記、そし他方では（まれにではあるが調書のコピーを入手することができた場合には）弁護人と被告――の意図に逆らって読むすべを学ばなければならなかったのである。」（ギンズブルグ 2003：7-8）

このように、ギンズブルグもブロック同様に、史料を生産したり利用した人たちの意図に拘束されずに（「逆らって」）読むことの意義を強調している。ただ、私がここで注目したいのは、彼らの意図に逆らうために、ギンズブルグが書物のなかで積極的に一六・一七世紀の異端審問官や農民たちとの対話を試みている点である。(2)

そして、あらためてここで、歴史の本質とはこのような〈現在と過去の対話〉であるということを想起しよう。そのうえで、二〇世紀後半の歴史家であるギンズブルグによって一六・一七世紀の史料が「逆なでに」読まれるというとき、私には、ギンズブルグが逆なでているのは、史料だけでなく、数世紀にわたる時間の流れそのものにみえてくるのである。じっさい、ギンズブルグは、つぎのようにも述べていた。

「ほぼ一世紀前、ベネディクト・クローチェは、歴史研究において重要なのは問題、つまりは、史料にたいして立てられる問いであって、この問いかけがなければ（実証主義者たちが素朴にも信じているのとは逆に）史料は沈黙したままであろう、と書いた。［中略］今日では、これらの言明は一面的に映る。たんなる問いからだけでもなければ、たんなる史料からだけでもなくて、両者の絡みあいのなかから、歴史家の仕事は生まれるのである。」（傍点引用者）（ギンズブルグ 2003：7）

したがって、歴史を〈現在と過去の対話〉としてとらえるとき、そこで交わされている対話とは、現代の「問い」をもって過去へと遡及した歴史家と、過去に生きた人びと、および（彼らが生産したり利用した）「史料」とのあいだの対話である、といえるだろう。

その意味で、歴史を書く＝語るという（歴史を叙述する）行為は、その本質において、〈（現代の「問い」をもって）過去を振り返る〉という実践を不可欠なものとしている。私が、ギンズブルグの「歴史を逆なでる」という表現に強く反応したのも、この〈逆なでる〉という表現に、〈（現代の「問い」をもって）過去を振り返る〉という実践を重ねて理解したからであった。

そして、じつは、私がこの論文でオーラル・ヒストリーの歴史叙述に着目したのは、オーラル・ヒストリーの叙述形式のなかに、歴史を〈逆なでる〉独特のメカニズムが埋めこまれていることを指摘するとともに、そのメカニズムを社会学的に分析するためであった。

しかも、そのメカニズムは、私には、歴史学にとってというよりは、むしろ、社会科学的研究にとってこそ、大きな意義をもつように思われるのである。

そこで、少々脇道にそれることは覚悟のうえで、つぎの節では、現代の原子力災害にかんする二つの社会科学的言説をとりあげながら、社会科学において〈歴史的思考〉が見舞われている認識の危機という混乱のただなかにおいて、オーラル・ヒストリー的な叙述形式が現代社会においてもつ意義を再確認して、最終的な分析へとつなげていくことにしたい。

4. 原子力災害をめぐる二つの言説

つぎに引用する言説は、いずれも一昨年（二〇一一年）の春に発生した東京電力福島第一原子力発電所の過酷事故にたいして言及したものである。片や、政治的言説、片や、司法的言説といったように異なる領域に属するものだが、両者を比較することをつうじて、今日の社会科学が見舞われている〈歴史的思考〉をめぐる認識の危機の一断面が、いっそう鮮明に私たちのまえにたち現れてくるように思われる。

［言説1］

「今後、原子力政策を進めていく上において、あの過酷事故によって、いまだに避難生活を強いられている方々がたくさんいらっしゃることを忘れてはならないと思います。その方々のお気持ちを常に念頭に置きながら政策は進めていかなければいけないと私は肝に銘じております。

当然、原発については安全第一が原則であります。その安全性については、原子力規制委員会の専門家に判断を委ね、新規制基準を満たさない限り、再稼働については再稼働しない。これが基本的な私たちの立場であります。

原発輸出については、東京電力福島第一原発事故の経験と教訓を世界と共有することによって、世界の原子力安全の向上に貢献をしていく。そのことが我が国の責務であると私は考えています。今般の中東や東欧への訪問においても、各国から我が国の原子力技術への高い評価があったのは事実であります。原子力輸出については、こうした相手国の意向や事情を踏まえながら我が国の技術を提供していく考えであります。[3]」（傍点引用者）

［言説2］

「わたしが一番驚いたのは、（東電福島第一原発の事故での）全電源の喪失なんです。これにはびっくりした。一時的な電源喪失なら、原発に関する国の審査指針も想定しています。ところが、すべての電源を失うということではないんですよ。わたしが原発訴訟を担当したときも、全電源の喪失はまったく頭にありませんでした。今回の事故が起きてから初めて知ったのですが、米国では、当然のように全電源喪失を想定しているそうですね。そういうことを知ると、裁判官時代のわたしには原発への関心や認識に甘さがあったかなと思うのです。（中略）福島の事故を見たあとの原発訴訟では、これまで想定しにくかったこと、あるいは想定したくなかったことまで考えざるを得なくなるでしょう。それと同時に、差し止め請求の場合の『危険の切迫』という要件も、従来のようなメルトダウンに至る切迫した『具体的危険』という厳格なものではなく、もっとゆるやかなものになっていくと思います。」（傍点引用者）（磯村・山口 2013 : 15, 33-4）

これら二つの言説は、どちらも福島での原発事故を、現在の時点にたって真摯に振り返ろうとしている（かにみえる）。にもかかわらず、言説のもたらす効果という点からすると、原発政策のあるべき将来像について、両者が、まったく異なった方向性をめざしているのは明らかである。じっさい、前者が、原発の再稼働や原発輸出に積極的に取り組もうとする立場を公言しているのにたいして、後者は、原発の差し止め請求基準の緩和をつうじた脱原発への道すじを模索している。

今日、原子力災害にたいする事前から事後にわたるさまざまな対策の緊要性が社会的に共有されているなかで、なぜ、かくも大きな方向性の違いが、（それ自体が社会科学的な認識であると同時に、社会科学的な研究対象でもある）これらの言説上に生じてしまっているのだろうか。

とりわけ、ここで私が留意したいのは、「（原発における）安全第一の原則」や「世界の原子力安全の向上への（国家としての）貢献」という言明を背後で根拠づけている事実認識と、「原発に関する国の審査指針も（事故が起こるまで）全電源の喪失を想定していなかった」という発言を背後で根拠づけている事実認識とは、同じ「事実」といいながらも、じつは大きく異なる諸事実の集合からなっているように思われる点である。そして、かくも重要な事実認識の違いが、公然とつき合わされ論議されうるような場が、今日の日本社会において、どこにも存在しないという現状にたいして、私たちは、社会科学にたずさわる者として、もっと驚いてよいのではなかろうか。

たとえば、今年（二〇一三年）七月の参議院選挙においては、原発問題にかんする国民の関心は高かったにもかかわらず、原発のコストや安全性を吟味したうえでの国家の将来的なエルネギー政策上の原発の位置づけにかんする議論は、ほとんど争点にならなかった。その背景には、以下のデータからも読みとれるように、国民のなかで、脱原発への志向性と、「原発の活用」を経済政策（「アベノミクス」）

にもりこんだ安倍内閣への支持率が、いずれも高くなっているというねじれの構造を見てとることができる。

原子力発電所を段階的に減らし、将来はやめることに賛成ですか。反対ですか。
賛成　七二％　　反対　二一％
安倍内閣を支持しますか。支持しませんか。
支持する　七一％　　支持しない　一八％
（朝日新聞世論調査、二〇一三年五月〜六月実施）
『朝日新聞』二〇一三年六月二六日付　大阪本社版

この小論では、最終節において、このような事実認識にみられる相違や混乱を、たんに原発政策にかんするイデオロギーの違いに帰してすますのではなく、そもそもこれらの言説に相違をもたらした言説編成上の機制にまで立ち返って考えてみることになるだろう。

その点で、重要になってくるのが、過去を振り返るという行為のもっている多義性と、それが呼びよせる政治性についてである。というのも、この二つの言説においては、原発事故や、それを引き起こすことになった過去の原発政策にたいする振り返り方が、根本的に異なっているように見受けられるからである。

それでは、それぞれの言説に反映されている過去を振り返るという行為について、私たちは、いったい、どこが、どのように違っていると分析できるだろうか？　と、このように考えてみて、気づかされたこと。それは、今日の社会科学においては、そうした事態を把握するための有効な理論的枠組が、いまだに十分に保持されていない、という事実であった。

じっさい、これまで社会科学は、（研究者も含めて）世の中の人びとが、いったい、過去をどのように振り返ろうとしているのか、といった事柄について、一部の例外[4]をのぞいては、さしたる関心をはらってこなかったようにみえる。そして、私には、そのことがさらに、冒頭に述べたような社会科学において「〈歴史的思考〉が見舞われている認識の危機」を生んでいるように思われてならないのだ。

そこで、私たちは、オーラル・ヒストリーという叙述実践をつうじて、専門の歴史家ではなく普通の人びとが、過去をどのように振り返っているのか、そのメカニズムをあきらかにしていこう。

5．オーラル・ヒストリーにおける〈問い―再解釈〉の連鎖の構造

社会科学の領域においてオーラル・ヒストリーを実践し

ている人びとは、専門的な歴史学者ではないことが多い。しかしながら、彼らがおこなっている実践は、やはり、ひとつの歴史を創造する行為にほかならない。したがって、桜井厚が述べているように、オーラル・ヒストリーを語る人も、それをインタビューする人も、ある意味で〈歴史家〉といっても間違いではなかろう（桜井 2010）。つまり、オーラル・ヒストリーは、原理的には〈二人の歴史家〉による合作なのであった。

その〈二人の歴史家〉による共同作業がどのようなものであるかについては、この節の後半で分析を加えるとして、そのまえに、オーラル・ヒストリーを語る〈一番目の歴史家〉に注目してみたい。

オーラル・ヒストリーの語り手である〈一番目の歴史家〉がおこなっていること。それは、自分が過去において体験したり見聞きしたことを、現在という時点において、みずからの記憶をたどりながら、聞き手にむけて語るという営為である。

したがって、〈一番目の歴史家〉がおこなっているのも、ギンズブルグらのような専門的な歴史家と同様に、たしかに〈現在と過去の対話〉であるし、さらにいえば、〈〈現代の「問い」をもって〉過去を振り返る〉という実践の一形式であるといえそうである。

ところが、両者のあいだには、根本的な違いが存在している。

というのも、専門的な歴史家においては、振り返る対象である過去の事象とは、過去に生きた人びとや彼らによって残された史料であるという点で、基本的に、他者の歴史であるのにたいして、オーラル・ヒストリーが振り返ろうとしている対象は、自分もしくは自分たちの歴史だからである。

このような両者の本質的な相違を確認したうえで、あらためてギンズブルグが、史料をそれが「生産された地平の内部」に閉ざしてしまわないために、史料と問いとの絡み合いが重要だと述べていたことを思い出していただきたい。

それでは、オーラル・ヒストリーの語り手である〈一番目の歴史家〉にとって、史料に相当するものは何だろうか。それは、端的にいって、自分の、もしくは、自分たちの過去における体験そのものだろう。

とすると、〈一番目の歴史家〉は、体験を「それが生まれた時代や状況の地平の内部」に閉ざしてしまわないために、過去における体験と現在の問いとの対話を、なんと自分の内部でおこなっていることになるのだ。しかもそれは、過去のあらゆる時点での自分ないし自分たちの体験を対象としながらも、歴史の専門家が史料との対話にかける長い時間をついやすことなく、むしろオーラル・ヒストリーにかんする発話をおこなうその都度その都度に、まさしく瞬時におこなわれる〈現在の問いと過去における複数の自己ないし自分たちとの対話〉なのであった。

先に、アルヴァックスによる、記憶とは、過去についての「正確な観念」ではなく、「現在から借用した所与の力を借りて過去を再構成すること」であるという主張を引用したが、どのようにして、そのような「過去の再構成」が生じるのか、そのメカニズムの一端を右の分析は示しているといえるだろう。この点については、私も以前につぎのように書いたことがある。

「[過去について]語られた内容は、語り手の現在の観点、すなわち現在の問題状況におおきく規定されているとのべた。それは、くりかえしになるが、語りという行為はつねに過去の事象にたいする再解釈（再再解釈、再再再解釈……）をふくんでいるということである。（中略）ただ、重要なのは、これらの解釈が表明されたそれぞれの時点において、そのときどきに語り手が抱いていた異なった問題関心が、解釈のなかにも侵入してきているという事実である。語りという行為のダイナミズムは、このように無限の再解釈の連鎖の途中で、そのつど現在の問題関心と過去へのまなざしが交差することによって、当の語り手にとってさえおもいがけない言葉が洩らされてしまう点にあるといえる。」（括弧内引用者）（三浦 1998 : 244-5）

たとえば、前節の事例にあげた［言説２］においては、〈現在と過去の対話〉をつうじての原子力政策にたいする解釈の変容を、端的にみてとることができる。その意味では、［言説２］は、きわめてオーラル・ヒストリー的な言説といえる。それにたいして、［言説１］については、原子力災害を経たにもかかわらず、原子力政策をあくまで推進していくという判断に、いささかの迷いもみられないのは、なんとも奇妙なことではなかろうか。原子力災害などなかったかのようであり、まるで他人事のような言及の仕方ではないか。

いったい、［言説１］のような語り口は、いかにして可能になっているのだろうか。

このような問いをいだきつつ、私たちは、オーラル・ヒストリーにおける、もう一つの主要な機制、つまり、〈二人の歴史家〉による共同作業という側面について分析を試みたい。

オーラル・ヒストリーが語られる現場では、私たちが

〈二番目の歴史家〉と呼ぶ聞き手（研究者や聴衆）がさまざまな質問を投げかけ、〈一番目の歴史家〉がそれに答えていくというかたちで、語りが進行していく。

しかし、もちろんそれは、聞き手が語り手から過去の事実を聞きだしていくといったような、実証主義歴史学が想定してきたような営みではない。私たちは、すでに、〈一番目の歴史家〉が、過去のさまざまな時点において、みずからのなかで、自分の体験や過去の事象への再解釈をくりかえすことによって、過去のイメージを再構成し、変形してきていることを知っているのだから。その意味で、桜井厚が指摘するように、「語りは過去の出来事や語り手の経験したことというより、インタビューの場で語り手とインタビュアーの両方の関心から構築された対話的混合体にほかならない」（桜井 2002 : 30-1）というべきだろう。

では、このとき、語り手と聞き手のあいだには、いったい、どのような関係性が形成されているのだろうか。いや、桜井の表現を借りてもっと具体的に問うとすると、語り手の関心と、聞き手の関心とは、どのようなかたちで影響をあたえあっているのだろうか。

その点については、ホルスタインとグブリアムの著書『アクティヴ・インタビュー』が参考になる。本書は、社会調査において、回答者が、それまではもっぱら「受動的な『回答の容器』」とみなされることによって、「認識論的に受動的で、情報の産出には関わっていない」存在として位置づけられてきたことを批判し、具体的な調査過程において情報産出に関与してきた調査対象者の能動性（アクティヴィティ）をはじめて理論的に跡づけた作品である。

ここで、著者たちが批判の対象にあげる「回答の容器アプローチ」とは、つぎのような前提に立つ調査方法のことである。

> 「もしもインタビューの過程が『マニュアルに従って』なされ、非指示的で、バイアスのかかっていないものだったとしたら、調査対象者は、彼ら自身の内部に保存しているだけであると想定されているもの、つまり、調査の対象となる混ぜもののない事実と経験を適切に口に出すようになるとされる。情報の汚染はインタビューの環境や、インタビューへの関与者、それにインタビューのやりとりから発生するのであって、理想的な条件のもとでは、調査対象者から発生するのではない。むしろそうした条件のもとでは、彼らは求められれば真実の報告を提出するというのである。」（傍点引用者）（ホルスタイン&グブリアム 2004 : 30-1）

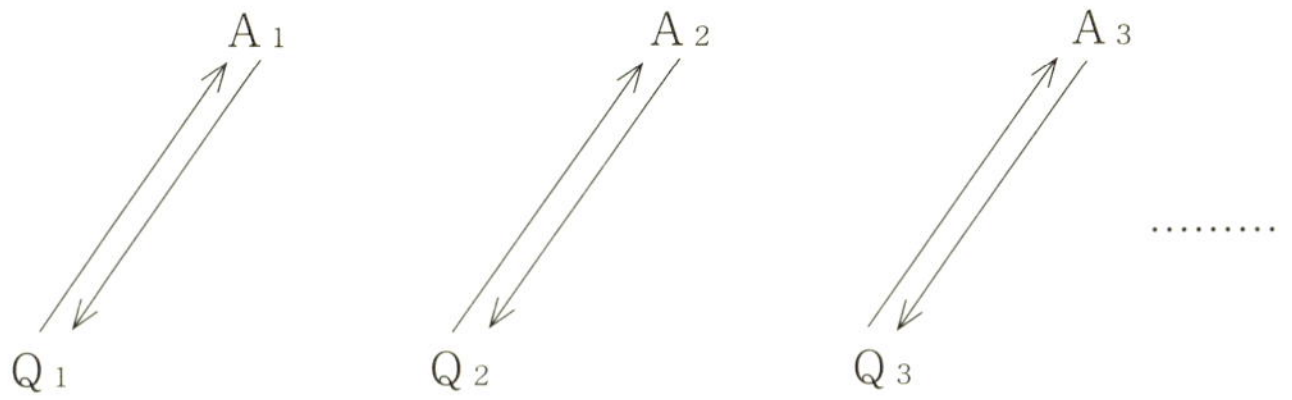

図3　一問一答型インタビュー

このような調査方法としては、質問紙票をもちいたサーベイ・インタビューが典型的なものである。そこでは、基本的に、一問一答型形式のインタビューが採用されるが、その特徴を図示すれば上のようになろう（図3）。なお、Qは質問者、Aは回答者を、数字はトピックの別を表している。

しかしながら、ホルスタインらは、彼らが前提とするアクティヴ（能動的）な調査対象者イメージを、伝統的な「回答の容器」という受動的な対象者イメージに対置しながら、そうした「理想的な条件」は、調査者にとってはもちろん、回答者の側にもそもそも成りたちえないものであると、つぎのように述べている。

「インタビューの回答者という役割の背後には、つねに調査『対象者』のモデルが隠れて存在している。インタビューを認識論的な活動として考えていくと、インタビュアーが回答者とどのように関わっているのか問題にする必要が出てくる。（中略）回答者の背後に想定されるアクティヴな対象者は、事実と経験の内容を保存しているだけでなく、まさに回答としてそれを提供する過程において、それに何かを建設的に付け加えたり、何かを取り去ったり、変えたりするのである。（中略）このアクティヴな対象者は、回答者の役割をとる前にも、あるいはその最中にも、そしてその後でも、さまざまな経験をつなぎ合わせ、組み立てている。回答者である彼や彼女は、社会の一メンバーとして、回答者がインタビュアーに伝達するべき知識を仲介したり、変更したりする。つまり、彼や彼女は、『もうすでにいつも』意味の積極的な作成者なのである。回答者の回答が、いつでも組み立てられたり、変更されたりする以上、回答の真理値が客観的な回答の容器の中にあるものとして対応したからといって、それが真理値であると単純に判断することはできない。」（傍点引用者）（ホルスタイン&グブリアム 2004 : 28-9, 31-2)

すなわち、調査対象者とは、調査者から回答者に指名されたり依頼されたりすることによってなるものではなく、「インタビューが展開していく文脈との関連で相互行為的に構築されていく」（ホルスタイン&グブリアム 2004：48）ものであり、そこで言われているインタビューとは、もちろん、一問一答型のそれではなく、上に図示するような会話型のものになる（図4）。

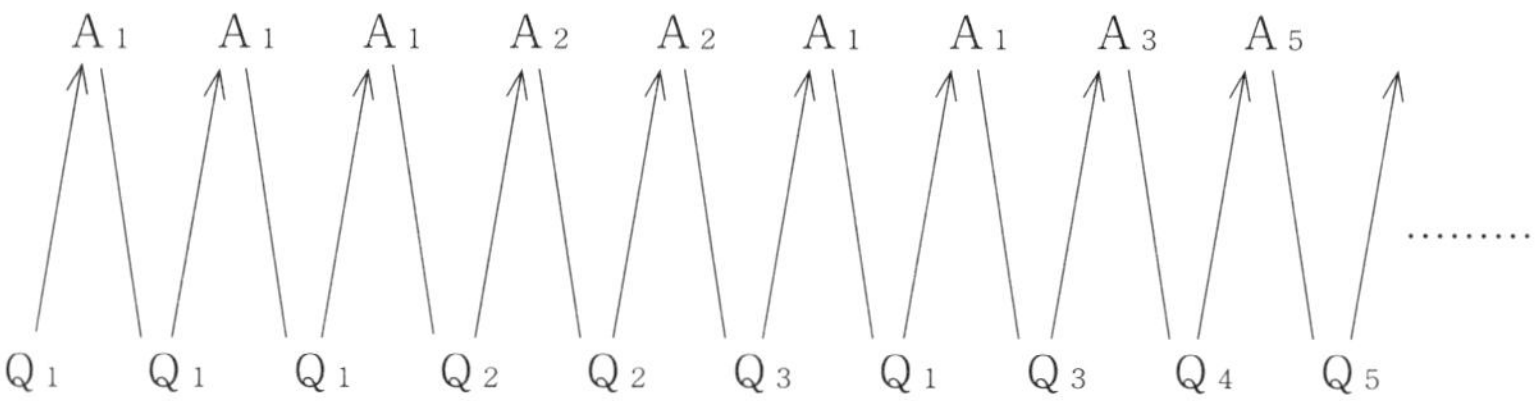

図4　会話型インタビュー

ここで、調査対象者のアクティヴさは、トピックの切り替えが、インタビュアーの側からだけではなく、回答者の側からも積極的になされている点に見てとることができよう。たとえば、質問者が提示した新しい3のトピックの質問にたいして、回答者が勝手にトピック1の話題にもどったり、質問者による4のトピックについての問いを無視して、回答者が別のトピック5の話題について語り始めたり、といったように……。このようなトピックの切り替えは、一見したところ、ささいなことに思われるかもしれない。

しかしながら、これまでの議論をもとにいえることは、こうした回答者におけるトピックの切り替えとは、オーラル・ヒストリーの文脈でいえば、〈一番目の歴史家〉からみたときに、それは、「自己の問い」（なぜ、そして、なにを、私は語るのか?）と「他者（質問者）の問い」（なぜ、そして、なにを、相手は聞こうとしているのか?）とのあいだの、また一つの新たな対話にほかならないという点である。そして、そこでの対話とは、自己の問いを深化させる生産的な出会いになる場合もあれば、異なった問いのあいだの衝突やすれ違いといったことに帰結することも往々にしてあるのだが……。

さて、以上の議論から、私たちはこの小論の一つの課題であった、オーラル・ヒストリーの叙述形式のなかに埋め込まれている〈歴史を逆なでる〉メカニズム、言い換えれば、〈（現代の「問い」をもって）過去を振り返る〉メカニズムの独特さを、〈（自分ないし自分たちの過去の体験にかんする）問い－再解釈〉の連鎖の構造に求めることができるように思われる。

すなわち、オーラル・ヒストリーが語られる場においては、語り手と聞き手の対話のなかで生みだされた新たな問いのもとに、過去の体験や出来事にかんする再解釈がなされていくが、じつは、そうした（語り手と聞き手の対話のなかで生みだされた新たな問いのもとに、過去の体験や出来事にかんする再解釈がなされていくという）経験は、語り手にとっては、過去にすでに数えきれないほどおこなわれてきており、したがって、語り手のなかでは、その都度その都度、こうした過去の経験が再帰的に呼びだされていると考えるべきなのである。

こうした〈（自分ないし自分たちの過去の体験にかんする）問い－再解釈〉の連鎖の重層性に思いをめぐらせるとき、私たちは、めまいのような感覚におそわれないだろうか。

だが、そうした問いと再解釈の反復は、じつは私たち自身が、ふだんごく普通におこなってきていることなのであった。

そうして、結局のところ、オーラル・ヒストリーが開示する過去にかんする事実とは、〈問い－再解釈の無限の連鎖の末端の部分における再解釈によって生みだされた過去についてのイメージ〉ということになろう。いわゆる実証主義歴史学が探究する「事実（過去に本当にあったこと）」とは、そうした再解釈の連鎖のこだまの彼方にほのみえるものであり、また、そのような仕方でしか本来、到達できないものなのである。

6.〈過去とフレキシブルに対話する人間〉モデル

オーラル・ヒストリーはもちろんのこと、あらゆる歴史研究において、そこであきらかにされる「事実」とは、けっして過去の出来事にかんする事柄だけではない。なぜなら、歴史が〈現在と過去の対話〉の産物だとしたら、歴史研究は、過去のみならず現在の諸事象にたいしても、あらたな光をあててくれるからである。そうした点で、この小論で検討してきた、歴史研究を嚮導する時間意識や、〈過去を振り返る〉という実践のあり方などは、歴史研究からあきらかになる現在にかんする諸「事実」だということができる。

そしてさらに、私たちは、オーラル・ヒストリーという営みから、「〈問い－再解釈〉の連鎖の構造」といった事実的な言明のみならず、学問的で、より抽象化された社会科学の人間モデルを導きだせるように思う。それは、名づけて、〈過去とフレキシブルに対話する人間〉モデルとでもいえるものだ。

人間とは、たえざる過去との対話をつうじて、現在の自分たちのいる位置を確認し、また、未来を構想して生きていく存在である。

そのさいの過去にたいする接近の仕方は、もちろん、人それぞれに多様であるだろうが、本稿の議論との関連において、つぎのようにおおざっぱにモデル化してみよう。

①過去を現在との関係において可変的にとらえる場合と、固定的にとらえる場合

②自分ないし自分たちとのつながりが感じられる過去の場合（「自分もしくは自分たちの歴史」）と、つながりが感じられない過去の場合（「他者の歴史」）

③体験（声）をとおして過去へ接近する場合と、史料（文字）をとおして過去へ接近する場合

この小論で言及した事例でいえば、オーラル・ヒストリーは、①②③のそれぞれ前者にあたり、実証主義的歴史は①②③のそれぞれ後者にあたる、ということになろうか。

そして、唐突に聞こえるかもしれないが、私には、第4節で呈示した原子力災害にかんする二つの社会科学的言説が、この二つのモデルにあまりにもぴったりとあてはまるように思われてならないのである。

［言説2］は、3・11の原発事故を契機として、事故前に裁判官として原発の差し止め訴訟を担当していたころの体験を振り返りながら、原発の安全対策にかんする当時の自分自身の認識の甘さを率直に吐露している。そして、そのころに、定められていた原発差し止めのための要件についても疑念を呈しつつ、当時の国の原発にかんする審査基準の妥当性の問題にまで迫ろうとしている。

ここでは、過去がじっさいにそうであったものとは別の形でありえたかもしれないということが（過去の可変的な把握）、原発差し止め訴訟を担当した立場から（「自分もしくは自分たちの歴史」）、地声が聞こえるような語り口で切々と述べられている。

それにたいして、［言説1］に特徴的なのは、3・11の原発事故が起こる前についての言及がまったくないことである。自身が第一次内閣（二〇〇六―二〇〇七年）のときに、原発の安全対策にたいしてどのような発言をしてきたか、あるいは、原発政策にどのようにかかわってきたのか、まったくふれられていない。そうして、避難生活者への配慮と原発輸出の決意という、矛盾をふくんだ言葉が、ただ羅列されているだけである。

ここでは、過去に言及しないことによって、首相の原発政策へのかかわりが事故とは無関係なこととして正当化されてしまっており（過去の固定化と他者化）、第一次内閣時代に首相を務めた者としての肉声がまったく聞こえてこな

い文章となっている。

それでは、この二つの言説にたいして、かくも大きな過去の振り返り方の違いをもたらした、言説編成上の機制とは、なんだったのだろうか。

その点について、私は、一問一答型のインタビューと、会話型インタビューの違いに原因の一つがあるのではないかと考えている。

じっさい、［言説1］は一問一答型の記者会見において発せられたものであり、聞き手がたずねているのは現在の原発政策についての首相の見解であって、過去の政策についてのそれではなかった。

おそらく、ここに、トピックを切り替える余地のない一問一答型インタビューの限界があるのであって、トピックが聞き手や語り手の関心によってめまぐるしく変わる会話型インタビューとの違いは歴然としていよう。じっさい、一問一答型のインタビューにおいて、回答者は、他のトピックへの移行をはじめから禁じられているのだが、それは、逆にいえば、その他の関連するトピックについて語ることを期待されていないともいえるのだ。

だが、このような、いわゆる「回答の容器アプローチ」は、今日のような錯綜した問題状況においては通用しなくなっているのはあきらかである。その典型的な例が、同じ第4節に引用した世論調査だろう。

脱原発の志向性と、原発を積極的に活用する安倍内閣への支持が、どちらも高くなるというねじれの構造を解き明かすためには、〈過去とフレキシブルに対話する人間〉モデルを有するオーラル・ヒストリー的なアプローチこそが必要だろう。

注
（1）なお、この論文は、演繹的方法や帰納的方法に依拠する実証科学的な社会学方法論にたいして、私があらたに提唱した体験型社会学（三浦 2010）にかんする方法論的な議論の続編にあたるものである。
（2）もちろん、その対話とは、私流の言葉でいえば、双方のすれ違いを前提にした〈対話〉なのであるが（三浦 2004）。
（3）安倍晋三首相の発言、二〇一三年六月二六日記者会見（「首相官邸」ホームページより引用）
（4）ここで「一部の例外」とは、歴史的な社会研究や、ライフ・ヒストリーないしオーラル・ヒストリー研究に携わってきた人たちのことである。

参考文献
アルヴァックス、モーリス 1989『集合的記憶』（小関藤一郎訳）行路社。

磯村健太郎・山口栄一 2013『原発と裁判官——なぜ司法は「メルトダウン」を許したのか』朝日新聞出版。
ギンズブルグ、カルロ 1986『ベナンダンティ——16-17世紀における悪魔崇拝と農耕儀礼』（竹山博英訳）せりか書房。
ギンズブルグ、カルロ 2003『歴史を逆なでに読む』（上村忠男訳）みすず書房。
桜井厚 2002『インタビューの社会学——ライフストーリーの聞き方』せりか書房。
桜井厚 2010「「事実」から「対話」へ——オーラル・ヒストリーの現在」『思想』8月号、岩波書店。
トンプソン、ポール 2002『記憶から歴史へ——オーラル・ヒストリーの世界』（酒井順子訳）青木書店。
二宮宏之 1986『全体を見る眼と歴史家たち』木鐸社。
ブロック、マルク 2004『新版　歴史のための弁明——歴史家の仕事』（松村剛訳）岩波書店。
ベンヤミン、ヴァルター 1996『ベンヤミン・コレクション1　近代の意味』（浅井健二郎編訳、久保哲司訳）筑摩書房。
ホルスタイン、ジェイムズ／グブリアム、ジェイバー 2004『アクティヴ・インタビュー——相互行為としての社会調査』（山田富秋・兼子一・倉石一郎・矢原隆行訳）せりか書房。
三浦耕吉郎 1987「民衆文化の自律性と文化的ヘゲモニー——サバト、あるいは集団的アニミズム」『現代社会学』第23号、アカデミア出版会。
三浦耕吉郎 1998「市民社会化のなかの被差別部落——聞き取り調査における「語り」の分析から」青井和夫・高橋徹・庄司興吉編『福祉社会の家族と共同意識——21世紀の市民社会と共同性：実践への指針』梓出版。
三浦耕吉郎 2004「カテゴリー化の罠——社会学的〈対話〉の場所へ」好井裕明・三浦耕吉郎編『社会学的フィールドワーク』世界思想社。
三浦耕吉郎編 2008『屠場——みる・きく・たべる・かく　食肉センターで働く人びと』晃洋書房。
三浦耕吉郎 2009『環境と差別のクリティーク——屠場・「不法占拠」・部落差別』新曜社。
三浦耕吉郎 2010「理論の外へ、もしくは〈対話〉としての社会学」『フォーラム現代社会学』第9号、関西社会学会。
三浦耕吉郎 2013「〈現場からの声〉は届いたか？　原子力発電所と構造的差別」『関西学院大学人権研究』第17号。

インタビューにおける理解の達成

山田　富秋

はじめに

ライフストーリー・インタビューにおける理解はどのようにして達成されるのだろうか。私たちがインタビューの内容を理解するという時、通常は次の二つの場合が考えられるだろう。すなわち調査者である私（たち）が、対象者である語り手から話しを聞いている時に端的にわかる理解と、フィールドから帰ってきて、記録されたインタビューをトランスクリプトに起こし、調査者と対象者の相互行為を子細に再検討する時に達成される理解である。前者を「端的な理解可能性」、後者を「リフレクシヴな自己言及」と呼ぶことにしよう。前者については、エスノメソドロジーの相互行為分析が、後者については自己を調査の道具とするライフストーリー研究が、すでに多くを明らかにしてきた。しかしながら、私がここで問題にしたい理解はこの二つのいずれでもない。それは対象者との対面的状況において、調査者である私に、ある語りが投げかけられ、その時は語りの意味がよく理解できなかったり、それに「引っかかり」を感じたりして、長い間、ときには何年間もかけて、その語りと格闘した結果、最終的に腑に落ちる瞬間がやってくるという理解の現象である。それは田中雅一（2011）の言う「運命的瞬間」に近い理解であり、私がそれを理解したと思った時には、もはや私は以前の私ではなく、ある種の変貌を遂げているのである。

このような、調査者に自己変容を迫る理解についてさらに考察を深めるために、ハイデッガーが『存在と時間』（Heidegger, M. 1927）で展開した「世人（世間 das Man）」をめぐる議論が役立つ。彼は他者（現存在）理解を阻むものとして世人の支配を指摘した。私はこれまで（山田 2011, 2012, 2013）世人の支配を乗り越える方法を、日常生活の自明性を何らかの方法で相対化するフィールドワークに求めてきた。この章では、ハイデッガーの良心論によりながら、調査者である私にしかアクセスできない孤独な瞬間として「運命的瞬間」が生じると同時に、それが調査者の自己変容だけでなく、調査者と対象者の関係性の変容をも伴うことを示したい。そしてインタビューにおける理解とは、この変容を伴って、初めて達成されたと言えるのである。

1. ライフストーリー研究における理解

ライフストーリー研究者は、どのようにインタビューを理解しているのだろうか。エスノメソドロジストが主張するように、インタビューという現象そのものに着目すれば、相互行為の進行中に、当該相互行為の参加者にとって「端的に理解可能」になる理解が最初にあるだろう。それは研究者が当該現象の外から後付け的に付与した「解釈」を免れた端的な「理解」である。エスノメソドロジーの相互行為分析は、会話分析（Conversation Analysis）が開発した概念道具を利用することによって、会話的相互行為のトランスクリプトから、きわめて精緻な「概念の文法としての、相互行為の組織化手続き」（西阪 2001：21）を明らかにしてきた。確かに、この研究分野は多くの研究者を惹きつけ、他に稀を見ないほど生産的な研究領域を形成している。

ところが、山田（2013）が整理しているように、端的な理解可能性とは、日常世界のメンバーであれば、誰でも一瞬で理解できる、繰り返し産出可能な理解のことであり、それ以下でもそれ以上でもない。ここで相互行為分析が明らかにした端的な理解可能性をドレイファスのハイデッガー解釈と照らし合わすと（Dreyfus, 1991=2000）、それがハイデッガーの言う道具的存在性（Zuhandenheit）の理解に限定されることがわかる。第3節で説明するように、この道具的連関を成り立たせている世界理解を他者理解（つまり共同存在する現存在の理解）にまで敷衍することはできず、むしろ日常性における現存在の他者理解は、匿名的で類型的な世人（das Man）に支配されている。そして世人の支配は、他者理解の障壁となる（山田 2011）。

この「端的な理解可能性」とは異なり、ライフストーリー研究者が通常行っている理解とは、インタビューのトランスクリプトを作りながら「リフレクシヴな自己言及」作業を行っている時にもたらされる理解だろう。インタビュー当時のフィールドノーツを片手に、ICレコーダーを何度も聞き直しながら、全体のトランスクリプトを作成している時、調査者はインタビュアーである自分も含めて、インタビュー過程をリフレクシヴに振り返っている。この作業によって、インタビュー時の単なるメモが確実な内容を伴う「物語世界」として現れるとともに、インタビュアーである調査者の「構え」（桜井 2002）や思い込み、あるいは調査者と対象者の関係（と変化）などもリフレクシヴに検討することができるようになる。つまり「リフレクシヴな自己言及」には、対象者の語る「物語世界」の（再）発見と、調査者の自己点検という二つの仕事が含まれている。ライフヒストリー研究者であれば、調査から帰って従事する重要な作業は、対象者が語る人生の「物語」を再現することであったが、桜井は後者の作業を自己を「フィールドワークの道具」（桜井 2002 : 92 以下）とすることと表現し、その重要性を広く認識させたのである。

桜井の功績のひとつとして、会話分析のトランスクリプト作成法（ジェファーソン・システム）を参照することによって、ライフストーリーが語り手と聞き手の会話的相互行為（interaction）の文脈に依存しながら産出される通りに記録し、可能な限り、その展開に沿って忠実に提示することを可能にしたことがある。ここから生まれてくる含意として、研究者は記録された語り（ナラティヴ）を、聞き手の頭の中に貯蔵されたデータ（回答の容器、ホルスタインとグブリアム 1995=2004）であるよりはむしろ、語り手と聞き手の共同制作として分析するという構築主義的研究方針が生まれる。聞き手である研究者が超越的な神ではないとすれば、実証主義的研究のように、語り手の語りだけを分析するのではなく、調査者である聞き手の語り（多くは質問であるにしても）自体も相互行為の重要な一手（コマ）として分析しなければならない。ここに調査者自身もフィールドワークの道具として分析対象にするという転換が生まれる。

日本の社会学においてライフヒストリー法を確立した『口述の生活史』（1977）の著者である中野卓もこの重要性に気づいていた。彼は「録音テープが私自身をも同時に記録していてくれることは同様に私にとって大切なことでした」（中野 1977 : 5）と語る。なぜなら「（前略）これが、私という人間を相手としてお婆さんが話して下さったことだという事実は、科学的にもこの話を分析するさいには考慮に入れなければならないでしょう。テープが私をも記録しているということは、分析する際の私が、登場人物の一人である私をも分析の対象に入れるのに役立」（同頁）つからである。そしてその分析の内容は「単に面接調査法のまずさについての反省だけのことではない。話者との関係において再発見される私自身のありかた自体の反省に及ぶ」（二九一頁）とまで述べ、桜井厚の自己点検の立場に非常に近い姿勢をうかがうことができる。

桜井がどのようにして、インタビューの過程をそのまま記録して、分析するようになったのかは、本書に収められている好井や岸の論考に詳しい。そして、まさにインタビュー過程それ自体のトランスクリプト化を通して、対象者の語った内容（物語世界）だけでなく、調査者自身の変容過程を自己言及的に検討することによって、調査者と対象者の非対称性（権力性を伴った関係性）や調査過程を通じて変容する自己を明らかにすることができたのである。私自身もリフレクシヴ・エスノグラフィーとして、インタビュー過程全体のエスノグラフィーの必要性を、折に触れて強調してきた（山田 2005, 2011）。それによって、調査者が暗黙裡にフィールドに持ち込んでいるジェンダーやエスニシティなどに基づいたカテゴリー化が明らかになるだけでなく、調査者が対象者からどのようにカテゴリー化されているか、また、そのカテゴリー化が調査プロセスを通じて変容する様子を分析することができるようになった。桜井は次のように指摘する。

　これまでの社会調査では、調査協力者についてはさまざまに語られてきたものの、調査者がフィールドに持ち込むさまざまな属性には無頓着で、さらにフィールドで生みだされる調査者の自己のあり方に対してもそれほど言及されてこなかった。だが、こうした自己が、語り手の語りや調査者がつくりあげる関係や入手可能な知識の種類、さらに解釈の仕方まで規定してきたのであり、リフレクシヴな自己言及が必要になっている。調査者に対するカテゴリー化は、年齢、ジェンダー、未／既婚、子どもの有無、階級や階層、人種や民族などによって表象される社会構造を基礎にもつ「多元的な自己」としてだけでなく、インタビューという相互行為からなる社会過程をとおして変化する「変容する自己」としても現れる。語り手は、調査者が何を聞きたいかを理解して応答するだけでなく、調査者が何者であるかという存在そのものを解釈し、そうした解釈に媒介された「調査者と語り手をふくむ」世界をもとに語る（桜井 2012：158-9）。

しかしながら、「リフレクシヴな自己言及」に含まれるストーリー領域の相互行為の批判的モニタリングだけでなく、インタビューのトランスクリプトを作成する時に同時になされる「物語世界」の再現の作業について、特に取り上げて検討する必要がある。なぜなら蘭（2000）も告白しているように、トランスクリプトを作成する過程こそ、語り手の「物語世界」を理解する機会でもあるからだ。

じつはわたしは、インタビューの「いま－ここで」をモニターするのに長けていない。むしろ、調査を終えて時間をおいたあと、トランスクリプト作成のためテープを何回も聞き直しているあいだ、もしくはトランスクリプトを繰り返し読んでいるとき、あるいは、ノートを見返しているときに、遡及的にインタビューの場をモニターしているように思う。つまり、語り手と面と向かったインタビューの場とはすこし次元の違う、一方的ではあれ、「深い」出会いをそのときに経験しているのではないかと思う。（蘭 2004：25）

ここで蘭が言う「深い」出会いとは何だろうか。もしこれが単なる「リフレクシヴな自己言及」に含まれる相互行為プロセスの批判的吟味だけであるなら、トランスクリプトの作成過程から、語り手との「深い」出会いは生まれてこないのではないだろうか。それではこの出会いを生み出す契機となるものは何か。ここで桜井の指摘する「物語世界」の自律性が鍵となる。桜井はインタビュー過程全体を、語り手と聞き手（対象者と調査者）の相互行為の部分である「ストーリー領域」、そして語り手が主体となって過去の出来事を物語る「物語世界」という二部構成として解釈する（桜井 2012：72）。この区分にしたがえば、私たち聞き手が語り手と「深い」出会いを経験するのは、調査者が語り手の語る物語世界に引き込まれ、その世界の同伴者として物語世界の「あの時、あの場所」を擬似的に体験するからではないだろうか。ここに「物語世界」の自律性がある。時間という次元で見るなら、ストーリー領域は「いま、ここ」で展開するのに対して、物語世界は語り手が過去に体験した歴史の一部であり、聞き手はその歴史を目撃する証人（Kleinmann, 1989=1996, moral witness）になる。

例えば、私が約一〇年間継続して調査に携わった薬害HIV感染被害の社会学的研究[1]から、まず小さい頃の運動制限について語るIpさんの思い出の語りを紹介しよう。生まれつき血液凝固因子の少ない血友病者は、突発的な出血を回避するために、小さいときに運動を制限されることが多かったようだ。ところが、身体を使って遊び回りたい子どもにとって、それは大きな苦痛であったろう。Ipさんが「とにかく遊びたい盛り、動きたい盛りに動けなかったんですよ」と小学校低学年の頃のことを語り始める。（最終報告書第3分冊：714-5。インタビュー抜粋の＊＊記号はインタビュアーを示す）

Ip：だから、家の実家のすぐ横が広場なんですよね。で、ブランコがあったり、滑り台があったり、砂場があったり、とかいうような、ちいちゃい広場なんですけど。

でも、そこにその近所の子どもがみんな集まって遊ぶところなんです。で、一番遊びたい盛りに、その広場が真横でしょ。キャーキャーいって遊びよる横で、足が痛い痛いとかいって寝るとか、治りかけなら、遊びに出たいのに、また悪くなったらいけないから家におれって言って、無理やり、無理やりいうたらなんですけど、遊びたいのに、もう涙を流しながら我慢するいう経験がずーっと続いとって。

そうこうするうちに、同学年の子どもたちが自転車に乗ることを覚えはじめ、最初は補助輪を使って乗っていたのが、しだいに補助輪なしで自転車に乗れるようになる。それを横で見ていたIpさんもみんなと同じことがしたくてたまらなくなったという。しかし自転車に乗ると、転倒して出血する事故も予想されるので、医師から絶対禁止と言われており、母親も医師の忠告を受け入れていた。ところがそれを許したのは父親だったという。

Ip：でも、絶対だめとかって言って、たぶん、泣いたんでしょうね。乗せ、乗せっていったかたちで（笑い）。そしたら、姉がいるんですけど、姉がもう別の自転車を買っとって、補助輪付きのを、女の子用の自転車、をぼくが乗りよったですけど、簡単に取れるんで補助輪って、父親が取ってくれてから。で、後ろでもっとってくれて、走ってみいやってな感じで、だぁーと走って。これ、あと、だいぶ後になって聞いたんですけどね、母親から。「先生があれだけだめじゃって言うたんに、なに乗しよるんね」って言うたら、「あれだけ乗りたがるんやけえ、乗したりゃいいじゃないか」言うて、「そうは言うても、死んだらどうするんね」って言うたら、「それはあの子の寿命じゃ」言うて、「なんしに生まれてきたんや」って、「それだけやりたがりよることをなんもかんも全部我慢させて何のために生まれてきたんや」言うて、だから「それで死んだら、それがあの子の寿命じゃ」言うて、「あきらめるしかない」って。

＊＊：お父さんが言われたんですか。

Ip：ええ。そんな、かっこええこと言う親父と思っていなかったもんで（笑い）。

＊＊：あはは（笑い）。

調査者である私たちはこの物語を聞いて、一般的に血友病者が幼少時に経験したと思われる行動制限の実際を理解するとともに、それにもかかわらず、出血のリスクを確実に増大させる自転車を許したIpさんの父親の例外的行為に驚く。そして許可した理由である「それで死んだら、それがあの子の寿命じゃ」という、本人の希望を何よりも優先し、その結果が死であっても受け入れるという父の姿勢に、打たれるのである。ここには蘭の言う「深い」出会いがある。しかし私たちはこの「深い」という意味をもう少し具体的に分析する必要がある。つまりここには物語世界の理解として、一般的で類型的理解を乗り越えるユニークな物語が語られている。つまり、単純に医師の忠告に従って、自転車を禁止するという物語ではなく、たとえその結果が死であっても「それだけやりたがりよることをなんもかんも全部我慢させて何のために生まれてきたんや」という、Ipさんの語りに立ち会う私たちにしか聞けないユニークな理由が示されたのである。これは「深い」出会いを構成する主要な要素だろう。と同時に、この物語のストーリー領域について付け加えて考察すると、この物語は聞き手である私たちを前に「そんな、かっこええこと言う親父」と相対化されて茶化されている。これはIpさんの父の言動に対する私たちの感動的な賞賛に対する謙遜とも解釈される（私たちの賞賛がIpさんのジョークによって笑いに変化している）。また、なぜこのエピソードをIpさんが私たちに話したのかを、私たちに反省させる契機ともなっている。つまり、血友病者は幼少時に乗り物に乗りたいという、健常児であれば「自然」な欲求も、死を覚悟した決意を必要としたという経験である。この「リフレクシヴな自己言及」の二つの側面をさらに探求するために、次に田中雅一の言う「運命的瞬間」について考察しよう。

2．調査における「運命的瞬間」

田中雅一は文化人類学者ファビアンによりながら、フィールドと民族史的記述のあいだの時間の分断を問題にする。すなわち、ファビアンにとって、文化人類学の大きな矛盾は、フィールドワークにおいて人類学者はその対象となる人びとと共時間的な交流をしているにもかかわらず、民族誌記述においてはそうした共時間性が否定あるいは隠蔽されてしまうのである（田中 2011：116）。そこには、ポストコロニアリズムが問題とした他者化の問題が横たわっている。つまり、文化人類学者の生活する先進国には現在の時間が流れているが、彼らが研究対象とする異文化は「永遠に停止した時間」の中に置かれていなければならないという想定である。これはまさに時間の分断によって生じる他者化の作用である。確かに時間の分断という問題提起は、啓蒙主義的フィールドワーク（山田 2011）に警鐘を鳴らすには有効だが、田中が指摘するように、フィールドにおいて他者と時間をいつも共有するわけではないし、共時間モードという概念では括ることのできない時間もあり、結果として、フィールドワーカーが経験する時間を単純化しすぎているのである。ここで、インタビューの場面において、調査者が他者と時間を実際に共有しているにもかかわらず、必ずしも共時間的な交流をしているとは言えない場面を検討してみよう。

例えば田中は、エチオピアで竜の存在を信じ、その殺害を依頼する老人と相対する人類学者の例を紹介する。その時調査者は老人の語る物語の信憑性をいったん保留し、そこから一歩「身を引く」ことで対処するのである。同様に病理的な「妄想」を語る患者を前にした精神科医は、患者の語りについて真偽の判断を下すのではなく、そこから一歩身を引いて、さらに患者の語りに耳を傾け、精神医学という専門的知識を参照しながら、患者の語りを分析し診断を下す。田中はこれを「身を引く実践」と名づける。つまり「その場の会話から身を引くことで文化人類学者や精神科医は、相手との距離を作ったのである。この距離は、共時間性の否定であり、時間的な差異の挿入、すなわち異時間化の実践なのである」(田中 2011：121)。

それではこの異時間化の実践は何のためになされるのだろうか。それは人類学や精神医学という専門的研究領域の価値基準に従って、対象者の語りを下降方向に規格化(フーコー)し、それによって他者化を達成するためである。「ここで重要なことは、わたしたちが依拠している価値基準は、かれらとのインタビューを通じて生まれるものではないということである。医者の診断基準、裁判官の判決基準は当事者とのやりとりを通じて生まれるのではない。同じく、民族誌のできばえは当事者との関係で判断されるのではなく、アカデミズムという当事者と関係のないところで蓄積されてきたさまざまな価値基準に基づいて判断される。わたしたちは、寛容的な態度を善しとして他者に接し、他者化を完成させる。この寛容性こそ専門的訓練の賜物でもある。同時に他者化はわたしたちが依拠している権威の承認過程でもある」(田中 2011：124)。

田中はこの異時間化による他者化を止めるために、共時間モードにおいて一歩身を引く「専門家」のインタビューや態度を拒否する立場を取ろうと提案する。すると研究者の態度は、フィールドにおいてデータを収集するというよりは、自然な態度でフィールドで暮らす態度に変容する。「フィールドでの共時間モードとは、生活する場面に関わる。それは他者とともにいて、活動している時間である。それは他者となじみ、なごみ、そしてフィールドでの作法を倣う・習うために過ごす膨大な時間である」(田中 2011：126)。しかも田中は、ここで一歩身を引くのではなく、相手に向かって一歩前にでる、つまり「ツッこ」みの態度が必要になると説く。慣習的な交流に基づく信頼をベースにして、ツッこみという「タイミングを計って一歩前に進む言葉の介入」が必要であり、それによって、相手との関係性が変わるのである。

田中は共時間モードの例をいくつか挙げながら「ツッこみというコミュニケーションにおいて日常経験を反省し笑いとばすという区別は一瞬のうちに生じる。つまり、「ツっこみ」の特徴とは共時間的モードの中で、瞬時にそれを否定あるいは自省し笑いの対象にするという二重性にある」と主張する。つまり「ツッこみは共時間的なモードにおけるたんなる日常的な実践のひとつではない。それは、日常的な時間の流れを一瞬止め置く省察的な遂行的行為であると同時に、相手をも省察的存在へと変貌させる実践」、つまり相手との距離を縮めながら、同時に自己と相手の省察を促す「異化」の経験である（田中 2011：129）。

このような共時間性の実践から生まれる民族誌記述は「フィールドでの対話を前面に出す対話的民族誌」でなければならない。なぜなら、そこでこそ調査者である人類学者の「現前（presence）」だけでなく、他者の「現前」も生み出され、それによって人類学者の共時間性が表現可能になるからだ。しかしそれは人類学者の変貌も伴う。田中はクラパンザーノが人類学者に要請される「民族誌学的距離」をこれ以上保ち続けることはできないと悟るきっかけになった出来事を重視する。それはクラパンザーノがモロッコのインフォーマントであるトゥハーミの「運命的瞬間」を発見したと思った出来事である。トゥハーミが牧夫をしていた時、友だちが魔女アイシャに悩まされるのを見て「もしアイシャに出会うことがあったら、殴ってやるか、石を投げつけてやる」と言ったとたん、突然雷が鳴り、川が友だちを呑み込んで運んでいってしまった事件である。トゥハーミは一緒に川を流されたが、ラバにしがみついて、何とか助かった。しかし突然友人を失った喪失感はその後ずっと彼の存在を圧倒してしまい、生きる意志をほとんど無にさせてしまった。クラパンザーノによれば、それは彼の「生の核心をなす出来事そのもの」であり、「彼の空虚さや不能の状態、すなわち、死者としての彼の人生の源泉をなしているもの」であった。クラパンザーノはこれを機に運命に翻弄される受動的なトゥハーミを治療し、なんとか運命に立ち向かわせようとする治療者に変貌したのである（クラパンザーノ 1980=1991：223-33）。

さてここで田中の言う共時間性の実践について、桜井厚が可能性を開いたライフストーリー研究と比較してみよう。まず科学者が自己の専門知識を背景にして対象者から一歩「身を引き」、対象者の語りを他者化する異時間化の問題はどうだろうか。ライフヒストリー研究の歴史をひもとけば明らかなように、ライフストーリーを聞き、語るという実践そのものが客観性を標榜する科学に対する抵抗という意味を持ってきた。すなわち、これまで科学的研究の対象とされてこなかった労働者や女性、あるいは子どもという「従属的で抑圧された人びとが、自分たちの言葉で自己の過去と現在と未来を語る」（桜井 2002：55）実践が、そのまま科学による他者化への抵抗を構成してきたのである。ところが、桜井（2002, II、社会関係としてのインタビュー）において詳細に論じられているように、フェミニスト・エスノグラフィーも含め、調査者と被調査者の非対称性の問題は、何らかの方法を用いて一挙に解決できるような問題ではないということだ。それに代わって桜井が提案するのは、調査者自身をフィールドワークの道具として、実際のインタビューの過程を「リフレクシヴな自己言及」作業に付すことである。

認識論的に考えるなら、フーコーが問題にする実証主義的科学は、科学者を普遍的規則を体現した、身体を持たない超越者として想定するために、科学者は対象者と共時間性を生きているにもかかわらず、原理的には「いま、ここ」に存在しない。むしろ科学者は状況を俯瞰できる超越的な神のような存在になる。ところが、身体を持たない調査者は現実には存在しないために、実際のインタビュー場面で直面する対象者とのコミュニケーションのトラブルは、何らかの調査方法の原理によって統制しなければならない、やっかいな問題となる（山田 2011、第2章と第3章参照）。ところが、現実には維持できない公平無私な態度を捨てて、調査者が目の前に展開する相手とのやりとりに没頭する道を選択するなら、私たちは、調査者と対象者との権力性を背景にした非対称的な関係性が、その場で展開する「語りのちから」（反差別国際連帯解放研究所しが 1995）によって、平準化される瞬間を目撃することができるのである。

しかしインタビューのプロセスは、常に平準化に向かうわけではない。ここで他者化を生みだす異時間化の実践を挫折させる方法として「リフレクシヴな自己言及」が登場する。この点では、桜井がインタビューの相互行為全体を詳細なトランスクリプトとして記録することを定着させたことは画期的なことだと思われる。なぜなら、それによって調査者と対象者の相互行為プロセスを非常に細かなやりとりまで、リフレクシヴにモニターし、分析することが可能になったからだ。これによって調査者の「構え」が明らかになるだけでなく、他者化を停止させ、調査者と対象者の変容する自己を、その変容プロセスに沿って捉えることができるようになる。

また、田中が共時間性の内容として、対象者と生活をともにすることで、対象者の生活に倣い、なじむこととするのは、ライフストーリー研究における語りの文脈の重視にぴったりと対応する。山田（2011）がフィールドワークなしで行った医療場面のインタビューがことごとく失敗に終わったと告白するように、「生活をともにするフィールドワーク」（清水透 2006）を実践しなければ、語りの解釈は良くて表層的なものに、悪ければ、一度も対象者の世界に触れることなく、調査者の仮説を反復するだけに終わってしまうのである。ホルスタインとグブリアムが主張するように、対象者の語りを適切に当てはめるべき社会的・歴史的文脈が用意されていなければ、対象者の語りは理解されないままに終わってしまう（Holstein, J. & Gubrium, J., 1995=2004）。

それでは最後に、調査者が自己変容を遂げざるをえなくなるような共時間性の経験を、ライフストーリー研究の中に見いだすことができるのだろうか。ここでもう一度クラパンザーノの経験を吟味してみよう。クラパンザーノが「民族誌的距離」を捨て、トゥハーミと向き合う治療者に変貌せざるをえなかったのは、トゥハーミの語りの中に「運命的瞬間」を発見したからだった。そこで調査者だけでなく、研究対象者であるトゥハーミも、また、調査助手のラハセンも「現前」を果たしたのである。これはフィールドワーカーに要請される参与と観察（参与観察）という矛盾した志向性をクラパンザーノが放棄することを意味した。彼は次のように述べる。

私とトゥハーミとの関係が変化した頃合いは、これら二つの異なる志向性を維持することが、あるいは維持しうると装うことが、私には不可能になったという時点に照応しているのであろう。トゥハーミは私にとってかけがえのない何者かになってしまったのである。私の科学なるものもラハセンの存在も、トゥハーミとの距離を保つにはもはや充分とはいえなかった。彼と私の差異性は消え失せ、そのあとには類似性が浮かび上がってきたのである。（中略）そして彼にとっても、私が無視しえない何者かになったのだと思う。（クラパンザーノ 1980=1991：242）

「運命的瞬間」との出会いを経て、クラパンザーノは変化し、調査対象者であったトゥハーミも調査助手であったラハセンも変わり、彼らの関係性も変貌した。その結果、トゥハーミ自身も調査者であるクラパンザーノの言語を使うようになり、自らの位置づけについても前より楽になったようだった。こうして科学を盾にした「植民地的な関係が修復された。私は安定し、自らの位置を保護者—治療者として合理化することが可能になった」（クラパンザーノ 1980=1991：243）。田中はこの変貌の中に、さらに私たち読者の変貌も読み取る。すなわち、

クラパンザーノは、トゥハーミとの対話を通じて「運命的瞬間」としか表されないようなトゥハーミ自身の経験に触れる。そして、かれは変化を決意するわけだが、それは、人類学者だけでなくわたしたち読み手の変貌をも促すのではないだろうか。そして、それこそ民族誌に求められている共時間性ではないだろうか。テクストでは、作者である人類学者の現前だけでなく他者の「現前」をも生み出す工夫が必要である。その際、重要なのは他者の人生に生じた「運命的瞬間」である。この経験、すなわち他者の変貌の記述に接して、人類学者だけでなく読者もまた変貌する。この変貌こそが民族誌を読むことの共時間的経験だとわたしは理解している。（田中 2011：131）

田中の言うように、変貌するのはフィールドワーカーや調査者—被調査者関係だけではない。むしろ民族誌を読む私たち読者も変貌するのである。ところが、この変貌は「運命的瞬間」との出会いを通して、一挙に成し遂げられるのだろうか。私はそうではないと考える。クラパンザーノも「私は治療者になった」と書いた後ですぐに告白しているように「だが、実際にはそれよりも以前から治療者になっていたのである。そのことはノートを見れば明らかだし、読者も、私とトゥハーミが言葉を交わす中で、二人の関係を治療的なものに変更してきた経緯に気がついているはずである」（クラパンザーノ 1980=1991：228）という。つまり「運命的瞬間」とは突然訪れるものではなく、むしろ時が熟すのを待って、初めて訪れる瞬間である。これに類似した経験をライフストーリー研究の中に置き換えれば、それはインタビュー場面において、調査者である私にある語りが投げかけられるが、その時にはその語りの意味が宙に「引っかかり」、いっこうに腑に落ちない状況に当たるだろう。私の経験から言えば、長い間、ときには何年間もかけて、その語りを反芻し、語りの意味の探求に格闘した結果、最終的に腑に落ちる瞬間がやってくるという現象である。そして、私がわかったと思った時には、私は以前の私ではなく、対象者との関係も大きな変化を遂げているの

である。この「引っかかり」経験の意味をハイデッガーの世人論を援用しながら解き明かしていこう。

3．フィールドワークにおける理解の達成

まず最初に私の長期間にわたった「引っかかり」経験を紹介しよう。ひとつはもう三〇年近く前に沖縄の精神科病棟で看護助手をしながら、参与観察をした時の経験である。[2] 私は三〇床ほどの閉鎖病棟において約三ヶ月間、日勤を中心に病棟でフィールドワークを行っていた。私は三〇代になったばかりで、病棟スタッフの中では若い方に入っていた。その時にたまたま出会ったのが、二〇代前半の男性入院患者Ｍさんである。その出会いは奇妙なものだった。壁や床にからだをぴったりとつけながら移動する彼の尺取り虫のような行動を私が最初に目撃したとき、私は考える間もなく彼に恐怖を感じてしまったのである。他の病棟スタッフによれば、現実感が確かめられないために、彼は壁や床に自分の身体を触れさせることで現実感を取り戻しているらしいということだった。私が病棟内で彼と出会うときは、必ずといっていいほど、尺取り虫のような移動方式を取り、それを目撃するたびに私は、見てはいけないものを見たというように、恐怖に凍り付いた。しかも精神症状からくるらしい奇妙行動に対して恐怖心を抱く自分を道徳的に間違っていると考え、そのたびに自分を叱りつけたため、逆に膠着状態に入ってしまい、恐怖心を取り除こうともがけばもがくほど、逆に恐怖心は増大するという悪循環に陥った。これを解決するのは自分一人のちからではとうてい不可能に見えた。

この膠着状態が続いている時、ある日の午後、私は他の病棟スタッフも患者さんも誰もいない広いデイケアルームの長机の上でフィールドノーツを書いていた。病棟の日課として、非常に多忙な午前とお昼をこなせば、ぽっかりと時間の穴が空いたような、間延びした午後がやってくる。その時間はデイケアの机でノートを広げて記録を取るのが常であった。すると、Ｍさんが病室からやってくるのが見えた。ところが、いつもの尺取り虫のような移動方式は取らず、いつもと違って、ふつうの人のようにまっすぐ私のところまでスタスタと歩いてきて、私に「ばかやろー」と怒鳴ったのである。私は普通に歩けることに驚いただけでなく、すぐに「すみません」という謝罪のことばが口から出た。そしてこの事件の後、私にわだかまっていた恐怖心は、かさぶたを取るように、きれいに消え去ってしまった。むしろ、この事件を契機にして彼と私とのあいだに不思議な信頼感ができあがったのである。おそらく、Ｍさんは一歩「身を引く」私に「ばかやろー」という言葉の爆弾を浴

びせ、乱暴な方法ではあったが、私を変え、彼と私の関係も変えたのだった。Mさんは何か必要なことがあると、スタッフの中でも一番先に病室から私を呼ぶようになった。身の回りの細々としたお世話をするうちに、私は彼とすごす時間が一日のうちに定期的にできるようになった。すると、特に病院の周囲を一緒に散歩する時、誰もまわりにいないことを確認したあとで、彼が自分の「妄想」を語りだすようになった。私は聞き役になり、彼の「非現実的」な物語をただじっと聞いていた。もちろんここで「妄想」と「非現実的」にカッコを付けたのは、あくまで常識的な判断からは、そう聞こえると限定するためである。

ここでMさんが使った方法は、田中の言う「ツッこみ」療法のひとつである一喝療法と言えるだろう。つまり、一歩身を引くのではなく、「普通なら避けるべき言葉でもって患者の心にぐっと入っていく」（田中 2011：127）。フィールドノーツを盾に、参与観察に徹しようとしていた私は、突然「ツッこみ」をくらって、Mさんとの共時間的な関係にストンと入り込んだのである。しかしながら、私はMさんから「ばかやろー」と言われる前の自分の「身を引く」分析的態度から、その後のMさんとの共時間的経験を通した、彼の「妄想」に耳を傾けるという急な変化を何年間も理解できないでいた。つまり、なぜMさんとのあいだに信頼関係が確立した後、Mさんは私に向かって「妄想」を語ったのか、その理由が腑に落ちなかったのである。一方、病棟では私も看護スタッフの一員として、病棟師長が具体的対応を通して示す精神科看護の実践を他の同僚スタッフと一緒に学び、フィールドノーツに記録した。[3] また、診察室では精神科医による診察も毎日行われている。そのこと と、私が毎日Mさんと散歩しながら過ごす共時間的経験は、かなり質の異なった経験であると直感的に理解できたが、はたしてどんな関係にあるのか、うまく整理できないでいた。こうしてその後、約一〇年間近く、その時の場面が私に繰り返しよみがえり、私にこの問題を解くことを迫るのである。この作業は私の沖縄でのフィールドワークを全体として捉え直し、Mさんの奇妙な振る舞いに恐怖心を抱くという、いくぶんか後ろめたい私の経験を振り返りながら意味づけることを迫った。

なぜ私がこれほど長期間にわたって悩まされることになったのか、その時代的背景について少し説明が必要だろう。私がこの調査を行った一九八〇年代の半ばにおいては、まだナラティヴ・アプローチも胚胎期にあり、医療や福祉における専門家支配（フリードマン）は問題にはなっていたものの、制度的に確立された専門家の実践に対して、私がMさんの「妄想」を共時間モードで聞くといった日常的実践が、それと対等な実践として対置されると考えることは、ほとんど不可能に近かった。しかしながら、アメリカでの障害者自立生活運動が日本でも実施されていく中で、セルフヘルプグループを初め、専門家に代わって当事者自身が問題解決の中心に位置づけられるにつれて、この風潮はしだいに弱くなっていった。その中で、北海道のべてるの家が、精神医学という専門知識を背景に幻覚や妄想を病理と診断するのではなく、むしろ患者自身が自分の固有の体験をもとに日常語で幻覚や妄想を語る「幻覚&妄想大会」を主催しているというニュースは、まさに革命的な出来事であった。このような歴史的変化を背景にして、ようやく私はMさんが私に自分の妄想を語った理由を、他の制度的語り方と対置して理解することができたのである。おそらくそれは診察室では抑圧された日常的な妄想の語りを、信頼感を確立した相手である私に、ある程度抑圧から自由になって物語る瞬間であった。

ここで私の「引っかかり」経験をハイデッガーの世人（世間）論の文脈で再考してみよう。まず近年注目を浴びたドレイファスによる日常言語学派的なハイデッガー解釈から始めよう。彼はハイデッガーの道具的存在性（Zuhandenheit）の議論を「技能の現象学」として再解釈し、「通常の行為の仕方によって端的に可能になる理解可能性」（Dreyfus, H.L., 1991=2000：邦訳24）の解明をエスノメソドロジー研究と重ね合わせたことは有名である（山田2011）。ところがドレイファス自身も自己の誤りを認めたように、この議論は存在者（もの）の日常的な存在了解には当てはまるものの、現存在、つまり人間の日常的な存在了解には当てはまらないのである。ハイデッガーにあっては、存在者（もの）に対する気遣い（配慮）と共同存在する他者、つまり現存在（人間）に対する気遣い（顧慮）は、まったく異なる。なぜなら、門脇が指摘するように「この日常性が同時に、自らを世界のうちに喪失している現存在の非本来的な様態である」（門脇2008：107）からだ。これを日常性における現存在の頽落（Verfallen）とハイデッガーは呼ぶ。つまり「現存在がみずから存在しているのではなく、ほかの人びとが彼から存在を取りあげてしまったのである。ほかの人びとの思惑が、現存在のさまざまな日常的存在様式を操っている」（SZ.s.125，邦訳第1編：274）。しかしこの頽落の状態を何らかの価値の低い劣った状態とみなしてはいけない。ハイデッガーが警告しているように、

この名称は、なんら否定的な評価を表明するものではなくて、現存在がさしあたってたいていは、配慮された（気遣われた）「世界」のもとにたずさわっているとい

> うことにほかならない。このように……にたずさわってそれに融けこんでいることは、たいていは、世間（das Man）の公開性のなかでわれを忘れているという性格をもっている。現存在は本来的な自己存在可能としてのおのれ自身から、さしあたってはいつもすでに脱落していて、「世界」へ頽落している。（SZ,s.176, 邦訳第1編：372-3）

こうして現存在である私たちは、日常性の下では、自己を喪失した誰かであり「私と他者の区別を忘却し、誰でもあり誰でもない」（池田 2011：98）「世人自己」として存在するのである。さらにハイデッガーから引用すれば、このことがよりいっそうはっきりする。

> 現存在の世界は、そのつど出会う存在者を、世間がなじんでいる趣向全体性へむかって、かつ世間の平均性によって確定されている限界の内部で、明け渡すのである。さしあたっては、事実的現存在は、平均的に発見された共同世界の内に存在している。さしあたって「存在している」のは、自分の自己という意味での「私」ではなく、世間というありさまで存在しているほかの人びとなのである。私というものは、さしあたってこの世間から、かつ世間として、私に「与え」られるのである。さしあたっては、現存在は世間であり、そしてたいていはそのままなのである。（SZ,s.129, 邦訳第1編：282）

このような世人論をフィールドワーカーにあてはめれば、調査者は参与観察という矛盾を意図的に自己に課すことによって、あえて世人自己を打ち破ろうと挑戦する者になるかもしれない。ところが自明視された匿名的で類型的なカテゴリーの支配は予想以上に強固であり、そう簡単に世人自己は乗り越えられない。山田（2011, 2012）がグッド（Good, 1994）のフィールドワークを通して示したように、重度障害を持つクリスとのコミュニケーションを阻んだ最大のものは、世人に支配された調査者であるグッド自身であった。グッドは夢分析も含んださまざまな自己点検を遂行することによって、世人の支配を克服しようとした。例えば彼は、人工的な疑似障害体験を実践することで、健常者としての日常的身体感覚を相対化し、フロイドの夢分析によって、健常者である自分に自然に発生する矛盾した願望、つまり、クリスを重度障害の状態から救いたいが、それがかなわなければ、この世界から放逐してしまいたいという強い感情を分析の俎上に載せた。そしてフィールドノーツを逐一点検することによって、健常者の評価的見方を自己言及的に明らかにする作業を行った。つまり、グッドが実践したことは、調査者である自己を世人の支配から解放する努力の一部と見なすことができる。

それではハイデッガー自身は世人を乗り越えるために、どのような処方箋を準備しているのだろうか。この問題について哲学者であれば、現存在を全体性と本来性において捉えるために、『存在と時間』の第２編を中心に、死との関わりにおける全体存在可能を時間性との関連で論じなければならないだろう。しかしこの課題は私の能力をはるかに超えることなので、ここではフィールドワークにおける「引っかかり」経験に関係すると思われるところだけに限定することにする。それは世人の支配から脱却するには良心の呼び声に応えることによって、自己の本来的な存在可能の証を立てるという議論である。ここで、良心の呼び声を聞き分けることは良心を持とうとする意志であり、良心を持って存在するという選択を実存的に選び取ることを決意性（覚悟性）と呼ぶ。

まずここで言う良心は通俗的な意味での良心ではない。例えば隣人に善をなせ等々の公共的倫理は、誰でもよく、誰でもない世人の倫理であり、むしろ本来的な自己に立ち戻る障壁となる。それは本来的自己に立ち戻らせる「良心の呼び声」ではなく、一般的な「良心の声」である（池辺2004）。そして良心の呼び声は現存在が存在論的に負い目ある存在（Schuldigsein）であることを告げる。この負い目という表現もまた通俗的な意味とは異なる。池辺によれば「私が私であることの根拠はないが、私として実存し続けるかぎり、私は私の行為の責任の担い手とならざるを得ない。こういった事態を、ハイデガーは存在論的な負い目」（池辺2004：55）と考えているという。つまり「現存在は、それが存在しており、諸可能性へと自己を投企する限り、好むと好まないとにかかわらず、自らの被投的な根拠であることを引き受けるしかない」（池田2011：132）のである。ここでハイデッガー自身の語りを聞こう。

良心の呼び声は、たえまなく負い目ある存在の前へひとを引き立て、このようにして自己を、世間の常識がまきちらす騒がしい世間話から連れもどす。してみれば、良心を持とうとする意志にふさわしい分節的な話の様態は、沈黙である。（SZ,s.296, 邦訳第２編：155）

つまり池田の指摘するように「良心の呼び声が一般的な指針を与えるような内容をもたないことによってこそ、現存在はまったく代理不可能な仕方で自分自身へと当面させられ」（池田2011：153）、それによって世人の支配から脱却するのである。こうして良心の呼び声が現存在に理解させるのは、時間的に方向付けられた、本来的な現存在の存在（気遣い）そのものであることになる（池田2011：147）。それは「自分がすでに何らかのあり方で存在しており、そのような存在を忘却し尽くすことはできず、そのように存在している自己を可能性へと企投するしかない」（池田、同頁）と、ライフヒストリー的に自己を理解することである。そして現存在の「顧慮的気遣い」が率先的－開放的なものである場合、田中の言う共時間性の経験に対応する他者との本来的な相互性が出現する。

　このハイデッガーの良心論をフィールドワーク論に当てはめて考えるのは行き過ぎかもしれない。しかし、インタビューやフィールドワークを終えてもなお、何年間もたえまなく私の前に何度も立ち上がってくる問いかけをいったいどのように考えたら良いのだろうか。しかもそれは「運命的瞬間」を境にして、そこから遡って過去のフィールドワークのさまざまな場面に私を直面させ、それを忘れ去ることはできず、未来のいつかの時点で納得の行く理解が得られるまで、しつこく私に呼びかけ続けるのである。私はハイデッガーの良心論にぶつかった時、これはまさに「良心の呼び声」と言って良いのではないかと感じた。そして、上のMさんとの「運命的瞬間」のように、尺取り虫のような奇妙行動に恐怖した自分と、その後の信頼関係の中で彼の妄想を聞く自分に向けられた問いは、調査者である私にだけ理解可能な仕方で、私に応答を迫るのである。この問いかけは確かに私とフィールドワークの中で出会う他者との関係性から生まれた社会的なものであるが、しかし同時に、私以外の誰かには「まったく代理不可能な仕方で」、ハイデッガーの言葉では、まさに「沈黙」というかたちで私に常につきまとい、その意味では、私にだけアクセス可能な仕方で私に返答を迫る。そして良心の呼び声に答えようとすると、一般的に手に入る世人的な解決法と袂を分かち、私という現存在のライフヒストリーの時間軸に沿って、私の研究方向だけでなく、人生や生きる意味まで含めて、まさに私の現存在全体を孤独のうちに探求するしかない。これは時には、研究を含めた人生の一時的な頓挫さえもたらすのである。これはハイデッガーの言う、自己の本来的な存在可能へと立ち戻る努力以外の何ものでもないだろう。[4] しかしこの過程を経て変貌するのは調査者だけでなく、調査対象者との関係も変わり、その結果、私がMさんと、クラパンザーノがトゥハーミと共時間的関係を築いたように、相手との「本来的な相互性」がもたらされるのである。

　それでは、約一〇年間を費やした薬害HIV被害問題調査では、どのような良心の呼び声に呼び止められたのだろうか。この問題はメディアによって大々的に報じられたため、世人性を体現する公共的な理解と一定の道徳的判断基準が確立されたと言って良いだろう。このことを前提としてライフストーリー研究を実施しようとするなら、メディアによる類型的理解をできる限り排除しながら、同時に、相手の語りを適切に理解するための知的文脈に精通する必要があるだろう。その常道は清水の「生活をともにするフィールドワーク」なのだが、この事件が起こった一九八〇年代に戻ることはできないので、当時出版された医師と患者のドキュメント（医学論文から患者会誌まで）を収集して精査することがまず必要だった。

ところが実際には、調査の当初、薬害エイズ事件の机上の勉強だけに頼りながら、調査対象者とのアクセスを自ら切り開く努力を経ずに、調査委員会からあてがってもらった対象者にインタビューを繰り返した。その結果できあがったのが『第一次報告書』[5]である。今考えればそれは、それまでに実施されたインタビューはある程度参照されてはいたが、研究対象者の実感や「生活世界」と切り離された、世人的理解に大きく影響された、研究者の一方的な仮説で占められた報告書であったことに間違いない。なぜならこの報告書の公開によって、対象者である医師からも患者からも大きな反発を買い、それ以降の調査協力を拒否されることになったからだ。この後私たちは約一年間この対応のためにブレインストーミングを行い、調査体制を抜本的に見直した。この詳しい内容については山田（2011：第８章）を参照されたい。ここで問題にしたいのは、私自身に迫ってきた「良心の呼び声」と対象者である医師との関係の変化である。

私は医師と患者が出会う実際の病院の診察場面を何らかのかたちでフィールドワークする必要性を痛感していた。それは医師や患者にどれだけインタビューをしても、肝心の血友病やＨＩＶの話題については、ほとんど現実感を感じることがなかったからである。この場合、良心の呼び声として特定することはできないが、対象者である医師や患者の語りの多くが、意味不明として宙に浮かんだままになっていた。背中を押されるようにして、ある地域のエイズセンターにおけるチーム医療の実際を約一年間フィールドワークする機会に恵まれた。さらに幸運だったことは、一時期そこで血友病治療も受けていた患者さんに継続してインタビューできたことだった。その結果、医師（医療スタッフ）と患者のホームグラウンドである医療をめぐる文脈的知識を身につけることができた。すると「これまでわからなかった語りの意味が、ひとつひとつわかるようになった」（2011：8）のである。その意味では最初の三年間はインタビューをしていても、私は対象者とメディアや本によって類型化された世人に出会ってはいても、代替不可能な相手としては出会っていなかったのである。「インタビュー内容の理解はその場で瞬時に与えられるものではない。むしろ、トランスクリプトを作成する時、あるいはトランスクリプトを作成してから何年間も、ある語りの意味にこだわった結果、フィールドでの対象者との関係性や調査チームの中での相互解釈を経て、ようやくもたらされる」（2011：8-9）ということである。

次に対象者である医師との関係について見ていこう。実際のインタビューを始める前のプレ調査に私は参加していなかったが、そこで「薬害」という表現に過剰に反応したのは医師であったという。マスコミによって作られた加害／被害の二項図式において、加害者の立場に立たされたのは医師であり、この世人的解釈に従えば、薬害という構図の中では、医師は自動的に加害者に振り分けられることになる。その場合、この事件の加害者として、医師としての責任を追及される可能性もある（実際に山田 2011：第8章で指摘したように、机上の勉強だけで医師に質問した私たち調査者は、医師を潜在的加害者として追求するインタビューを意図せずに行っていた）。この世人の支配の下では、たとえ医師たちが実際には類型的な加害者像と異なっていたとしても、それはこの構図の下で抑圧され、日の目を見ることはないだろう。ここに医師たちの抵抗が生まれていた。私たち調査者もまたこの構図から自由にならなければ、医師たちはこれ以上調査に応じるつもりはなかったのである。その転機は医師もまた加害／被害図式に抑圧された「傷ついた物語の語り手」として私たちが医師を捉え直すことから生まれた。こうして私たちは当時インタビューを複数回完了していた医師たちについて、医師を志してから現在に至るまでの固有のライフストーリーを浮き彫りにした(6)。この作業によって、インタビュー対象者である個別の医師が独自の顔をもって現れるようになった。それは共時間モードというには、まだ距離はあるものの、医師と調査者の関係性の一定の変化も意味したのである(7)。

5．まとめ

私がこの章で明らかにしたことはライフストーリー・インタビューにおける理解が「リフレクシヴな自己言及」を通して達成されるということである。それは構築主義的なインタビュー論からよく指摘される、インタビューのトランスクリプトの批判的吟味からだけでなく、対象者の「物語世界」の再現過程においても理解は達成されるのである。

しかし田中雅一（2011）の「運命的瞬間」の共有による共時間モードの経験に照らすと、トランスクリプトの表面的な検討だけでは、対象者の語りを理解したことにつながらない場合もある。なぜなら、私たちが相手の語りの背景にある社会的・歴史的文脈を知らないために、語りを適切に位置づけて解釈することができないからである。この場合、清水透の言う「生活をともにするフィールドワーク」が必要である。

次に私は田中の「運命的瞬間」の議論にヒントをえながら、私の過去のフィールドワークから「引っかかり」を感じた経験をハイデッガーの「良心論」にしたがって再考した。ハイデッガーによれば、日常性において現存在は頽落の状態にある。それは誰でもなく誰でもよい世人が支配する状態であり、他者（現存在）を理解するときに重大な障壁となる。世人の支配を乗り越えるためには、私にしかアクセスできない孤独な瞬間としての「良心の呼び声」に応えることによって、現存在は時間性の経験に沿って、現存在の本来性を取り戻すことができるのである。それは結果として、調査者の自己変容だけでなく、調査者と対象者の関係性の変容ももたらすことになる。薬害ＨＩＶ感染被害研究においては、世人に支配された加害者としての医師像を個別の歴史を持った医師像に変換することに成功した。それによって、私たち調査者と医師の関係も共時間モードに近い関係に変化した。うがった見方をすれば、ライフストーリー・インタビューにおける理解とは、この関係性の変容を伴って、初めて達成されたと言えるだろう。

注

（1）私は二〇〇一年にスタートした養老孟司を委員長とする薬害ＨＩＶ感染被害問題の社会学的研究チームの一員として、約一〇年間にわたって調査研究に携わった。最初は大阪原告団の基金から出発した調査であったが、その後は科学研究助成金の支援を受け、栗岡幹英、好井裕明、山田富秋、種田博之と科研代表者を交替しながら継続した。調査の結果収集された、膨大なインタビュー・トランスクリプトの整理と編集には、桜井厚氏の多大な援助をうけ、二〇〇九年に「ＮＰＯ法人ネットワーク医療と人権」から、最終報告書『医師と患者のライフストーリー』三分冊が出版された。

（2）この時の調査は、山田（1991）に詳しい。

（3）実際、この時の調査の主要なテーマは、看護師が患者に対応する時の「家族的距離」であった。この病棟では「家族的距離」が看護実践として意識化されていたが、看護師によって、その意味するところが異なっていた。詳しくは山田（1991）を参照せよ。

（4）私と似たような「引っかかり」を感じ、調査自体がストップしてしまう深刻な経験を描写しているものとして、石川（2007）と西倉（2009）がある。この二書は、打ち消そうとしても打ち消すことができない「良心の呼び声」に応答することの重圧をよく描いている。

（5）輸入血液製剤によるＨＩＶ感染問題調査研究委員会、二〇〇三年三月刊『輸入製剤によるＨＩＶ感染問題調査研究　第一次報告書　ＨＩＶ薬害——問題の所在と調査の課題』を指す。

（6）輸入血液製剤によるＨＩＶ感染問題調査研究委員会、二〇〇五年三月刊『輸入製剤によるＨＩＶ感染問題調査研究　第二次報告書』を指す。

（7）この調査がなぜ「良心の呼び声」に応える孤独でユニークな作業にならなかったのかという理由については、池田（2011）の指摘が役立つ。つまり、この調査がチームとして研究を遂行したため、一方で世人の支配による自己喪失と、他方で良心の呼び声に応える孤独な作業という往復を経験したからではないかと推測される。というのも、現存在は他者への顧慮的気遣いを行うが、それは不可避的に世界内部的存在者のもとでの行為になるので、他者たちとの公共的なやりとりを免れることはできない。それは、本来的な現存在から再び「公共的な規範や法に基づく自己理解へと、すなわち世人への自己喪失に巻き込まれる」（池田 2011：161）ことを意味する。したがって、一度本来的な現存在に立ち戻り、他者への相互性を獲得したとしても、再び世人の支配に巻き込まれ、誰でもあり誰でもない世人自己へと陥ってしまうのである。私たちの調査プロセスはこの循環から逃れられなかったとも言える。

引用文献

蘭由岐子 2004『「病の経験」を聞き取る——ハンセン病者のライフヒストリー』皓星社

Crapanzano,V,1980,*Tuhami : Portrait of a Moroccan*, University of Chicago Press.,（＝大塚和夫・渡部重行訳 1991『精霊と結婚した男——モロッコ人トゥハーミの肖像』紀伊國屋書店）

Dreyfus, H.L., 1991, *Being-in-the-World*, MIT Press（＝ドレイファス、門脇俊介・貫成人・轟孝夫・榊原哲也・森一郎訳 2000『世界内存在』産業図書）

Goode,D.,1994, *A World Without Words*, Temple University Press

Heidegger, M., 1927, *Sein und Zeit*, (SZ) Max Niemeyer Verlag, ハイデッガー『存在と時間』1963, 細谷貞雄訳、理想社

反差別国際連帯解放研究所しが編 1995『語りのちから』弘文堂

Holstein,J. & Gubrium,J.,1995,*The Active Interview*, Sage Publications,（＝山田富秋・兼子一・倉石一郎・矢原隆行訳 2004『アクティヴ・インタビュー　相互行為としての社会調査』せりか書房）

池辺寧 2004「ハイデガーの良心論——責任への促しとしての良心の呼び声」『奈良県立医科大学看護短期大学部紀要』Vol.8、P.48-59

池田喬 2011『ハイデガー——存在と行為』創文社

石川良子 2007『ひきこもりの〈ゴール〉——「就労」でもなく「対人関係」でもなく』青弓社

門脇俊介 2008『『存在と時間』の哲学』産業図書

Kleinmann, A., 1989, *Illness Narrative*, Basic Books,（＝江口重幸他訳 1996『病いの語り』誠信書房）

中野卓 1977『口述の生活史』御茶の水書房
西倉実季 2009『顔にあざのある女性たち――「問題経験の語り」の社会学』生活書院
西阪仰 2001『心と行為』岩波書店
桜井厚 2002『インタビューの社会学』せりか書房
桜井厚 2005『境界文化のライフストーリー』せりか書房
桜井厚 2012『ライフストーリー論』弘文堂
清水透 2006「フィールドワークと歴史学」『歴史学研究』第八一号、歴史学研究会、P.11-9
田中雅一 2011「運命的瞬間を求めて――フィールドワークと民族誌記述の時間」東京外国語大学アジア・アフリカ言語文化研究所『時間の人類学――情動・自然・社会空間』世界思想社
山田富秋 1991「精神病院のエスノグラフィー」山田富秋・好井裕明『排除と差別のエスノメソドロジー』新曜社
山田富秋編 2005『ライフストーリーの社会学』北樹出版
山田富秋 2011「ガーフィンケルとハイデッガー――ドレイファスの解釈をてがかりとして」『松山大学論集』第二三巻第五号、P.95-121
山田富秋 2012「子ども社会学の可能性」原田彰・望月重信編『子ども社会学への招待』ハーベスト社
山田富秋 2013「相互行為分析と談話分析」日本質的心理学会編『質的心理学ハンドブック』新曜社

『福翁自伝』におけるオーラリティと多声性――声の分析の試み

小林 多寿子

1．なぜ『福翁自伝』なのか

福澤諭吉（一八三五―一九〇一）の『福翁自伝』は日本において最初に「自伝」という言葉が使われた近代的自伝の端緒として知られる。(1) 一八九九（明治三二）年に時事新報社より単行本として初版が出版されたが、出版という点においても日本で初めて印刷され公刊された自伝である。(2) そして現代のオーラルヒストリー(3)の出発点に位置づけることのできる作品でもある。

『福翁自伝』の冒頭におかれている短い解説に石河幹明はつぎのように記している。

「幼時より老後に至る経歴の概略を速記者に口授して筆記せしめ　自ら校正を加え福翁自伝と題し」

『福翁自伝』の書き出しには、たしかに福澤自身の筆跡によって「福澤諭吉 口述」「矢野由次郎 速記」と記されている。福澤は、速記者・矢野由次郎(4)を前にして口頭で「幼時より老後に至る経歴の概略」を語り、矢野が書き起こした原稿に福澤自身が加筆修正して、その清書した原稿を時事新報に連載し、さらに書籍として刊行した。

『福翁自伝』は、「幼時より老後に至る経歴の概略」という人生の物語を語ったものであるという点でライフストーリー論から論じることができるが、速記者とICレコーダーという記録媒体の違いはあるものの、口頭で語られたものをトランスクリプトとして作成し、語り手自身が確認して修正や加筆をしたという、現代のオーラルヒストリーの作品化と同じプロセスを経ているオーラルヒストリーとしても論じられる。この作品化のプロセスは、口述の語り、速記原稿、口述校訂原稿、浄写本、さらに新聞版、書籍版という『福翁自伝』テクストに複数のヴァージョンを生みだしている。口述から単行本にいたるまで、オーラルな語りからリテラルなテクストへの変換のなかでいくつものヴァージョンが生成されている重層性はオーラルヒストリー作品ならではの特徴であろう。

『福翁自伝』にいまあらためて注目するねらいはオーラルヒストリー作品としてそのオーラリティ（口述性）に着目した新たな読み直しの可能性を探ることにある。そのねらいの背景には、二〇〇三年に日本オーラルヒストリー学会が歴史学だけでなく社会学から桜井厚が加わり設立されて以降、[5] 社会学でオーラルヒストリーへの関心が広がっているものの、社会学ではインタビュー論は展開されてもオーラルヒストリーとはなにかを十分に検討してきたとはいえない現況がある。社会学においてインタビューでの語りをオーラルヒストリーとして論じる場合、問われるのはそのオーラリティをいかに考えるのかということとオーラルな語りからどのようなヒストリーがいかに論じられるのかということではないかと思う。とくに前者の問いに対して、『福翁自伝』は、分厚い先行研究の蓄積と豊富な史資料保存のおかげで、オーラリティを考える素材とヒントを提供してくれる恰好の研究対象である。

もう一つ、オーラルヒストリーとして重要なことは『福翁自伝』が一九世紀末の速記による作品ということにある。オーラルヒストリーは音声の記録保存・再生可能な機械の発達と不可分の関係にある。磁気記録のテープレコーダーの実用性が確かになったのは二〇世紀半ばで、一般への普及は一九六〇年代以降であった。機械レコーダーの発達以前に速記が口述の語りを記録できる手段でありえたことを『福翁自伝』は示している。[6] レコーダーのなかった時代のオーラルヒストリーの可能性がわかる貴重な作品であり、速記がオーラルヒストリーの記録媒体の出発点に位置づけられることをあきらかにしている。

『福翁自伝』作品化のプロセスのなかで生みだされた口述校訂原稿など自伝のヴァージョンは資料として保存されており、それらの資料をもとにした的確な分析や丹念な史料考証がおこなわれて補注や注釈の入った緻密な研究成果がすでに公表されている。とくに本稿で考察の基盤にするのが、『福澤諭吉集』（新日本古典文学大系明治編10、岩波書店、2011）所収の松沢弘陽校注「福翁自伝」[7] と、『「福翁自伝」の研究　本文編』（佐志傳編、慶應義塾大学出版会、2006）である。これらの先行研究をもとにしてとくにつぎの二つの点に着目したい。

一つは語りの場である。語り手・福澤が聞き手・矢野を前に語ったという〈語るコンテクスト〉の存在といってもいい。一八九七年一〇月頃から翌一八九八年五月まで一カ月四回程度、一回四時間くらい、単純計算でも約一二〇時間におよぶ口述の語りの場があった。その〈語るコンテクスト〉は、書籍版において聞き手・矢野が浮上するところにみいだされ、オーラルな語りの場が確かにあったことが現われている。

いま一つはテクストのなかのオーラリティに注目している。つまり『福翁自伝』はもともと口頭で語られたというオーラリティを包含している。音声録音技術の開発される以前なので口述の語りこそ再生できないものの、速記原稿にもとづいた口述校訂原稿は残っている。佐志による「口述校訂原稿の数量的分析」は『福翁自伝』のオーラリティを検討することのできる研究成果である（佐志編 2006 : 301）。

このような二つの点に注目することによって『福翁自伝』を読み解く作業をとおして見えてきたのは『福翁自伝』の多声性である。

2.『福翁自伝』への視点

(1)自伝論から

自伝とは、「実在の人物が、自分自身の存在について書く散文の回顧的物語で、自分の個人的生涯、とくに自分の人格の歴史を強調する」（ルジュンヌ 1993 : 16）。

ルジュンヌが定義するように、自伝は、「自分自身の存在」、「自分の個人的生涯」「自分の人格の歴史」を自ら書いた作品である。自伝は自己の経験を自己があらわす物語であり、主題をもった自己物語というライフストーリーである。自伝をあらわすということは、自己アイデンティティの構築の物語、つまり過去の経験を振り返って自己がなにものであったかを物語ることで紡ぎだし、書くことで自己呈示することである。過去の経験のすべてが書かれるわけではなく、なにを語るべきかの選択自体にそれぞれの書き手の主題がみいだされる。松沢は、『福澤諭吉集』（岩波書店、2011）の巻末の解説論文「自伝の「始造」――独立という物語」において、『福翁自伝』の主題を「独立」と指摘している。『福翁自伝』は福澤が「独立」という主題のもとに自己形成する自己物語として読み解かれている。

ルジュンヌの定義から導かれるもう一つの自伝の要件は、自伝とは自らが「書く」という行為をおこなうことにある。自伝を他の物語作品と分かつのは著者と自分の生涯を語る語り手＝登場人物が同一人物であるという同一性にある。「書く」という行為のなかでこの同一性を確立したリテラルな作品が自伝なのである。

『福翁自伝』は、著者と語り手＝登場人物の同一性を確立している点でルジュンヌの定義に適っている。その一方で、「書く」という行為に先立つ「口頭で語る」行為は定義に含まれていない。最初の「書く」行為は聞き手／速記者という他者がおこなっており、その次に著者自身の加筆・訂正という自己による「書く」行為が続いている。『自伝』は、自己の経験を自己が「書く」リテラルな作品だけではなく、口述の語りを草稿にしたトランスクリプトにもとづくオーラルヒストリー作品の形式もありうる。そのことをこれまでの自伝論は十分に視野にいれて検討してはいなかった。そこで、『福翁自伝』をオーラルヒストリー形式の自伝として、つまりオーラル・ライフストーリーとして、オーラリティを包含した作品として考えてみたい。

(2) 複数のヴァージョン

『福翁自伝』には複数のヴァージョンがある。口述の語りを速記原稿にしていくオーラルヒストリー作品化のプロセス、そして新聞に連載され、その後、書籍になるという公刊のプロセスがあってそれぞれのヴァージョンが作成された。つまり『福翁自伝』には複数のヴァージョンのあるテクストの重層性という特徴を指摘できる。

具体的には六つのヴァージョンがある。

A 口述の語り

矢野由次郎を前に福澤が語ったオーラルな語りである。時期は一八九七（明治三〇）年秋から約一〇カ月のあいだに実施されたと推定されている。口述は「月に4回、夜6時から10時まで三田の福澤邸で」おこなわれた（佐志 2006 : iii）という。

B 速記原稿

矢野は、毎回、福澤の口述を速記で聞き取り、すぐに原稿として作成し、福澤に届けたようである。速記原稿は、現在のインタビューによるオーラルヒストリーあるいはライフストーリーにおいてはトランスクリプトと呼ばれているものである。

速記原稿は一行二四字詰一五行一枚の時事新報社用の上質半紙の原稿用紙に毛筆で記されて、巻紙のように貼り継いだものが一七巻ある。

C 口述校訂原稿

福澤は矢野の作成した速記原稿に綿密な加筆訂正を施している。

「矢野は一回ごとに速記を翻訳浄書して持ってくると福澤はこれに訂正加筆して次に移ったといわれる」（佐志 2006 : vi）。

しかし佐志は福澤の訂正部分の量の多さを考えるとその場で訂正して次に移ったとはおもえないと指摘している。

「現実の問題としてその加筆訂正原稿を見ると、矢野の浄書原稿をその場で訂正して次項に移ったとは到底思えないほど福澤筆跡による追加訂正部分が多く…（中略）…、実質七カ月ぐらいの期間に驚く程密度の濃い校訂作業をしたものと考えられる」（佐志 2006 : vi）という。

佐志の緻密な探究により、『福翁自伝』の半分以上が福澤の自筆による追加訂正であることがあきらかにされている。校訂は、速記原稿を縦線で消去して右側に書き入れる訂正と、新しい原稿用紙に文章を書き下ろし該当部分に糊で貼り付けるという形で加筆という二種類の作業でおこなわれている。(8)

D『自伝』原稿の浄写本

「速記による原稿に綿密周到な加筆を施して出来上がった決定稿を、福澤は側近の門下生に命じて浄写させている」（佐志 2006 : 296）。

浄写本は二部作成され、一部は時事新報に掲載するための原稿として新聞社に送られ、一部のみ今日まで残っている。

E 新聞版

『福翁自伝』は、時事新報に一八九八（明治三一）年七月一日から翌九九年二月一六日まで六七回にわたり掲載された。その間、福澤は一八九八年九月二六日に脳出血を発症し、約一か月半して回復するもののその後、自ら筆をとって書くことは難しくなったと伝えられている。新聞版では口述筆記原稿の誤りや不備な部分の訂正がなされたところが九か所指摘されている（佐志 2006 : xvii）。

F 書籍版

時事新報に掲載終了の四ヶ月後の一八九九（明治三二）年六月一五日に時事新報社より初版本が発行された。その後、『福翁自伝』は大正版と昭和版が刊行されている。一九二六（大正一五）年『福澤全集』第七巻に、さらに一九五九（昭和三四）年『福澤諭吉全集』第七巻に所収されており、漢字やふり仮名を改めたり、句読点が追加されたりしている。

このような複数のヴァージョンのある『福翁自伝』であるが、とくに注目されるのが最初の四つのヴァージョンである。現代のオーラルヒストリーと同じく、A 口述の語り→ B トランスクリプト→ C 語り手にもどして手を入れる →D 清書完成版というプロセスを辿っている。このプロセスは、福澤の口述の語りから矢野によるトランスクリプトへというオーラルからリテラルへの変換過程である。

3.『福翁自伝』におけるオーラリティ——語りのコンテクスト

速記者・矢野は福澤の語りの聞き手でありかつ第一の書

き手であり、福澤のライフストーリーの語りの場における共同制作者である。だが、速記者は、速記術というプロフェッショナルなスキルをもった専門家として速記原稿のなかでは黒子として留まるべきものなのだろう。矢野も耳で聞いたことを文字に書き起こして原稿とする役割に徹したとおもわれる。そして福澤もていねいにときに徹底して加筆訂正をおこなった。それでも、最終ヴァージョンである公刊された書籍には聞き手／第一の書き手の矢野の存在が顕わになるところがいくつかある。そこは口述の語りがまさにおこなわれたことが読み取れる貴重な個所であり、語り手である福澤と聞き手である矢野が対面していたことを顕在化させ、語りのコンテクストが浮上するところである。

その個所は、一つはサンフランシスコで少女と一緒に撮った写真を見せるところであり、いま一つは『西航手帳』を示すところである。速記者の矢野は、本文のなかに（）で福澤がそれらをとりだして示しながら語る場面を描いている。福澤は校訂の際にその部分を削除しなかった。

(1)【始めて亜米利加に渡る】

布哇を出帆した其の日に船中の人に写真を出して見せた　是れはどうだ（其写真は此処に在りと福沢先生が筆記者に示されたるものを見るに　四十年前の福沢先生の傍に立ち居るは十五六の少女なり）　其写真と云うのは此通りの写真だらう。（波線は筆者による）（一四〇頁）

一八六〇年、福澤は咸臨丸で初めてアメリカに渡った。「始めて亜米利加に渡る」という章でそのときのことが語られている。そのなかに「少女の写真」という小見出しのついた節があり、咸臨丸で渡米し帰途についた際、ハワイに立ち寄った後の太平洋上での場面を話している。福澤は、サンフランシスコの写真館でその写真館の少女とともに撮った写真を同行者に見せたことを「一時の戯れに人を冷やかした」「奇談」として語っている。そのことを語りながら、福澤は少女と写った写真を矢野に示している。その様子を矢野は波線部のように、（）で「福沢先生が筆記者に示されたものを見るに　四十年前の福沢先生の傍に立ち居るは十五六の少女なり」と書き記している。咸臨丸の船上の時間とともにそれを語る場と福澤と矢野が対峙している語りの〈現在〉があらわれている。

(2)【欧羅巴各国に行く】

もう一か所、「欧羅巴各国に行く」という章の「事情探索の胸算用」という小見出しのついた節にも矢野が現れる。福澤は、一八六一年暮、幕府遣欧使節に加わり、インド洋を経てヨーロッパへ行き、フランス、イギリス、オランダ、ドイツ、ロシア、スペイン、ポルトガルを訪れ、一年後に帰国したが、その章でヨーロッパでの見聞のことを語った場面である。福澤は、書籍で調べられることは日本でもできるが、「字引にも載せないと云うやうな事」がもっとも難しいので、原書を調べてもわからないことだけを滞欧中に調べておくという方針であったことを語りながら、調べたことを記すために用いた手帳を矢野に示している。「此時先生細長くして古々しき一小冊子を示す」と矢野は書いている。

> 夫れは扨置き私の欧羅巴巡回中の胸算は　凡そ書籍上で調べられる事は日本に居ても原書を読んで分らぬ処は字引を引いて調べさへすれば分らぬ事はないが　外国の人に一番分かり易い事で殆んど字引にも載せないと云うやうな事が此方では一番六かしい、だから原書を調べてソレで分らないと云う事だけを此逗留中に調べて置きたいものだと思て　其方向で以て是れは相当の人だと思へば其人に就て調べると云うことに力を尽くして　聞くに従て一寸々々斯う云うやうに（此時先生細長くして古々しき一小冊子を示す）記して置て　夫れから日本に帰てから　ソレを台にして尚ほ色々な原書を調べ又記憶する所を綴合せて　西洋事情と云うものが出来ました。（横線は筆者による）（一五四頁）

松沢によると、この「一小冊子」は「西航手帳」と推測されており、縦一七・二cm、横七・二cm、黒革表紙の手帳である。一八六六年より一八七〇年にかけて出版してベストセラーになった『西洋事情』のもとになったヨーロッパ訪問のフィールドノートであった。

(3)【王政維新】

前述の二か所は、写真や手帳という物の介在が語りのコンテクストを浮上させているが、他にもう一か所、語りの場の様子があらわれるところが「王政維新」の章にある。

「王政維新」の章は、一八六四年から徳川幕府の幕府直参となり外国方奉行に務めていた福澤が、幕末期の薩英戦争前後の外交交渉や徳川慶喜の江戸への帰還後の江戸城中の混乱など幕府の終焉を直参の目で描写しており、その史料的価値の高さが評価されている（松沢 2011：497）。その章のなかで、一八六八年四月から五月にかけて、戊辰戦争の戦況が江戸に入ってきて、市中では大騒動となっていた時期に福澤の家族がどのように切り抜けたのかを語っている個所がある。

> いよいよセッパ詰まったそのときに私は伝馬船を五六日の間雇って、新銭座の浜辺に繋いでおいたことがある、サアいよいよというときに家内の者をその船に乗せて海の方からその紀州の屋敷へ行って土手の間に隠れていようという覚悟、その時に私のところの子供が二人、一（総領の一太郎氏なり）と捨（次男の捨次郎氏なり）、家内と子供を連れてそこへ行こうという覚悟をしていた。ところがソレほど心配にも及ばず、追い追い官軍が入り込んできたところが存外優しい、けっして乱暴なことをしない、すでに奥平の屋敷が汐留にあってあすこにいる（別室にいる年寄を指して）一太郎のお祖母さんがその屋敷にいるので、五歳ばかりの一太郎が前夜からお祖母さんのところに泊まっていたところが、奥平の屋敷のツヒ近所に増山という大名があってその屋敷へ不逞の徒が何人か籠っているというので長州の兵が取り囲んでサア戦争だドンドン遣っている。それから捕まえられたとか斬られたとかあるいは奥平屋敷の溝の中に人が斬り倒されてソレをまた上から槍で突いたというような大騒動、（横線は筆者による）（二二四―二二五頁）

矢野は速記原稿を作成した際、福澤が「子供が二人、一と捨」と語った部分に、「一（総領の一太郎氏なり）」と「捨（次男の捨次郎氏なり）」と（）で子供の名前に「氏」を付けて補っている。福澤は校訂の際に「氏」を削除しなかったため、却ってここの部分に速記者である矢野がトランスクリプト制作者として浮上している。

さらに、その次の文では「あすこにいる一太郎のお祖母さん」と福澤が語った部分に、「あすこにいる」に続いて（別室にいる年寄を指して）と補っている。口述の部屋の隣室に「一太郎のお祖母さん」がいて、福澤が隣室を指し示しながら語る行為が目に浮かぶようである。「一太郎のお祖母さん」とは長男の祖母すなわち福沢の妻の母で、福澤には義母にあたる人であった。ここに浮上する口述の場もまた語りの〈現在〉であり、矢野がたしかに福澤の聞き手として口述の語りを聞き、そして速記によってトランスクリプトを作成したものであったことが顕わになっている。

4.『福翁自伝』におけるオーラリティ――声の分析

(1)加筆率五五・三〇％

『福翁自伝』はもともと口頭で語られたというオーラリティ（口述性）を包含している。[9] 先にあげた『福翁自伝』のヴァージョンのうち、「A口述の語り」は音声録音技術の開発される以前なので録音はなく再生して確認することはできない。だが、「B速記原稿」は「口述の語り」のトランスクリプトにかぎりなく近似したものであるとするなら、これらのヴァージョンのなかでもっともオーラリティの高いものである。「B速記原稿」に福澤がどれほど手を入れたのかによって「C口述校訂原稿」のオーラリティの程度があきらかになる。

「口述校訂原稿」において、矢野が原稿用紙に書いた筆跡と加筆訂正をした福澤の筆跡が明白に異なることに着目して、佐志は二人の筆跡の違いを手がかりに「口述校訂原稿の数量的分析」をおこなっている。福澤の加筆率を解明することが目的であったが、その結果、福澤の加筆率五五・三〇%、速記者原稿率四四・三五%という数値が得られている（佐志傳 2006：301「『福翁自伝』の数量的分析表」）。この数値に拠ると、『福翁自伝』の最終ヴァージョンである書籍版において福澤が書いた部分が半分以上を占める一方で、約四割以上の部分は語りの場でオーラルに語ったままに近似する言葉である。

『福翁自伝』の速記者原稿率四四・三五%という数値は『福翁自伝』のオーラリティを示す数値として重要である。語りの場でオーラルに語られたテクストは、速記者の聞く行為から書く行為へという書き起こし作業のなかで、オーラルからリテラル・テクストへ変換され、さらに福澤の書き加える行為によりテクストは「文字性」という意味でのリテラシーが高まっている。それでもなお四割以上はオーラルな語りが基盤になっており、『福翁自伝』は口述の語りによるオーラルヒストリーなのである。

ただ、福澤の加筆率五五・三〇%という数値はオーラルからリテラルへの変換過程で失われてしまったオーラリティの割合を示しているともいえるのだろうか。

『福翁自伝』は非常に明快であるといわれる。その明快さはなにより平易なわかりやすい文章によるものである。福澤は、「福澤全集緒言」のなかでわかりやすく表わすことを緒方洪庵の教えと蓮如の影響によるものと述べている。[10]もともと緒方の教えと蓮如の影響でわかりやすく書くことを重視していたのだが、『福翁自伝』のなかで福澤自身が平明さを心がけたことをつぎのように記している。

「著訳書に古来の文章法を破て平易なる通俗文を用ふる」（二七六頁）

「平易なる通俗文」とは実質的には口語体表現であらわすことを指している。明治三〇年代はいまだ書き言葉における文語体表現が優勢な時期であったが、言文一致運動によって文語体から口語体へという文体の転換期に差しかかっていた。そして読書行為においても変革期を迎えており、明治中期まで音読社会であったのが、明治三〇年代には音読から黙読へ、共同体的読書から個人的読書へ読書スタイルが変換していく時代であった（前田 1993）。書くことと読むことにおける転換期に『福翁自伝』は表わされている。

しかし、実際は文語体がまだ優勢であったはずの時代にこれほど口語体表現でわかりやすい文章は、福澤の書く力もさることながら、「書く」ことに先立って口述の語りが基盤にあることによるのではないだろうか。福澤は加筆部分にも人びとの発した声を入れ、速記原稿に違和感なく接続するように口頭表現で書き加えて、もともとの口述性（オーラリティ）を尊重している箇所がいくつもある。口語体による書き言葉であらわしたいという「平易なる通俗文」で書きつづる意図に対して口述速記は多大な貢献をしている。[11] そして福澤の加筆率はかならずしもオーラリティの消失を示すものではなく、むしろリテラル・テクストのなかのオーラリティの維持存続を考えさせる数値である。

では、『福翁自伝』のオーラリティはどのような特徴があるのか。口述の語りをもとにした口語体表現であることに加えて、多様な声が包含されている多声性という特徴をあげることができる。

(2)声の分析

①『福翁自伝』のなかの声

『福翁自伝』を読むと、じつにさまざまな人びとの声が聞こえてくる。会話する声がある。説教する声がある。伝聞による声もある。独り言のような声もある。福澤は人生のなかで出会ってきたさまざまな他者たちの声を口述の語りのなかで自身の声で再生している。速記者矢野は福澤の口述の語りの聞き手として、福澤の語る声のなかにいろいろな人びとの声が聞こえてきたにちがいない。

声とは発話が聴覚によってとらえられるものである。だが、バフチンをもとに声について検討したワーチは、声とは音声‐聴覚的信号以上の意味をもっていることを論じている。声は発話によるコミュニケーションばかりでなく、文字によるコミュニケーションにも用いられる。そして声は発話の主体のパースペクティヴ、意図や世界観という広い問題にもかかわり、「人格としての声、意識としての声」という広範な現象を含んでいる［ワーチ 1995：29-30］。

『福翁自伝』では、先に示した福澤の加筆率五五・三〇％の、その加筆部分にもさまざまな声が書きこまれている。速記者を前にしたオーラルな語りのなかで再現された声とともに加筆のなかで書くことで再現された声もある。このオーラルな声とリテラルな声、そして文字に書かれることでいま読むことのできる声、これらの声はたんなる聴覚的音声を超えた声として理解される。実際にはこれらの声を声としてとらえるのは声の引用による。『福翁自伝』では片鍵括弧のついた発話として描かれる直接話法と、たとえば「〜と云う」という言葉で締めくくられる間接話法、[12]これらの話法を駆使して引用された声は多彩に重なって描かれている。

声の引用方法としての直接話法と間接話法、この二つの話法による声はなにをあらわしているのか、あらかじめバフチンの視点を整理したワーチの論じるところを押さえておきたい。

直接話法は語る声、対話する声、耳で聞かれた声を括弧で分けて並置するが、括弧のなかの声は、当時、対話のなかで発せられた声のまま、まさにあのときあそこの場のなかでのまるで生の声を伝えてくれるように思わせてくれる。しかし、実際、括弧のなかに引用される声はそのとき聞かれたそのままの声であるかどうかわからない。むしろ、直接話法をとることによって、語る声の主体は、聞きとることのできた声の全体としてのまとまりと「他者の言葉としての」本物らしさを保持しようとする意図があったととらえられる［ワーチ 1995 : 109-111］。

一方、間接話法は語る声に集約されているものの、バフチンは、間接話法には引用する声と引用される声という二つの声があると二声性を指摘している。引用する声は引用される声を受け取り、時制や指示対象を引用する声の現在に合わせて置き換えることによって引用される声を変形する。ときにさらに踏み込んだ、引用する声の引用される声への侵入や、要約したり一部削除したりする優越性も認められる。間接話法は他者の言葉の正確な報告ではなく、他者が何を語ったかをどのような文脈でいかに伝達するかをめぐって深い議論の展開がありうる［ワーチ 1995 : 109-111］。

では、『福翁自伝』から聞こえてくるのは誰と誰の声であろうか。声を発した語る主体と語る主体が聞いた声、そして応答した声という対話性の観点から声の分析を試みることができるだろう。

バフチンは、声を静的な実在ではなく動的な過程としてとらえている。話す声に対して聞き手が応答することによって、つまり二つあるいはそれ以上の声が出会ったときに意味が成立するのである。声は誰かに向けられており声の先には宛名があるという宛名性をふまえて話し手の声と聞き手の声、両方の声を扱っていかなければならないとバフチンは主張している。さらに、声の宛名性をめぐって、発せられた声と向けられた宛先人の声はともに言語コミュニケーションの一連の連鎖のなかに存在している。宛先人は日常会話の直接の話し相手だけでなく、他の集団や特殊な分野の専門家、国民や同時代の人びと、同志、反対者や敵、部下や上司、目下の者、目上の者、近親者、他人のような人間集団、まったく不特定の、具体性を欠いた他者のこともあるという。発話はこれらの宛先人の声も反映しており、声は先行する発話に対する何らかの応答でもあり、そのような声の対話性を複合的にみる必要が指摘されている［ワーチ 1995：74-77、バフチン 1995］。

では、『福翁自伝』のなかで表現された声は誰の声がどのくらい描かれているのか、そしてその声は語る声の主体である福澤とどのような関係の他者の声であったのか、その関係性をもとに声を類別して計上してみた（次頁、表1参照）。そこで包含されている多様な声には、他者の声、他者と対話する自己の声という重層する声があり、そして福澤がつぶやく独白の声がある。この多声性の実際を検討したい。

②他者の声

他者の声として判別できたのは一一七人、そのうち名前のある他者の声は五八人、名前のない他者の声は五九人である。この他者の声は、「コンソシエーツとしての他者」[13]という観点から、二種類の「コンソシエーツとしての他者」の声を考えることができる。一つは「身近な他者」の声であり、家族や友人、師のような日常に継続的に対面関係にあった身近な人たちの声が聞こえる。いま一つは「意味ある他者」の声であり、たとえ一回限り出逢っただけであっても福澤の人生にとって意味をもった他者の声が聞こえてくる。この「意味ある他者」の声は自己にとってレリヴァントな他者の声である。

「身近な他者」の声は三九人の声が読みとれる。そのうち、家族・親族の声は八人である。母の声は八回、兄五回、三五年以上連れ添った妻の声は間接話法で一回のみである。父の声は伝聞の形で二回話されている。父の声、母の声、師の声を具体例に他者の声の描かれ方をみてみよう。

【伝聞の声―父の声】

大阪で生まれた福澤は、一八三六年六月一歳半のときに父（一七九二―一八三六）を亡くした。母は父の遺骨と五人の子どもを連れて大阪から中津へ帰り、福澤は中津で育った。

福澤の誕生したときの父の声が語られている。父の声は母が語る伝聞として母の声のなかにあり、産婆の声とともも

【表１】『福翁自伝』のなかの〈声〉

自己の声　119 回
　独白　18 回
　対話　101 回（直接話法　74　間接話法　27）

他者の声　117 人

身近な他者：家族・親族　7 人
　父　2 回　：間接話法
　母　8 回　：直接話法　5 回　間接話法　3 回　―福澤と対話２回、福澤への一方向１回
　兄　5 回　：直接話法　5 回　―対話４回
　妻　1 回　：間接話法
　孫　1 回　：直接話法
　叔父　1 回　：直接話法
　親類の一人　1 回　：間接話法　母へ
身近な他者：メンター＝師　4 人
　3 回　1 人（緒方洪庵）：直接話法３回（うち対話２回、１回一方向）
　2 回　1 人（緒方夫人）：間接話法２回
　1 回　2 人（白石先生、山本先生）：直接話法１回 (白石)、間接話法１回 (山本)
身近な他者＜友＞（朋友、書生、塾生）　24 人
　名前あり　16 人
　4 回１人：（松木弘安（寺島宗則））直接話法１回：福澤と対話、間接話法３回：福澤と対話２回
　2 回４人（高橋順益、神田孝平、古川節蔵、村田蔵六）：直接話法２回３人、直接話法１回１人
　1 回 11 人：　直接話法７人、間接話法４人
　名前なし　8 人　（複数の人が一度に発話したケースもあり）：　直接話法８人

所属集団（中津藩奥平家）の他者　8 人
　名前あり　3 人
　　6 回１人（奥平壱岐）：直接話法３回（対話２回、一方向１回）、
　　　　　　　　　　　　間接話法３回（対話２回、一方向１回）
　　1 回２人（家老・逸見志摩、奥平壱岐の実父・与兵衛）
　　　　　：直接話法１回（逸見、対話）、間接話法（与兵衛、又聞き）
　名前なし　5 人
　　1 回５人：　直接話法２人（奥平家役人、中津藩懇意な其の筋の人、対話）
　　　　　　　間接話法３人（対話：奥平奉行、藩役人、間接：江戸上屋敷御小納戸）

に自身の誕生時の物語として自己のストーリーに組み込まれている。自分自身の生きられた経験として語ることのできない誕生の物語は自伝においてはつねに伝聞であるが、自伝的アイデンティティの形成に欠かすことのできないストーリーである。

例へば父の生前に斯う云ふ事がある　今から推察すれば　父の胸算に福沢の家は総領に相続させる積りで宜しい所子供の五人目に私が生れた　其生れた時は大きな痩せた骨太な子で　産婆の申すに「此子は乳さへ沢山呑ませれば必ず見事に育つ」と云ふのを聞いて　父が大層喜んで「是れは好い子だ此子が段々成長して十か十一になれば寺に遣って坊主にする」と毎度母に語つたそうです　其事を母が又私に話して「アノ時　阿父さんは何故坊主にすると仰つしやつたか合点が行かぬが　今御存命なれば、お前は寺の坊様になつてる筈ぢや」と　何かの話の端に母が爾う申して居ました（一一―一二頁）

福澤は物心つく前に亡くなった父について、母の語りを通して父がどのような人物であり、子どもたちをどのように教育しようとしたかを理解しようとしている。母を通して聴いた父の声は伝聞の間接話法で語られている。大阪で、兄や姉を手習いにやったところ、イロハを教えるだけでなく、九九を教える事を知った父の声である。

其事を父が聞て「怪しからぬ事を教へる　幼少の小供に勘定の事を知らせると云うのは以ての外だ　斯う云う処に小供は遣って置かれぬ　何を教えるか知れぬ　早速取返せ」と云って取返した事があると云うことは後に母に聞きました（「」は筆者による）（八頁）

【対話する声―母の声】

母の声は、最初の章「幼少の時」から続く「長崎遊学」、「大阪修業」の章では直接話法でもっともよく聞こえてくる声である。たとえば一五、六歳ころ、母のとめるのもきかず敷布団も敷かずに畳の上に掻巻だけでひと冬過ごしたことがあったが、その際に、「何の真似か、そんなことをすると風邪をひく」と母の注意する声と応答する福澤の声が語られる。

「大阪修業」の章で「母と直談」という小見出しの節には、一八五六年夏、兄の病死の報を受けて帰郷し、福澤家を相続することになった折、福澤は一人で思案した末、大阪に戻って適塾での学業を続けることを決意し、母に相談するときのことを母との対話で描いている。福澤が「私は中津で朽ち果てようとはおもいません…私は大阪に行くから」というと母は「ウム宜しい」と応じ、「どこへでも出て行きなさい」と福澤に出郷を促している。

母と死んだ兄の娘　産れて三つになる女の子と五十有余の老母と唯の二人で　淋しい心細いに違ひないけれども　とつくり話して「どうぞ二人で留主をして下さい私は大阪に行くから」と云たら　母も中々思切りの宜い性質で「ウム宜しい」「アナタさへ左様云て下されば誰が何と云ても怖いことはない」「オーそうとも　兄が死んだけれども死んだものは仕方がない、お前も亦余所に出て死ぬかも知れぬが死生のことは一切言うことなし何処へでも出て行きなさい」　ソコデ母子の間と云ふものはちやんと魂胆が出来て仕舞て　ソレカラ愈よ出やうと云ふことになる、（五三―五四頁）

【見舞う声―師の声】

「身近な他者」の声のなかでもメンターとしての師の声は四人、うちもっとも重要な師であった緒方洪庵は三回、緒方夫人二回、朋友や塾生は二四人、名前のある人の声では一六人、松木弘安（寺島宗則）がもっとも多く四回あらわれる。所属集団の他者として中津藩奥平家の人たちの声が三人、奥平壱岐の声はもっとも多く六回、あらわれる。

一八五五年、福澤は大阪の適塾で緒方洪庵の門に入り、蘭学を学び始める。「大阪修業」の章では、緒方をはじめ数多くの塾生や朋友や大阪の町人の声が聞こえてくる。緒方の声をあげてみよう。腸チフスに罹った塾生の先輩を看病した際に感染して福澤自身が病床にあったときに、連日、緒方の見舞いと診察を受けた際にかけられた言葉である。緒方の声は対話した福澤の声で再現されている。

其時私は堂嶋の倉屋敷の長屋に寝て居た所が　先生が見舞いに見えまして　「愈よ腸窒扶斯に違ひない本当に療治しなければ是れは馬鹿にならぬ病気である」と云ふ。夫れから私は其時に今にも忘れぬ事のあると云ふのは緒方先生の深切。「乃公はお前の病気を屹と診て遣る、診て遣るけれども乃公が自分で処方することは出来ない何分にも迷ふて仕舞ふ　此の薬彼の薬と迷ふて後になって爾うでもなかった」と云て又薬の加減をする」と云ふような訳で　「仕舞には何の療治をしたか訳けが分からぬやうになると云ふのは人情の免れぬ事であるから　病は診てやるが、執匙は外の医者に頼む、其つもりにして居れ」と云て、先生の朋友梶木町の内藤数馬と云ふ医者に執匙を託し内藤の家から薬を貰て　先生は只毎日来て

容体を見て病中の摂生法を指図するだけであった（四九頁）

③自己の声

『福翁自伝』のなかでもっとも聞えてくるのは福澤自身の声である。他者の声とともに自己の声も自身で再生されて織り込まれている。そのような自己の声には、他者と対話する声と独白する声という二種類の声がある。対話する声とは、他者と対話する自己の声であり、会話形式で語られる。独白する声とは独り言のように話す声であるが、実際に発した過去の自己の声、そのような過去の自己の解釈を確認する現在の自己へ向けた声、そしてそのような解釈を読者へも示す声、このような自己の声がある。

この自己の声は全編をとおして数えていくと一一九回あらわれている。その多くは他者と対話する声であり、一〇一回も数えられる。独り言のように語る独白の声は一八回、数えられる。

【独白の声―つぶやく声】

自己の声のなかでも注目したいのは語る声の宛先が自己自身である独白の声である。自己自身で合点したことや考えを口頭で確認するような独白の声が織り込まれている。かつて経験したさまざまな場面を語るとき、その場面の主役である自己自身が発した声を語りのなかで再現しながら語る。

幕末から明治初めまで攘夷論の吹き荒れた一二、三年間は洋学者福澤にとっては命の脅かされた危機の時期であった。夜間の外出を控え、旅行の際は偽名を使うほどの用心を迫られ、実際、何度か暗殺の危機に瀕していた。「暗殺の心配」の章では「疑心暗鬼　互いに走る」という小見出しで、辻斬りの頻発していた治安の悪い頃のある深夜、家路を急ぐ道で一人の男とすれ違ったさまがそのときの恐怖心を自己のつぶやきであらわしながら臨場感あふれる語りで描かれている。

月の煌々と照る冬の真夜中、道の向こうから男が一人歩いてくる。

「コリヤ困た　今から引返すと却て引身になって追駆けれて後ろから遣られる　寧そ大胆に此方から進むに若かず、進むからには臆病な風を見せると付上がるから衝当るやうに遣ろう」と決心して　今まで私は往来の左の方を通っていたのを斯う斜に道の真中へ出掛けると彼方の奴も斜めに出て来た、（二六六頁）

結局、おたがい刀を抜くことなくすれ違い、走って逃げた。振り返ると、向こうもどんどん走って逃げていく。恐怖の事態に考えたことをつぶやいた声であらわすことで、読むものにも情景が浮かぶような迫真の場面となっている。この部分はわずかに加筆をいれながらもほぼ口述の語りが主になっている。聞き手の矢野にとってスピード感あふれる語りであったに違いない。

【独白の声―考える声】

少年のころに、漢書を読んでいたときに出会った「喜怒色に顕さず」という一句に「安心決定」した経験を語ったところで、「是れはドウモ金言だ」という独白の声が綴られている。この声は少年時代の読書の際の独り言であったが、「老年の今日」にいたるまで自己の精神的支柱になっていることを表象する声である。口述の現在を少年時代の読書する自己の独白の声へ遡及的に連結させている。

> 或時私が何か漢書を読む中に　喜怒色に顕さずという一句を読んで　其時にハット思ふて大に自分で安心決定したことがある　「是はドウモ金言だ」と思ひ始終忘れぬやうにして独り此教を守り　ソコデ誰が何と云て賞めて呉ても唯表面に程よく受けて心の中には決して喜ばぬ又何と軽蔑されても決して怒らない、どんな事があっても怒った事はない　況や朋輩同士で喧嘩をしたと云ふことは只の一度もない、ツイゾ人と摑合ったの、打ったの、打たれたのと云ふことは一寸もない、是れは少年の時ばかりでない、少年の時分から老年の今日に至るまで私の手は怒りに乗じて人の身体に触れたことはない、
> （二一六頁）

自己の声のなかの独白する声は宛先を自己に向けて自己自身が発する声である。あるいは過去の自己の解釈を確認する現在の自己へ向けた声であり、そのような解釈を読者へも示す自己の声である。過去の自己の声を現在の自己の声に組み込むことは、自己の軌跡を確認し自己理解に資するものであり、自己の再帰的行為である。ギデンズのいい方を用いれば、声における自己の再帰性があらわれているといえよう。他者との対話において発した自己の声だけでなく、過去のさまざまな場面で、一人でつぶやいた過去の自己の声もまた現在の時点で再生してオーラルに語るところに、現在の自己がいかに過去の自己を咀嚼し織り込んでいるのかその「領有」[14]のありようがみえてくる。

6．『福翁自伝』の多声性と「領有」

『福翁自伝』のなかで聞こえてくるさまざまな声の主体は福澤にとって必ずしも日常的なつきあいがあった他者だけではなかった。一度だけ出逢った他者の声や名前もわからない他者の声もすくなくない。そのような他者は、先述の「コンソシエーツとしての他者」という観点からみると「意味ある他者」である。「身近な他者」のように日常的な関係がなくても人生のさまざまな場面で接点のあった人たちのなかで福澤にとって「意味ある他者」とみなすことのできる人たちの声であり、その声は七二人数えられる。たとえば大阪の町で出会った人の声、三度にわたる外国訪問の折に現地で会話を交わした人たちの声もある。名前のある人の声と名前のない人の声、日本人の声と外国人の声という類別で表のように計上できる（表2参照）。

【表2】『福翁自伝』における「意味ある他者」の声

	日本人	外国人	計
名前のある他者	25人	2人	27人
名前のない他者	40人	5人	45人
計	65人	7人	総計72人

	名前のある他者		名前のない他者		
	日本人	外国人	日本人	外国人	計
直接話法	15	1	27	3	46
間接話法	10	1	13	2	26

そのような他者の声が自己の声に組み込まれていることをめぐって、なぜその他者の声が自己の声に組み込まれているのかという問いが浮上する。耳に残る声は偶然のようで実際になんらかの意味連関があって留まるのである。その意味連関とは、シュッツのいうレリヴァンス（シュッツ 1996）をもつということであろう。つまり、ライフストーリーのなかの他者の声とは自己にとってレリヴァンスをもつ声である。人生のなかで対面する機会のあった他者の発した声は自己の解釈で意味づけられ反復され、自己の人生の文脈に位置づけられて「領有」される声である。そして語られたライフストーリーにとりこまれた他者の声を示している。「領有」とは自己のものにする、自己に適ったものにするという意味であり、とりこまれた声とは「領有」された声である。

『福翁自伝』を「領有」された声の集積として読み直すことでなにがわかるのだろうか。『福翁自伝』の多声性はさまざまな声の主体と福澤との関係性を浮かびあがらせる。いわば声をとおして声の「領有」の実際を自己と他者の関係性から示してくれる。本稿でいう多声性とは、語る声のなかの多様な声という意味での多声性であり、異なった主体の発した声が直接話法／間接話法によって集約されているさまを指している。

　この多声性の概念は、バフチンのいうポリフォニー性の概念に触発されているが、バフチンが前提とした各声の主体の自立性と対等性をそなえたものとはみていない（バフチン 1995：9-95）。むしろ、相互行為において交わされたさまざまな他者の声が自己の声で置き換えられるとき、そこに他者の声と自己の声の集約と「領有」がみいだされること、そのうえで直接話法／間接話法によるオーラルな表現のなかに多声性がみえてくることを論じている。ワーチは言語のような文化的道具によって媒介される行為を問うたとき、「内化」という心身二元論的概念に代わって、「習得」と「専有 appropriation（本稿では領有）」という二つの概念でとらえることを提起したが、その「専有」という概念がバフチンに由来することを論じている。ワーチは、バフチンが用いたロシア語をもとに、「appropriation 専有」という用語を他者に属する何かあるものを取り入れ、それを自分のものとする過程であるという意味で使っており、その点は本稿の「領有」の概念と重なっている［2002：59-60］。

　自己と対話する他者の声は、他者が自己に向けて発した声ではあるが、もともと他者自身の声であったものを語りのコンテクストのなかで自己の声で言い換えて再生した声である。その過程のなかにバフチンがいうような「自己の志向とアクセントに服従させ」、「自己の意味と表現の志向性に吸収する」プロセスがあり［バフチン 1995：66-67］、そのプロセスこそ「領有」の過程なのである。では、どのような意味をもたせて領有しているのか。その語る主体にとっての意味にもとづいた領有のありよう、そしてオーラルな表現で「領有」の実際が示されるというオーラリティの特性を考えることが次の課題である。

7．おわりに

『福翁自伝』を手がかりに考察した本稿の終わりにあたって、今後の可能性を三点あげてみたい。一つには、多声性の位相の実際である。本稿では声の主体で単純に自己の声と他者の声という二声性でとらえたが、声には「小さな声」と「大きな声」あるいは「声なき声」のような声の音量で考えることもできるのではないだろうか。『福翁自伝』の「独立」という主題のもとで「消えた声」もあったにちがいない。そのような異なる尺度からの声の分析もありうるだろう。二つめは、オーラリティの位相である。『福翁自伝』の場合、口頭での語りを基盤にしたことで口語体での平易で明快な文章表現が可能になり、さらにさまざまな声が集積された多声性につながっている。その際、オーラリティは多声性とどのよう関係があるのかが問われる。バフチンがいうように多声性は文字表現でもあらわすことができる。オーラルな語りのなかでの多声性と書かれたなかで文字で表現される多声性、オーラリティとリテラシー（文字性）、それぞれにおいて多声性はいかにとらえることができるのかを検討しなければならない。[15] 三つめは、声における自己の再帰性という視点である。福澤は、「他人に私事を語らず」と記しながら、人生のさまざまなステージにおける他者と対話する声、そして自己の声を豊富に書いている。自己の声を入れて語ることの意味はなんであろうかと考えさせられる。声における自己の再帰性という特徴をふまえると、レビュー効果という観点が浮上し、最晩年に生涯を語ることのはたす意義もあわせて再考できるだろう。

桜井厚は、『ライフストーリー論』の「歴史叙述のオーラリティ」という章のなかで、オーラルヒストリーをめぐって、体験を語るだけではなく、「何をしたかったか」「何をしたと信じているか」「何をしようとしているか」を語るのであり、「現在の自らの生活や生存の状況をふまえ、人びとが語るに値するものを語り伝えるべきものとして、未来に関わろうとする意思や欲望、願望を表している」ことを指摘している。そしてオーラルヒストリーの可能性を「つぎの世代への語り継ぎ、継承であること」と述べている（桜井 2012：149-150）。福澤は『福翁自伝』を表わすことの動機として「自分の伝を記して子どものために」（343-344頁）と語っている。このフレーズのなかに「自分の伝」によって自己の声と他者の声を次世代に伝えるという世代継承性という動機が表明されている。現代的なオーラルヒストリー作品の出発点に位置する『福翁自伝』が世代継承性を意図したものであることはオーラルヒストリーの可能性の拓かれている方向をもっとも早くあきらかにしてくれ、さらにいまなお考察されるべき課題として引き継がれていることを気づかせてくれる。

本稿は二〇一一年一一月一七日におこなわれたシンポジウム「多角的に読む『福翁自伝』」（主催：慶應義塾福澤研究センター）での報告にもとづいている。『福翁自伝』の口述校訂原稿の確認では慶應義塾福澤研究センターのご協力を得た。

注

（1）佐伯彰一（『日本人の自伝』1991）によると「自伝」という言葉が最初に使われたのは一八九九年に刊行された『福翁自伝』であるという。

（2）『福翁自伝』を出版した時事新報社も福澤が設立して

いる。福澤が成した多くの業績のなかで印刷出版のプロデュースという仕事も近代的意義あるものとして、また現代の出版形態の先駆けとして注目される。福澤は、明治初年、千両の現金で大量の半紙を購入、土蔵いっぱいに積みこみ、版木版刷職人を雇って本作り事業を手がけはじめた。書籍製本業への進出によって、書く―印刷―製本という書物の生産、とくに自己の書物のプロデューサーとしての執筆―印刷―出版システムを自前で確立しており、現代から考えると先駆的な自費出版のメカニズムを打ち立てている［【一大投機】326-328頁、補注130「著訳社会の大変革」（449-450頁）］。

（3）「オーラルヒストリー」の定義については『社会学事典』の「オーラルヒストリー」参照。（小林2010）

（4）矢野由次郎（一八六二―一九三〇）は日本の「速記術の開祖」といわれる田鎖綱紀の門下の若林玵蔵に速記を学び、一八九一年より帝国議会の衆議院速記課に勤務したのち、一八九五年より一九一三年まで一八年間、時事新報社で速記業務に携わり、その間、慶應義塾商業学校に設置された速記科の講師も勤めていた（手塚1994：27-34）。

（5）日本オーラル・ヒストリー学会設立の趣旨書についてつぎのURLを参照。http://joha.jp/about/6

（6）福澤が速記を利用した作品は『福翁自伝』の他に「福沢先生浮世談」1898がある。福澤と速記の関係では、一八八二（明治一五）年に田鎖綱紀が日本で最初の速記法を発表したのが福澤が率いる時事新報の紙面上であったことが示すように、日本における速記の黎明期に深い関わりのあったことが指摘されている。福澤は「わが国速記術発達の「隠れた功労者」」であり、その門下から多くの「先駆的利用者を生む源泉」となったといわれている（手塚1994：35-47）。

（7）本稿は最新の書籍版である松沢弘陽校注『福澤諭吉集』（岩波書店2011）をもとに論じている。『福沢諭吉集』2011は、とくに二つの点でそれまでの『福翁自伝』とは一線を画する特徴がある。一つは充実した脚注と補注である。『福翁自伝』を歴史的事実の証言として「補正」する注であり、『福翁自伝』の誤りを指摘し、どこがどのように間違っているかを丹念に考証している。また「補注」も充実しており、たとえば明治一四年政変の項で福澤が『自伝』でなにを語っていないのかを詳細に解説しているなど、『福翁自伝』でなにが語られなかったか、なにが書かれなかったかをあきらかにしようとするねらいが鮮明となっている。もう一つは、巻末の「解説」で、校注者・松沢による「自伝の「始造」――独立という物語」という解説はライフストーリー論的な『福翁自伝』として評価される。

（8）二〇一三年七月二六日、原本により確認。

（9）『自伝』の口述にあたって手控えをもたなかったといわれるが、相応の準備はなされており、現在、一二点の覚書が残されている。「覚書」から「口述」へ、「速記原稿」から加筆訂正を加えた「草稿」へというプロセスの検討として「福澤全集緒言」（『福澤諭吉著作集 第12巻』2003：508-513）参照。なお、「覚書」とは小紙片に記されたメモであり、細かな事実関係を関係者に確認して書き留めたものなど多様であった（松崎欣一「解説」2003：508）。

（10）緒方洪庵について福澤は、緒方はむずかしい字をもてあそぶなかれと戒めた教えを受けて、難解な文字を書かないように気をつけ、平易な文章を書くように心がけている。（「福澤全集緒言」『福澤諭吉著作集 第12巻』2003：412）

蓮如について福澤は、中津で兄が朋友と文章のことを話していて、「和文の仮名使いは浄土真宗の蓮如上人の御文章（おふみさま）に限る、これは名文なりと称賛しているのを聞いていた、江戸に来て、御文章をみればいかにも平易な仮名まじりの文章でとても読み易い。仮名文章の風を学んだのは蓮如上人の功徳」と述べている。（「福澤全集緒言」『福澤諭吉著作集 第12巻』2003：414-415）

（11）言文一致体に対する速記の功績については手塚豊が指摘している（手塚 1994：35-47）。

（12）『福翁自伝』2011では、本稿でいう〈声〉について実際には鍵括弧が会話の最初にのみ付けられているところが大多数である。なお、本稿で間接話法と直接話法の実際は、文章中に他の発言を引用する際、引用符を用いて原形を再現する直接話法、現在の話し手の立場から人称や時制などを改めて述べる話法を間接話法（『精選版 日本国語大辞典』2006）としている。

（13）コンソシエーツとは、アルフレッド・シュッツが過去―現在―未来という時間次元をもとに類型化した先行者―同時代者―後続者という他者のなかでも、同時代者のうちでとくに時間と空間を共有して対面関係をもつ人びとをさしている（ナタンソン編 1983：65）。

人生の物語というライフストーリーを語ることはすなわち「伝記的状況 biographical situation」を構成する他者を語ること、とりわけ時間と空間を共有して生きた経験のある他者を語ることである。この他者とは、シュッツのいうコンソシエーツという概念でとらえると、人生の物語ではどのような他者が語られるのかを考えることができる。コンソシエーツとは、空間を共有してたがいに到達可能な範囲に存在し、時間を共有してたがいを現在形で把握する対面関係にあるものである。コンソシエーツ同士は、それぞれの「伝記的状況」にある個人としてたがいの独自性をとらえるとともにたがいのライフに関与し、たがいのバイオグラフィに包絡されている（ナタンソン編 1983：65）。人生のライフステージで対面したさまざまなコンソシエーツの声が語り手自身の声に組み込まれて語られることを本稿では主題化している。

（14）「領有 appropriation」という概念は、ロジェ・シャルチエがテクストを自分のものにするより熟練した読書能力を獲得するレベルで「読み」を論じ、「自分のものにする」という意味で「領有」として検討している（ロジェ・シャルチエ編『書物から読書へ』みすず書房、1992：345）議論をもとにして「自分のものにする」という意味で用いている。「appropriation」は、ワーチの翻訳における「占有」やバフチンの「収奪」という訳もある。

（15）オーラリティをめぐる研究として、オングの指摘するような統合的で調和的、累積的な聴覚の志向をふまえて声のなかにあらわれる個人の歴史性や自己再帰性を汲みあげながら、話すこと（パロール）と書くこと（エクリチュール）の相互性のなかで人間の「ライフ」の理解をめざす社会学的研究としての展開可能性もある（小林 2009）。

参考引用文献

M・バフチン 1995『ドフトエスキーの詩学』望月哲男・鈴木淳一訳、筑摩書房

M・バフチン 1996『小説の言葉』伊東一郎訳、平凡社

ロジェ・シャルチエ編 1992『書物から読書へ』水林章・露崎俊和・泉利明訳、みすず書房

福岡隆 1978『日本速記事始――田鎖綱紀の生涯』岩波書店

A・ギデンズ 2005『モダニティと自己アイデンティティ――後期近代における自己と社会』秋吉美都・安藤太郎・筒井淳也訳、ハーベスト社 [Anthony Giddens, 1991 *Modernity and Self-Identity: Self and Society in the Late Modern Age*, Stanford University]

小林多寿子 1998「自己をつづる文化――日記と自分史の誕生」『生活文化を学ぶ人のために』世界思想社

小林多寿子 2009「声を聴くこととオーラリティの社会学的可能性」『社会学評論』60-1、日本社会学会、73-89頁

小林多寿子 2010「オーラルヒストリー」『社会学事典』日本社会学会社会学事典刊行委員会、丸善、640-641頁

小林多寿子 2012「『福翁自伝』におけるオーラリティと多声性」『福澤研究センター通信』第16号、慶應義塾福澤研究センター、3頁

P・ルジュンヌ 1993『自伝契約』井上範夫・花輪光・住谷在昶訳、水声社

前田愛 1993『近代読者の成立』岩波書店

松崎欣一編 2003『福沢諭吉著作集 第12巻 福翁自伝 福沢全集緒言』慶應義塾大学出版会

松沢弘陽校注 2011『福沢諭吉集』(新日本古典文学大系 明治編10)岩波書店

モーリス・ナタンソン編 1983『アルフレッド・シュッツ著作集 第1巻 社会的現実の問題(1)』渡辺光・那須壽・西原和久訳、マルジュ社

ウォルター・J・オング 1991『声の文化と文字の文化』林正義・粕谷啓介・桜井直文訳、藤原書店

桜井厚 2011『ライフストーリー論』弘文堂

佐志傳編 2006『「福翁自伝」の研究 本文編』慶應義塾大学出版会

アルフレッド・シュッツ 1996『生活世界の構成――レリヴァンスの現象学』那須壽・浜日出夫・今井千恵・入江正勝訳、マルジュ社

手塚豊 1994「「福翁自伝」の速記者の生涯――矢野由次郎小伝」「福沢先生およびその門下と速記」『明治史研究雑纂 [手塚豊著作集」第十巻』慶應通信株式会社、27-47頁

J・V・ワーチ 1995『心の声――媒介された行為への社会文化的アプローチ』田島信元・佐藤公治・茂呂雄二・上村佳世子訳、福村出版 [James V. Wertsch 1991 *Voices of the Mind: A Sociological Approach to Mediated Action*]

J・V・ワーチ 2002『行為としての心』佐藤公治・田島信元・黒須俊夫・石橋由美・上村佳世子訳、北大路書房 [James V. Wertsch, 1998 *Mind as Action*]

第2部　ライフストーリー・インタビューの現場

現代世界の解釈ツールとしての桜井式ライフストーリー法
――滋賀県・湖西、湖東の調査から

松田　素二

はじめに：現代世界を解釈するために

本章の目的は、かつてない変動を経験している現代世界を読み解く新たな解釈ツールとしての「ライフストーリー」法について検討することにある。そのために「ライフストーリー」法が直面している困難と内在している可能性について、独特な発想とフィールドワークを武器に格闘してきた桜井厚の試行錯誤を手がかりにして考察してみたい。

一九九〇年代以降、世界は急速にグローバル化していった。この動きはこれまでの社会科学の枠組を大きく変更した。従来、社会学が前提にしてきた全体社会の基礎的枠組は、国民国家というポリティだった。それは、社会学が近代市民社会における市民の自己認識の学として成立し、近代市民社会という秩序が新たに出現した国民国家というポリティによって構成されたことからくる必然であった。しかしながら一九九〇年代以降のグローバル化の進展は、夥しい量のヒト、モノ、カネ、情報が国民国家の境界をたやすく越えて流動する状況をつくりだした。これと対応するように、社会科学の枠組もまた国民国家を基礎ユニットとする社会から、自律的かつ創発的に流動する個人へとシフトすることを要請される。その動きのなかで、一九七〇年代以降、マクロな社会構造パラダイムへのアンチテーゼとして登場した、主体の相互作用パラダイムに基づく方法論が新たに脚光をあびることになった。一部の例外はあるものの、純粋な科学的方法としては承認されてこなかったライフヒストリーなどの方法が、グローバル化時代の複数性・脱中心性・非構造性を兼ね備えた方法論として再評価されはじめたのである。

しかしこうしたネオリベラリズムによる世界の標準化・一元化の傾向は、二〇〇七年の世界金融恐慌を契機とする世界秩序の組み替えのなかで変化していく。それはたとえば貿易分野におけるＷＴＯからＴＰＰ、ＦＴＡなどへのシフトに端的に象徴されるように、ネオリベラル化のなかで後退していった国民国家やその連合ブロックの再強化として現象している。世界は一律に標準化、一元化されるのではなく、むしろそれに対する強烈な反作用が同時に生起し、より錯綜した重層的なダイナミズムのなかにある。グローバルな価値や世界観に対抗するローカルな、エスニックな、土着の世界が生成され、ときには状況のヘゲモニーをにぎることすら見られるようになった。こうした複雑な変化に対応して、これまで構造、システムからより微細な個、主体、エージェンシーへとシフトしてきた社会理解、人間理解の枠組も、同じように複雑な変容をとげつつある。

個を基点としてきたライフストーリー法、ライフヒストリー法も、その変容の波を受けている。二〇一〇年代の現代世界における社会理解、人間理解の方法として、構造から主体へ、全体から個人へ、システムからエージェンシーへの移行を強調するだけではない、両者の錯綜した関係性を接合し架橋する新たな試みが求められているのである。

その試みのために、本章では、一九七〇年代に生起した構造から相互作用へのパラダイムシフトの時代から、個人を基点とする方法論と格闘してきた桜井厚の方法的実験の軌跡をおう。そのうえで桜井が両者の錯綜した関係性を接合し架橋するために発想した、ユニークなライフストーリー観に基づく方法論について検討してみたい。それは、全体社会と個的存在の中間に設定された地域社会とその生活世界（過程）に関わるもので、それを通して、全体社会からの統制を回避したり、個的存在の創造性を増進させたりするだけでなく、多種多様な地域社会の相互折衝によって、地域社会間、そこで生活する人々の間の序列構造を改変することも可能にするものであった。

このように桜井が設定した三層モデルを活用したライフストーリー法は、標準化・一元化と個別化・多元化、脱領土化と再領土化、流動化と本質化などが同時にかつ錯綜して生起している複雑な現代世界を読み解くための、新たな解釈ツールとなる可能性を秘めている。以下、本章においてこの可能性について検討することにしよう。

Ⅰ　ライフストーリー法と現代世界

個人の生（ライフ）への着目の背景

二〇世紀最後の一〇年間は、それまでの世界秩序が大きく組み替えられた時代だった。それはたんに戦後世界を規定してきた東西両陣営間の冷戦が終焉したという、政治的軍事的変化だけではなかった。世界は単一の市場原理を通じて繋がり、人々は、自由で自律的な個人として、同一の基準で自分たちのライフスタイル、価値観などの生の形を築くようになった。世界の秩序は、近代社会の基本的単位であった国民国家から、自由な世界市場による一元的秩序へと移行していった。こうしたネオリベラルな潮流は、二〇世紀的世界秩序を後景に退け二一世紀の世界をつくりあげることになったのである。その結果、国民国家が築いてきた国民社会ごとに「発明」される近代的な国民文化や国民国民経済は、グローバルなスタンダードのもとで標準化され均質化された。世界はマクドナルド化されディズニーリゾート化されていった。人々のあいだの連帯を担保してきた社会的紐帯は、従来型（ムラ的、家族的、民族的連帯）にせよ新規型（リゾーム的、ネットワーク的）にせよ大きく制限され、個人の生活世界は市場に直結されることで断片化されたというのである。

しかし二〇一〇年代の世界秩序の主要な趨勢は、必ずしもこうした断片化ではない。世界を標準化することで個人を市場につなぎ止めるどころか、それとは正反対に、エスニシティ、ナショナリティ、セクシャリティあるいはコミュニティに対する帰依心、帰属意識、アイデンティティを再活性化することで、世界を再ローカル化、再エスニック化、再ナショナル化する動きが顕著に出現しはじめている。もちろんそれはたんなる過去への回帰現象ではない。むしろグローバル化によって、いったん脱ローカル化されたものが新たにグローバルな文脈において再ローカル化されて再創造されたものであった。したがって、こうした再活性化されたエスニシテイ、ローカリティ、ナショナリティの諸要素・諸現象は、現代世界を方向付ける大きな構造のなかに位置づけて把握する必要がある。

こうした一九九〇年代以降の世界秩序の変化は、社会理論における社会観、人間観にも大きな影響を与えた。二〇世紀の世界を規定したのはイデオロギーの覇権争奪だった。自由主義とファシズム、資本主義と共産主義といった体制によって、国民国家や諸集団諸民族、あるいはそこで暮らす人々の思考や行動は枠付けられ理解されてきた。そうした時代にはマクロな構造やシステムこそが、社会を認識する枠組であるという見方が支配的になる。二〇世紀の社会理論を支配したこうした見方としては、構造機能主義、マルクス主義、社会システム論などがすぐに思い浮かぶだろう。しかし、こうした巨大な構造からの圧倒的な規定力を重視する社会理論には、反発がつきものだ。反発する人々が注目したのは、社会から自律的な個人の創造性や主体間の相互作用に着目する見方だった。(1)

こうして一九七〇年代の社会理論の世界では、構造派・システム派と、主体派・主観派がせめぎあう百花繚乱状態が出現する。日本の社会学における個人の意識、語り、相互作用を重視する社会理論（たとえば象徴的相互作用論者や現象学的社会学派）の登場や個人史の口述に依拠したライフヒストリー法などもこの時代の産物だった。しかしながら、個人に依拠した社会理論や方法論が、確立した科学的道具立てとして認知されたとは言いがたい状況がつづいた。科学的調査の基礎である実証主義にもとづく、代表性、検証可能性、信頼性、客観性についての突っ込んだ議論の展開はなかった。こうした手法の一方の旗手でもあった中野卓でさえ、その弱点については自覚的であった。(2)

ポスト近代社会における個人の生（ライフ）

こうした状況がつづくなかで一九九〇年代を迎えることになる。この時期、二つの意味で、個人に依拠した社会理論や方法論が再活性化する必然性が存在した。一つは先述したように、世界秩序がグローバリズムとネオリベラリズムによって一元化されることで、人々は国民国家や、ローカル文化といった「中間集団」の保護・統制を受けることなく、直接市場とつながれる個人として析出されるようになったことだ。そのため個人の選択や創造性あるいは脆弱性や非合理性などが、鮮明に可視化される状況が出現した。もう一つは、ポスト構造主義の思潮の蔓延のなかで、長い間、たとえば個人の生活史に対する批判の核心だった実証主義自体がその思想史的基盤を批判され解体の対象とされたことがあげられる。ポスト構造主義の思潮に支配的だった人間観は、流動的で柔軟な（固定的でも実体的でもない）複数のアイデンティティの創発的な混淆状態として主体をとらえようとするものだった。たとえば、それまでのお決まりのライフコースは、学校を卒業し企業に正社員として就職すると終身雇用で定年まで勤め上げるというものだった。これに対してこの時期、外国の学校への留学、ＮＧＯなどでのボランティア活動あるいは非正規雇用や在宅勤務、転勤のない地域生活重視の雇用形態さらには非婚、同性カップリングといった多種多様なライフコースが自律した個人の生き方の選択の結果生まれるようになった。この複雑な個人を暫定的にでも的確に把握する手法として、ライフストーリー法は再び脚光をあびたのである。

しかしながら、ライフストーリー法に脚光をあびせた世界状況は二〇〇七年の世界金融恐慌以降、変化をつづけ二〇一〇年代を迎えている。この時期、社会秩序の構成が市場原理主義に純化していくことに対して大きな疑念が生じるようになった。貧富の格差の拡大、働いても暮らしていけないワーキングプア問題、若年層のホームレスの増加など、市場で敗北したり、市場に参入できなかったりする構造的弱者へのセーフティネットの欠如が深刻な社会問題として議論された。これまでライフコースの多様化、個人の生き方の選択の幅の拡大として喧伝されてきた、非正規雇用労働は、実際には、不況時には企業の都合で自由に解雇できる雇用の調整弁に他ならないことがわかった。これらの不安定労働者は、夥しい数のプレカリアートとなって現代日本社会の最周縁部に排除された。多様な生の可能性を支えると評価されてきた流動的で柔軟なポストモダンなアイデンティティこそは、現代世界の新たな統治の様式にぴったり適合するものだったのである。

現代は、グローバル化、ネオリベラル化の結果、世界基準の市場に直結された個人が「社会理解の要」となる時代ではない。諸個人は、再びエスニシティ、ローカリティ、ナショナリティなどで再結合されて集合化している。当然のことながら、こうした集合化は現代世界の歴史的な構造変動と連動・相関しながら生起している。

こうした今日の世界秩序の変容は、個人を基点とする社会認識、社会観に対しても影響を与えないわけにはいかない。これまで個人の「私的な自己創造」力を切り口にして、解体と流動化が進む社会の生成メカニズムを解き明かすための効果的な武器であった「ライフストーリー」法は、アイデンティティの再カテゴリー化や集合化、あるいはそうした状況を創出する世界的な構造との連関を、その射程に包含することを要請されている。ライフストーリー法は、いかにして個に深く依拠する一方で、同時に個を離脱し集合的カテゴリーの生成を射程にいれることができるかが問われているのである。マクロな構造重視のパラダイムから数十年かけて個体、主体、エージェンシーへと社会理論の基礎単位を移してきた個人のライフ研究は、いかにしてマクロな世界システム、全体社会構造を再び見通すことができるのだろうか。こうした問いが、現代のライフストーリー研究には突きつけられている。その問いに応えるためのヒントが、桜井厚の研究方法の遍歴のなかに見いだせるのである。

Ⅱ　桜井ライフ研究の世界

桜井ライフストーリー法の系譜

「桜井社会学」において最初に取り組まれた課題は、アルフレッド・シュッツの研究だった。日本における社会理論・社会学理論のなかでシュッツが頻繁に取り上げられ始めたのは一九七〇年代のことだ。それにはいくつもの理由があるが、一つは、先述したように、従来のマクロな構造によって諸個人が一方的に規定されているという人間観・社会観への異議申し立ての思潮の定着である。とりわけ一九六〇年代末の「若者の叛乱」の時代は、あらゆる社会現象・事象を全体構図のなかに位置づけてしまうパーソンズ的な壮大なシステムや、機械的唯物論のスターリン主義的マルクス主義に対する激しい反発を特徴としていた。それに代わって、諸主体の自律性、創造性、変革力を承認し評価する社会理論が渇望された。行為主体による現実の構成力に注目するシュッツの視点は、こうした要請にしっかりと応えるものだった。さらに、この叛乱の時代の特徴の一つは、マルクス主義も含めて壮大な学術理論が巨大な権威をまとって、知の世界のみならず現実世界に君臨することに対する拒絶であった。日常の常識的知識（あるいは日常生活における素朴な必要性）こそが、学術的・科学的な知の源泉であることを指摘するシュッツの社会学は、独善的な権威を否定する叛乱の時代の精神によく適合していた。この叛乱の時代に学生だった桜井が、シュッツの社会学・社会理論に惹かれることはある意味できわめて自然なことであった。桜井は一九八〇年にシュッツの選集二巻「社会理論」のなかの「応用理論」部分を『現象学的社会学の応用』として訳出し、その解説のなかで状況の構造が、「いま・ここ」の内−世界性（生活世界）に根ざしていることを意義付け、世界を客観性、理念性、概念性、実証性によって把握する視点から反転させて、主観性、解釈性、象徴性、体験性によって捉え直す試みの革命性、豊穣性を強調した。

こうして桜井はシュッツ的な社会理論に投企していくことになる。佐藤嘉一がM・バーバを引用しながら指摘しているように、シュッツの理論はシュッツのライフヒストリー（日常世界）と連関させてはじめて理解できるという見方がある。[3] この見方は、ライフヒストリー法の潜在的可能性に着目することによって、桜井の社会学がシュッツの社会理論から方法としての生活史に接続していくことを説明する一つの要因となるかもしれない。

しかしながらシュッツに惹かれた桜井が一九八〇年代以降ライフヒストリー法へと傾斜していった直接のきっかけは、「モノ」への注目にあった。マルクス主義にせよパーソンズ主義にせよ、一九七〇年代までの日本における社会理論に君臨してきた世界認識の「権威」が、現実の社会をとらえる力を喪失してきたことに気づいた桜井は、日常生活世界を基点として現実を把握する可能性を追い求めるようになる。ではどのようにして日常生活世界を記述したり、その変化を認識したりすることができるのだろうか。桜井がそこで着目したのが、「モノ」だった。人々の日常性のなかで何気なく使用され消費される「モノ」は、たんなる物ではなく、それに関わる人々が複雑に織り込んだ多種多様な意味の集積体である。したがってそこには「主観的現実」が充満している。シュッツ的な主観、象徴、体験から日常生活世界を読み解くには、「モノ」は最適の切り口だったのだ。桜井自身も、この切り口の重要性について、「日常生活の変化を解き明かすには、日常生活を営んでいる人間自身に語らせるだけでなく、モノの意味に注目する必要がある。モノは生活そのものを語りはしないが、ひとに働きかけて独自の価値＝意味をあらわにする」と述べている（桜井 1984 : 165-6）。

こうして桜井はシュッツ的な見方で「モノ」から社会を捉える手法を確立していった。それは、「モノ」には必ずそれに込められた諸主体の意味があること、その意味をたどっていくことで諸主体の「主観的現実」にアクセスできること、主観的現実（主観的世界）を解明するには諸主体（個人）を社会理解の基点に据える必要があること、諸個人を基点にすえて社会を展望するには、諸個人の生の軌跡（生活史）にアプローチすべきであること、という論理の連鎖をたどって「ライフヒストリー」法へと到達していったのである。事実、後述するように、桜井は、一九八〇年代初頭の琵琶湖・湖西集落の環境史調査においても、簡易水道と川という「モノ」に着目して地域社会と日常世界の変動を描き出したり、一九九二年には『モノと女の戦後史』を刊行し、パンスト、洗濯機、手帳、タバコなどの「モノ」を通して戦後史の深層を考察したりする試みを継続してきた(4)。

このようにして桜井は、諸個人の日常生活世界に依拠した社会観、人間観、歴史観を確立するために、「いま・ここ」の立ち位置から個人の主観的現実の蓄積を再構成するライフヒストリー法に接近し、それを桜井流に再創造していく作業に以後三〇年近くの年月をかけて取り組むことになる。

湖西・知内村の環境史調査と生活環境主義

シュッツ研究者としての桜井が本格的な社会調査に従事したのは、一九八〇年代前半の琵琶湖畔の集落をフィールドにした総合的な環境史調査からだった。この調査について桜井自身は、「関西地区の水瓶である琵琶湖の環境汚染が問題になり、社会・人文科学の立場から環境問題の調査をするプロジェクト」に、「社会学や民俗学、文化人類学、歴史学の若い研究者が集まった（自分で言うのも変だが）「気鋭の」グループ」の一員として参加したと述懐している(5)。このときの湖西地方、マキノ町知内（現在の高島市マキノ町知内）のムラ調査において、桜井は知内の草分け集落の上知内を流れる最大でも幅一メートル足らずの前川と、上知内集落で導入され、後に知内全域に拡張される「簡易上水道」という「モノ」に注目して、ひととモノとの関係の変遷は、戦後の高度成長前期の日本社会の集合的な心性や構造的変化によって引き起こされ、その一方で、ムラの日常世界に大きな変化をもたらしていること、そしてそれらが相互のズレや矛盾を包含した錯綜した相関関係を作り上げており、そこに諸主体の創造性が発揮されている様子を活き活きと描き出すことに成功したのだった。(6)

桜井は、「社会の変動期には過去と現在と未来にわたるモノの意味が錯綜して登場」するために、モノを媒介として諸主体の主観的現実の構成やその集合化・歴史化をとらえることができると主張した。それは、全体社会の構造変化に関する統計的あるいは概念的把握から、それらに一方的に規定された人々の日常生活をみるという従来の社会観とは真逆な、まさにシュッツ的な世界認識から生み出されたパースペクティブだった。

このときの環境史研究グループ（リーダーは当時三〇代の鳥越皓之でメンバーには桜井以外に、後に滋賀県知事になる嘉田由紀子や古川彰などがいた）は、琵琶湖の環境問題を村落の日常生活からアプローチする手法をとりながら、住民の生活世界を基点とする「生活環境主義」という視点を打ち出した。

生活環境主義は人々が過去から積み重ねてきた知恵や制度によって形成される「生活の論理」の解明を目指すものだが、そのために、そこで暮らす人々の生活史からアプローチをするので、生活環境主義にとって生活史の手法は方法論の中核に位置づけられるものの一つだった。

この生活環境主義は、一九八〇年代までは桜井の方法論的志向とほとんど合致するものだった。生活環境主義はまず、全体社会あるいは世界システムの構造に連動する概念や理念（イデオロギー）から小社会の現実を一方的に投写していこうとする方法論的方向に対する強烈なアンチテーゼが持ち味だった。そのために諸個人の日常世界の知識、智慧、制度、ルールなどのもつ（全体社会からの強力な規定力・拘束力に対する）相対的自律性と創造性を高く評価する立場を採用した。

湖東・被差別部落調査と生活環境主義からの分岐

しかしながら桜井自身は、その方法論を半ば評価しながらも、完全に生活環境主義者として純化できない部分があった。その違和感はまず理論的なものだった。生活環境主義は、社会観の基点を小さなコミュニティ（ムラ社会）の日常生活システムにおく。それは個人を基点とする社会理論ではない。したがって、ときには生活者個々人の要望や欲望が、日常生活システムによって統制されたり変容されたりする。鳥越がいうように、生活環境主義は「人の心はわからないが人々の心はわかる」という立場だからだ。したがって生活環境主義におけるライフヒストリーも、諸主体がそれぞれの主観的現実を構成している過程に着目するだけでなく、より重要なのは、その主観的現実を水路づけたり再編成したりする日常生活世界の生活規範（生活の論理）なのである。こうしたライフヒストリーの性格づけや個人の位置づけは、桜井がシュッツの社会理論をてがかりにして構想しようとした個人とその日常性に依拠した生活世界の社会観とは、すでに方向性がずれはじめていた。桜井にとっては、諸個人諸主体の存在論的苦悩や駆け引き、思惑が、人（調査者）に向かって語られ再構成されながら像をむすぶ世界として生活世界があるのであって、生活環境主義が構想するような、個人を超越した生活システムがあるわけではなかった。

たしかに桜井も諸主体が切断され独立して（自律して）存在していると夢想しているわけではない。生活者は共同性を育み相互に連帯することを通じて繋がり生成する。そうして構築される生活世界は、桜井の社会観においても重要な役割を担うものだ。諸主体と全体社会のあいだに幾層にも幾種類にも生成される生活世界の豊穣性と複雑性は、桜井がライフヒストリー法（後にはライフストーリー法）を活用して解き明かそうとする対象である。しかし、それは鳥越たちの生活環境主義者が想定する生活世界とは似て非なるものだった。桜井にとって、生活環境主義における生活世界は、それまで個人のライフを統制してきた全体社会のエージェントのように思えたに違いない。桜井にとって重要なのは、常に諸主体および同じ次元に属する（ただし全体社会において異質なポジションを与えられた）ムラ社会（の生活世界）同士が相互に作用しあい衝突・交渉・妥協し、規定しあう関係性のなかでそれぞれが新たに生成されるということだった。したがって、諸主体が一方的に生活世界のシステムによって規定されるというような理解は受け入れがたいものだったのである。

こうした生活環境主義との理論的なわずかな違和感が決定的に拡張されていったきっかけは、同じ琵琶湖畔の被差別部落をフィールドにした生活史調査だった。桜井は一九八〇年代前半に行われた湖西の半農半漁集落での共同調査から七、八年後、湖東の被差別部落でライフヒストリー調査を開始する。それまで湖西調査をつづけるなかで桜井が感じた琵琶湖地域のイメージは、モロコや鮎の飴だき、フナ寿司といったゆたかで奥深い生活文化であった。しかし彼自身の言葉を借りると、「それからしばらくしてこの地域の別の顔を知る」ことになる。湖西調査で対面した「琵琶湖を中心とするオモテの文化からは隠されてきているが、同じように歴史の重みとゆたかな文化が存在する」ことに気づき、それを「もう一つの近江文化」と呼んだのである（桜井 2012：237）。この「もう一つの近江文化」と向き合うなかで、桜井は生活環境主義の一面を取り入れながら、諸主体と住民の生活世界を基点とし、全体社会と歴史に接合するような方法論としてライフヒストリー法に独特な改変を施すようになった。

生活環境主義に対しては、提唱当時から、さまざまな批判や疑問がなげかけられてきた。もっとも手厳しい批判は、生活環境主義は、集落の生活構造・システムの維持・再生を至高の価値とみなすため、本質的には現状追認、現秩序を支える草の根保守主義であるという点だろう。(7) したがって、現状の社会秩序に埋め込まれた統治のイデオロギーに対抗することはできず、差別排除の社会システムを補完してしまうというのである。こうした批判は、湖西のムラから湖東の被差別部落にフィールドを移した元生活環境主義者の桜井にとっては、誠実に格闘し乗り越えるべき決定的に重要な宿題であった。

桜井は、生活環境主義に対して突きつけられたいくつかの疑念と真正面から向きあっていった。たとえば先述の疑念は、「生活環境主義には権力論がない（生活環境主義は統治者の差別イデオロギーを受容する民衆意識を擁護することで差別意識を拡大再生産する）」というものだろう。ほかにも、生活環境主義は歴史を捉えられない（生活環境主義は個人や小さな共同体の都合のよいあやふやな記憶にもとづく歴史以外の「本当の歴史」がない）」や、「生活環境主義には調査論がない（生活環境主義における調査するものとされるものとの関係性への深い検討はない）」といった批判や疑念が生活環境主義には投げかけられた。桜井は、湖東の被差別部落調査のなかから、こうした点についても独特なスタンスをつくりあげていった。以下の節では、こうした疑念ごとに桜井流のユニークな処理方法を確認していくことにしよう。

Ⅲ　個人を基点とした社会理論と桜井・三層モデル

全体構造から個的主体へ

近代的社会観の基礎は、個人意識に外在した集合的な表象の存在を承認し、それが社会を構成していくと考える見方である。こうした見方（＝社会学主義）が近代社会学の存立と発展を可能にし、二〇世紀中葉まで無敵のパラダイムとして社会学界に君臨してきた。しかし前述したように、これには当然のことながら激しい反作用も生じた。たとえば一九六〇年代、外在的社会から一方的に拘束される人間像を拒絶して、新たな人間観を提唱したサルトルの実存主義もそうした反作用の系譜に位置づけられる。サルトルはスターリン流の機械的唯物論を批判して個人のもつ自律的な能動性を礼賛した。ほぼ同じ時期にイタリア共産党の理論家グラムシは、文化や社会意識の領域の下部構造からの相対的自律性を主張して、エンゲルス・スターリン的な機械的決定論に反駁した（グラムシ 1981：4-30）。人々の意識世界は、それ独自のメカニズムがあり、それはさまざまな勢力間のヘゲモニックな拮抗過程としてあるというのである。このようにサルトルやグラムシはロシア・マルクス主義的な構造決定論に対する主体の自律的創造性を示唆することで、社会観の転換を図ろうと試みたのである。

政治・思想の分野以外でも、構造・システム的社会観から離脱して個体に基点を移行させる動きが目立つようになった。社会人類学分野におけるその一例がフレデリック・バルトを中心とするトランザクショナリストたちである(8)。一九六〇年代まで社会人類学（ラドクリフ＝ブラウン流にいえば比較社会学）はデュルケームの社会学主義の影響を受けて、諸個人に外在する制度化された諸関係における人びとの配置（社会構造）の分析を、学問の目的に据えた。したがって、社会人類学は、実在する人びとの相互関係のもつ特異性、個別性の分析を回避して、法則性、一般性を示す社会関係の網の目（社会構造）の解明に全力を注ぐことになったのである。たとえばアフリカ社会の成員は、この社会構造主義的社会観に従って、部族、クラン、リニエジ、年齢組、地縁組織といった帰属集団ごとのメンバーシップによって把握されてきた。そこには個人的事情や友情、あるいは思惑や打算などは入り込む余地はなかった。だがバルトたちはこうした社会構造主義的社会観を厳しく批判して、個人を基点としたパーソナルな関係の束を重視する社会モデルを作り出した。それがトランザクショナリズムである。その視点の移行についてキージングは次のように説明している。「もしヌエル族のリネージについて述べる代わりに、なぜ三人のヌエル族がそこで一緒に仕事をしているのかを尋ねるようにすれば、そのときわれわれは、（個人を基点として社会を論じたマンチェスター学派の）都市人類学者と同じ立場にいることに気づくのである」（キージング 1983：220）。このようなトランザクショナリストたちの登場は、先述した一九七〇年代の社会理論におけるパラダイムシフトと軌を一にするものだった。

しかしながら個的主体への基点移動は、その後、数多くの疑問や批判が寄せられるようになる。もっとも強力なものは、自律、自由、創造的な個的主体を想定すること自体が、西欧近代の人間観を普遍化する「エスノセントリズム」だという批判である。こうした批判者からは、個的存在（individuality）が時代と地域を越えて遍在していることの証明が求められた。アジア・アフリカの「未開社会」に自律した個的存在を確認しようとする多くの人類学的研究が出現したし、逆に、西欧近代に確固とした自意識をもった個人像が出現し、たとえばアフリカ社会には自他区分もつかず共同体に融解するような自己意識が誕生するという発想自体が、きわめて「オリエンタリズム的」なステレオタイプであるという反批判も生まれ、個的存在の自己意識の議論は、一九九〇年代以降いっそう混沌状態に突入した。さらに輪をかけるように、自律した自己意識をもった個的存在自身を脱構築して、そのようなアイデンティティを介することなく創発的自己意識を暫定的に生成する可能性や、それと密接に関連して主体を人間個人から解放するようなエージェンシー（行為主体性）の議論も広く支持を得るようになった。(9)

三層モデル

このように複雑化していく個的主体の議論のなかで、桜井の立場は、一貫して明快なものだった。桜井の社会理論において社会の構成は常に三層で捉えられる。個的存在―地域社会―全体社会の三層であり、その三層を繋ぐ（貫く）のが歴史変動軸である。たしかに単純なモデルではある。しかしこのモデルに膨大なライフストーリーやライフヒストリーが組み込まれると、空疎なエージェンシー論や一知半解のＡＮＴモデル、あるいは夢想的な構造論やシステム論とは比較にならないほどリアルな人間生活と社会の変化が浮き彫りにされ解き明かされていくのである。その意味でこの三層モデルは今日においても強力な分析力をもっているということができる。

桜井の三層モデルの特徴は以下の三点に集約できる。第一は、個的主体と全体社会の中間に地域社会を措定することで、主体と構造、個人と社会という西欧近代的な問題設定および個人性の遍在性の議論の迷路に迷い込まずに、現実社会にアプローチできることだ。たとえば、この三層構造を意識のレベルで論じると、個的存在のもつ個人意識、地域社会が蓄積してきた地域住民規範（生活規範）、それに全体社会に流通し支配の道具としても活用される通俗道徳に三分される。またリアリティ構築のレベルでみると、個的存在の主観的現実（内的経験）、地域社会の生活過程、全体社会の国民感覚に分けられる。さらにライフストーリーの語り口のレベルについてみるならば、個的存在においては個人に独特な語り口があるし、地域社会ではコミュニティだけに流通する語り口（とりわけモデルストーリー）が特徴的である。それはコミュニティの文化的なコードに埋め込まれた語りの様式のことだ。全体社会においては、コミュニティを越えて全体社会の支配的文化の用語法と価値観にもとづいて語られるストーリーとしてマスターナラティブがある（桜井 2005）。

これらのなかで桜井が注目するのが、中間項として設定された地域社会の生活世界がもっている両義的な力である。それは全体社会からの画一的統制や指示をいったん受容して意味を組み替えたり、個的存在からの自由で無秩序な欲望を生活規範にそって修正したりする。それと同時に、生活世界は、全体社会のなかで忠実な末端エージェント化されるし、地域社会で生きる諸個人の創造性や自発性によって大きく姿を変えられることもある。こうした複雑で両義的な生活世界理解が、生活環境主義的生活世界理解とは異なる桜井生活論の最大の特徴なのである。これが三層モデルの第二の特徴につながる。

個的存在と全体社会の間に中間項を設定することは、有賀喜左衛門、中野卓、鳥越皓之などが独自の生活論のなかで行ってきたことだが、桜井生活論はこの従来の生活論に差別論をもとにした葛藤性と複雑性を付加している。たとえば有賀が生活という言葉で示そうとしたのは、さまざまな次元で社会を構成する領域を貫いて統合する世界であった。経済、労働、政治、信仰、祭礼、娯楽といった領域ごとに生成される社会関係の束や価値規範の束をとりまとめ、それらを総合する相対的に自律した世界として生活世界が想定された。こうした社会関係や価値規範は、当然のことながら、外部（とりわけ国家権力）から強い影響を受けることになる。こうした外部条件は、その地域、村落ごとの社会・文化的条件と接合しながら、人々の生活を規定しようとする。しかし、人々の生活は、これらの社会的条件に直接、統制・規定されつづけるわけではない。生活に押し寄せる諸条件は、人々が生成してきた生活意識によって、彼らの都合（必要）にあわせて自在に変容させられる。こうした過程でみられる生活世界の創造性に注目するのが有賀生活論のエッセンスであった。

もちろん、これまでの生活論は、国家権力や地域におけるその代理機関（人）が小さな共同体とそこで生を営む生活者の現在と未来について大枠を決定し差配するという社会認識に対抗して、何の権力も財力もない人々の生活世界の潜在力に着目するという点できわめて斬新なものであった。しかしながら、桜井は湖東の被差別部落の生活世界と向き合うなかで、同じ生活者、同じ生活世界が、国家、全体社会と対峙するだけではなく、ときに同じ生活者同士で差別し、地域社会の生活規範に全体社会の差別意識を積極的に受容し、別の生活世界と激しく対立する場合がありうることを語りを通して実感するようになった。そこから、生活世界、生活規範、生活意識はつねに全体社会と個的存在との相互規定・相互作用のなかで生成されるだけでなく、生活世界（地域社会）同士の葛藤・衝突・折衝によって構築されていくという桜井独特な見方が生み出された。生活世界はときに個的創造性を発揮してムラの発展をもたらす源泉となるときもあるし、その世界が差別意識を再生産し差別行為を助長する温床となる場合もある。したがって、生活世界のもつ創造性や自律性はつねに両義的二面性を備えており、それを人々の語り（とくにモデルストーリー）を通して浮き彫りにすることで、生活世界がもつ権力作用を（全体社会の権力作用から相対的に自律したメカニズムとして）解明していこうというのが桜井生活論の画期的な点なのである。

桜井三層モデルの第三の特徴は、全体社会との繋がりをつねに前景化していくスタイルにある。個人に基点を置く社会理論においては、徐々に、全体社会と直接関連づけて諸主体を位置づけることを回避・忌避する傾向が強まってきている。そもそも個人への基点のシフトは、マクロな構造やシステム、全体的な理念やイデオロギーの独善性、教条性への反発から起きたものだ。したがって個人の内的世界に深く分け入ればいるほど、全体社会を包括的に捉える力は弱まってくる。たとえば個人を基点とした実験的民族誌では、個人の感じた雰囲気、理解した仕組み以外に、通常の記述の中に説明的に出てくるフィールド社会の概略、政治状況、文化的背景などは一切触れないという語り口が登場する。[10]個人を通して見えてくるのは、個人が関与する二者関係の集積としての周辺小社会だけであり、「＊＊人の社会では」とか「男性労働者の場合は＊＊」といった一般化は不可能というわけである。

生活世界の脱ロマン化

桜井が師事した二人の先達の生活論においても、全体社会との関わり方は対照的である。日本の個人基点研究の草分けである中野卓と中野がその生活論を継承した有賀喜左衛門をみると、有賀は一貫して「全体と個との相互連関」を強く意識していることがわかる。たしかに有賀は当時、学界に強い影響力をもっていた唯物論的な社会発展段階説や、全体社会の階級構造に規定された農村社会論などとは一線を画していた。有賀は類型間の不可逆的な進化モデルではなく、可逆的な相互転換モデルを提唱し、その基礎に全体社会と相関しながら相対的に自律する生活組織の創造力を想定したのである。中野も当初はその有賀のスタンスを引き継いで「全体構造との相互連関として個人」を明確に主張し、有賀生活論とほぼ同様の立場に立った、しかしながら、徐々に、オーラリティ、主観的世界、多元的リアリティへと視野をひろげていくにつれて、全体社会との相互連関は後景に退いていった。たとえば『離島トカラに生きる男』や『日系女性立川サエの生活史』においては、トカラやハワイの社会構造は議論の射程からはずされていった。中野はより個人のライフのリアリティへと接近する道を選択したからである。

しかし桜井は湖東の被差別部落における個人史の聞き取りの蓄積のなかから、全体社会の支配的文化が流布してきた（差別的な）「マスターナラティブ」が、地域社会の生活規範や個人の主観的意識のなかで内面化、身体化された本源性を獲得する過程を確認してきた。個的主体の豊かなリアリティや生活世界（組織）の創造性が、ある状況とコンテクストにおいては、残酷な差別抑圧制度を庶民の側から再構築する場合があるのだ。湖西だけでなく湖東調査を経験した桜井にとって、こうした個的主体や生活世界（組織）の両義性を直視するためには、中野的方向性ではなく有賀的スタイルが有効だった。こうして桜井は、つねに個的主体と生活世界のロマン化（ファンタジー化）を回避する視点のなかで、全体社会からのさまざまな「呼びかけ」と「反作用」、「妥協」「折衝」「接合」などを明確に位置づけた生活論と個人論を包含した三層モデルを鍛え上げていくことになる。

Ⅳ　歴史の動態とライフストーリー

ナラティブにおける歴史の真偽問題

桜井が選択したシンプルな三層モデルは、その見かけの単純さとは裏腹に多くの難題を派生させていった。その一つが、語られた過去の再構成が史実として「本当」かどうかを問う、口述史の真偽問題である。もしも桜井が志向するのが「全体社会・生活世界・個的主体との相互連関」の三層モデルでなければ、たとえば中野的な「社会的存在としての人間個人」を基点とする生活論であれば、そもそも歴史の真偽問題自体が存在しない。語り手個人が聞き手に対して、自らの過去の経験を想起しながらそれらを再構成していく過程そのものが、リアリティを帯びるからだ。語られたライフストーリーは、「いま・ここ」のインタビューという相互行為を通じて「あのとき・あそこ」の物語として再構築されたものだ。それは「いま・ここ」の主観的現実（リアリティ）を共同で構成しているのであって、過去の真実を反映しているのではない、と言い切ってしまえばいいのである。過去は主観的現実として「いま・ここ」で再構成され物語られたものであると考えるならば、文献資料によって確定された「史実」との「ズレ」やそこからの「逸脱（間違い）」は、正すべき弱点ではなく、主観的現実を読み解く口述史の真骨頂としてむしろ高く評価されるべき特質になる。

あるいはライフストーリーに対する非科学性批判（主観的で信頼性に欠ける）に対して、中野のように「（口述の生活史は）科学性において劣るとの非難を覚悟のうえでそれも大切と考え取り逃がすまいとしての企て」と強弁したり、客観的で信頼性があると見なされてきた文献資料もまた「主観的」であり、出来事が生起した時点から時空間ともに離れて再構成されている点で口述の生活史と同じだと反論したりすることも可能になる。

「いま・ここ」の語りによる過去の再構成は、歴史的真実の探求とは無縁であり、想起し、語り、記述する過程そのものが意味と事実性を構築していくという社会構築主義（歴史構築主義）的な見方に対して桜井は折衷的、混淆的スタンスを採用する。桜井が、「人々は語ることによって自らの経験を構築し生活史体験……を再編成する……人々の社会観や歴史観は、こうした語りの日々の実践を通じて構築され維持される」というとき、その立場はきわめて構築主義に近いところにある。しかし同時に彼は、「ナラティブの戦略が説得力をもつためには、つねにこの種の外的な限界のなかで機能」せざるをえないし、なにより「ナラティブは過去に対して全権を委任されるものではない」と断言して、語りを外部から制御し影響を与える存在への目配りを要請している。[11] 語りを当事者同士の「対話」の「共同作業」だけに閉じ込めず、より全体社会へと開いた出来事の連鎖と相関させようとする桜井の立場は、構築主義者にとっては、構築主義のエッセンスを無視した生ぬるい折衷主義にみえるかもしれない。しかし桜井は、むしろその折衷主義を意図的に推し進めることで三層モデルを完成させたのである。そのことは、「ライフストーリーをたんにインタビュー当事者によって構築される修辞的な表象へと還元することに全面的に賛成しているわけではない」という「弁明」にもよく表れている（桜井 2002）。

構築主義と歴史実証主義の乖離と接合

では桜井はどのようにして「いま・ここ」で語られた過去の再構成の物語（ライフストーリー）を、たんなる「主観的リアリティ」構築のための「修辞的表象」にとどめることなく、全体社会の歴史変動と接続させていこうとするのだろうか。こうした問いかけは、ライフストーリーを扱おうとする研究者にとってはきわめて馴染み深いものだ。先述したように構築主義の原理主義的立場にたてば、この問いかけ自身は無意味になるし、歴史実証主義にたてば、そもそもライフストーリー自体の資料的信憑性は疑わしく、かりに信頼性を獲得したとしても補助的資料の位置づけから「昇格」することはない。桜井自身は自らの方法を「対話的構築主義」と名付け、構築主義の系譜に位置づけているが、前述したように、桜井の方法は構築主義原理主義とはまったく異質なものだ。桜井のように、構築主義原理主義と歴史実証主義の両者に違和感をもち両者を架橋・接合しようと試みるものがライフストーリー研究者のなかにいなかったわけではない。桜井自身は、自らの方法論とは対極に位置すると述べる、フランスの社会学者ダニエル・ベルトーもその一人である。

もちろん桜井とベルトーの方法論はよってたつ基本的な考え方が一八〇度異なってはいる。ベルトーはライフストーリー、ライフヒストリー法を構造主義がいまだ根強い影響力を保持していた時代から注目してきた生活史研究の大家だが、その基本的な考え方は、多種多様な生活史を多数収集比較して帰納的推論を積み重ねることを通して、物語られた過去の社会的現実が客観化されていくというものだ。多数の生活史のなかに規則的に現れるパターンや要素（およびその関係）を分析すると、個人の特性を超越したリアリティのある歴史が浮き彫りになるというのである。こうしたある種の自然科学的、法則定立的方法の支持者は、構築主義的転回をとげた現在の日本のライフヒストリー研究のなかでは少数派に属する。もちろんそれは、桜井がライフストーリー法に期待し読み取ろうとした可能性とは相容れないものだろう。それゆえ、桜井はこうしたベルトー的アプローチをリアリズム・アプローチ、「解釈的客観主義」として自らのナラティブ・アプローチ（対話的構築主義）とは一線を画したのである。[12]

にもかかわらず、桜井の三層モデルは、語りのなかに主観的現実のみならず、歴史的過去のリアリティを見出そうとする点において、ベルトーが「テクスト」派と区別して自らの立場を定位した「リアリスト」派に部分的には近いところにある。桜井がK・G・ヤングから借用したストーリー領域（Storyrealms）と物語世界（Taleworlds）の区分も「リアリスト」派の発想だろう。[13] なぜなら語り手と聞き手の相互行為によって成立し評価や態度を表す語りのメタコミュニケーション領域としての「ストーリー領域」と、語り手の主導権のもとで生成される過去の歴史的リアリティの領域である「物語世界」を区分することで、「いま・ここ」の主観的現実の共同制作（「テクスト」派）と、「あのとき・あそこ」で起きた「ほんとうの」過去の出来事の展開（「リアリスト」派）の双方を同時に包含することができるからだ。こうした折衷でさえ、構築主義的転回後は、十分にリアリスト的なのである。構築主義原理主義の立場に立つなら、語りのなかにこうした独立した（切断された）二領域を想定することなどあり得なかったからだ。

「実感」による跳躍

では桜井は、構築主義の原理と衝突するような二領域化を受容してまで、物語世界的な要素（本質主義的観点から「ほんとう」の歴史―過去の出来事の連鎖）を承認しようと試みたのだろうか。この点について桜井自身は「これによって際限ない相対主義を回避」できるからだと述べているが、それこそは「過去の歴史的リアリティ」をアンカーにして、語り手と聞き手の共同作業としてのライフストーリーを組み立てようという表明である。「際限のない相対主義」から逃れるために「ほんとう」の歴史に依拠するのは、それにリアリティを感じるからに他ならない。その意味で、桜井のライフストーリーを、構築主義原理主義と明確に区別しているのは、歴史的過去のリアリティに関する実感なのである。この「実感」を抱く故に、桜井のライフストーリー論は、史実という問題設定を拒否する虚無主義や、被差別部落の諸個人や地域社会の生活組織を歪め続けてきた歴史的圧力（それは「上」からだけでなく、「横」からも「下」からも作用してきた）を不可視化する現状追認主義に正面から抗うことができたのである。

いっけん非科学的な「実感」という言葉は、桜井の過去のリアリティへのこだわり（ひっかかり）を説明するのに最適なキーワードだろう。社会理論の分野においてこの実感を検討の俎上にのせたのは、丸山真男と小林秀雄だった。丸山は、日本社会に流布する実感への屈服を日本文化の深層から根源的に批判した（丸山 1957）。

丸山は、日本の伝統思想が合理的世界観を擁する普遍主義的思想に直面したときに、つねに生理的に反発してきたと指摘する。たとえばその代表である本居宣長は、一切の抽象化を「からごころ」として斥け、「感覚的事実そのまま」に即こうとした。丸山にとって「生まれついたままの感性の尊重」は、「既成の支配体制への受動的追随」に他ならなかった。こうした合理的世界認識（たとえばパーソンズ的な世界図式）への直反発と感覚的なもの（過去のリアリティ）への傾斜は、桜井のライフストーリー論へとつながり、それはそのまま、丸山の実感信仰批判の対象となる。しかし合理的世界認識を忌避し、「実感」を尊重する桜井が採用した態度は、日本における社会理論のなかで定位置を得るようになる。丸山の非難に代わって、「実感」を擁護したのは、丸山と同じく本居宣長をとりあげた小林秀雄だった。小林は、生活感情の流れに身をまかせながら対象を意識する実感的な宣長の方法論を、「感情論というより認識論」であると述べて評価した（小林 1977：143）。つまり小林は、感情（実感）が、自己と対象（桜井の場合は歴史的リアルさ）との関係を認識する力を持っていることを肯定した。それは、ある意味ではきわめて生活論的な対象認識手法だったのである。[14]

こうして桜井は、「対話的構築主義」のなかに過去の出来事の「ほんとう」さを取り込むことに成功した。それは、ベルトーのように、収集した生活史の量からの帰納的推論を背景にして「リアルなヒストリー」を射程にいれるのでもなければ、「いま・ここ」の相互行為によって過去を再構成するという語りの構築性を放棄することで「客観的歴史」に道を開くのでもないやり方で成し遂げられた。桜井は、「いま・ここ」の語りの構築性（共同作業としての物語の生成）と「あのとき・あそこ」の出来事のリアリティ（たとえば歴史的に仕組まれた被差別部落排除の構造と意識）のあいだに存在する「乖離」をそのままにして、それを「実感」によって跳び越えることで、この問題を解決しようと試みたのである。

むすびに代えて：桜井ライフストーリー論の可能性

桜井のライフヒストリー・ライフストーリー論は、琵琶湖畔集落のフィールドワークによって実践的にも理論的にも形作られてきた。桜井の最初の関心は、主観的現実を掬い上げることだった。そのために彼は主体によってさまざまに意味づけられた「モノ」にアプローチすることで、個人の内的世界へ迫ろうとした。こうして身につけたライフヒストリー法を、フィールドではじめて組織的に実践したのが湖西の集落における環境史調査だった。そこで彼はまず変動期の地域社会をみる特定個人としてムラのキーパーソンを焦点化しその生活史をとりあげることで、彼の主観的現実を全体社会の歴史変動のなかで位置づけ理解しようとした。しかしこの目論見は、修正をせまられることになる。なぜなら、特定個人の主観的現実と全体社会の歴史変動は地域社会の日常生活においては直結していないからだ。そこで桜井は有賀・中野の生活論を援用して、地域社会の日常生活を律する地域住民規範（生活規範）の軸を導入する。それは地域生活の創造性の源泉だったが、個人意識がそのまま集合意識化して生活規範になるわけではなかった。地域の生活状況ごとに両者は重なり合うと同時に互いにズレている。このズレこそが生活規範の変化を促し地域社会の変化を生むという理解に到達した桜井は、ライフヒストリー法を活用して生活規範を、ひいては地域社会の動態的変化を捉える作業理論を作り上げたのである。

このライフヒストリー法の作業理論に大きな修正を施すきっかけとなったのは、湖西につづく湖東の被差別部落のフィールドワークだった。そこで桜井は、湖西の集落において創造力の源泉だった生活意識やそこに関わる人々の個人意識が、全体社会を支配する差別文化と歩調をあわせ、ときには自立的にそれを補強していく姿に直面する。自らが聞き手となったインタビュー調査において、全体社会の支配文化のマスターナラティブが、個人的な経験を地域社会のモデルストーリーを参照しながらライフストーリーに編成されていく過程を目の当たりにした。そしてライフストーリーのなかに頻繁に出現する沈黙、不整合、とまどいなどのズレ・ノイズが、新しいストーリーを生成する兆候であることに気づいた。このようにして桜井は、地域社会の生活規範（モデルストーリーの基盤）そのものが持つ複雑で多面的かつ動態的な性格に着目する独自の生活論へと到達したのである。桜井のライフストーリー論は、この新しい生活論の上にダイナミックな三層モデルとして構築されることになった。それは、個体・エージェンシー（モノ、言語）へと下方に分散し全体社会から乖離する方向でも、全体社会の構造とシステムへと拡散し個人の日常性とは切断される方向でも、また生活組織を創造性と抵抗性の源泉としてロマン化する方向とも異なる、三層が動態的に相互連関していく過程をまるごと射程に取り込むことができるモデルだった。

このようにして出来あがった桜井独特なライフストーリー法は、彼自身が認めているように、まったく異なった立場から批判を引き寄せることになる。構築主義的立場からすると、リアリティを「いま・ここ」だけではなく、「あのとき・あそこ」にも位置づけている桜井の対話的構築主義は、構築主義とは認められないだろう。一方、それとは逆に、口述史の実証主義的立場からみると、ライフストーリーに物語性を認め、語りが事実を反映するという視点を明確にとっていないことは大きな問題点であった。

だがこのような桜井のライフストーリー法に対する批判は、言うまでもなく、彼のライフストーリー法の強みの裏返しである。二〇一〇年代の現代世界はますます複雑性を増しつつある。諸個人は、アイデンティティを拡散し紐帯を切断されアトム化し流動化していく一方で、同時に、排他的で集合的なナショナリズム、エスニシズム、リリジョニズムによって糾合されている。また諸個人の生活世界も内部に異質性を高めたり、相互に排斥したりしながら姿を変えつつある。こうした複雑な時代におけるライフヒストリー・ライフストーリー法は、それに対応できるような多面的多角的な分析力を備えておくことが決定的に重要になる。桜井が試行錯誤のなかで築き実践してきたライフストーリー法は、このような問いに対処しうる現時点におけるベストアンサーなのである。

注

（１）人類学、とりわけイギリス社会人類学は構造機能主義パラダイムにもとづく社会構造から個人へと焦点をシフトさせる過程については松田 1995 を参照。

（２）中野卓は社会学会会長就任記念講演を「社会的存在である人間個人」と題しておこない、個人を基点とした社会学を強くアピールしたが、そのなかでさえその方法が「科学性において劣るとの非難を覚悟」と述べている（中野 1981 : 2-12）。

（３）佐藤はＭ・バーバがシュッツの伝記「*The Participating Citizen : A Biography of Alfred Schutz*」（2004）の前書きを引用しながら、シュッツの理論をシュッツの生活史と重ねて考察する重要性について「doing biography」によって「シュッツの理論的作品を構成している「客観的意味」の下に横たわる主観的活動の〈覆い〉をとる」と強調している（佐藤 2007 : 73）。

（４）桜井のモノへの着目は、天野正子との共著『「モノと女」の戦後史――身体性・家庭性・社会性を軸に』だけでなく、原発、産廃施設、屠場などへの関心としてその後も展開している。

（５）湖東の被差別部落のフィールドワークをつづけ、滋賀県での調査が三〇年ほどになる節目に、被差別部落のエスノグラフィをまとめたさい、滋賀県での調査のきっかけとなった湖西調査について述懐している（岸・桜井 2012 : 236）。

（６）湖西の知内調査のなかで桜井は、この村の簡易水道敷設のために無私の貢献をつづけ、後に村を流れる前川の汚染を改善するために献身する一人のキーパーソンと出会い、その苦労話を丁寧に聞き取るなかから、後の三層モデルのヒントを得る（桜井 1984 : 201）。

（７）生活環境主義が小市民の日常に依拠することで現状肯定イデオロギーとして機能するだけでなく、社会が全体主義に傾斜していくときにそれに抗するどころか、その動きを加速していく危険性について、三浦は「草の根ファシズム」の温床となる可能性を警告している（三浦 1995 : 469-485）。

（８）一九六〇年代から七〇年代にかけて人類学の世界に急速に支持を拡大した「セルフ志向の人類学」と、なかでも強力だったトランザクショナリズムの展開と限界については松田 2006 を参照。

（9）首尾一貫したセルフを前提にした社会理論は、そのようなセルフ自体が脱構築されることで大きな打撃を受けた。代わってジュディス・バトラーやブルーノ・ラトゥールなどによって、解体されたセルフのさきにエージェンシー（行為主体性）についての社会理論が登場し始める。こうした社会理論の見取り図については田中 2006：1-37 が優れている。

（10）このような実験的エスノグラフィの一例として、東京の下町の商店の生活世界を描いた日系三世の視点で描いた D. Kondo「Crafting Selves」がある。そこでは一貫して狭い生活世界で働き暮らす人々の微細な語りのみで構成されている。そこにはバブル期の東京あるいは日本社会の全体状況や、当事者をとりまく構造や制度などの文脈は意図的に排除されている（Kondo, 1990）。

（11）こうした一連の構築主義原理主義に対する桜井の深い違和感は桜井 2002 にもっともよく表れている。

（12）桜井は、ライフストーリーを「いま・ここ」の場で語り手と聞き手がおこなう相互作用によって、過去の体験が形づくられる「対話的構築物」であるという意味で、自らの手法を「対話的構築主義」と名付けた。こうしたナラティブ重視の立場に対して、帰納的推論によって社会的現実が客観化できる考えるベルトー的なリアリズム（承認）の視点は、まったく正反対のものと位置づけられてきた（桜井・小林 2005：29）。しかし現実の桜井の方法論は、両者を折衷したり共存させたりすることで、両者の関係性を新たに再編・創造しているといってよい。

（13）Taleworlds と Storyrealms はもともと Young が語りのコンテクストの多面性（multiple context）を描き出すためのモデルとして提唱したものだ。彼女の問題意識は、当事者の内的経験（experience）、過去の出来事（event）、物語り（story）を、全体のライフストーリーという世界のなかに、どのように相関させて位置づけることができるか、というものであり、「真偽問題」と密接に関連していた。そこにおいては、Taleworlds は語りの登場人物によって構成される過去の出来事連鎖の世界であり、Storyrealms は語り手と聞き手が物語り（story telling）の状況を共同でつくりあげる社会的相互作用の領域であった（Young, 1987：69-99）。桜井はこの理念的モデルの発想を受容したうえで、「物語世界」を語られたこと、「ストーリー領域」を相互行為としての語り方、と捉えて、従来のライフストーリー研究は、その相関に無頓着でありすぎたことを批判する（桜井 2005：37）。いっけん桜井の軸足は相互作用（共同作業）としての語り方にあるようにみえるが、彼の一貫した意志は過去の event、語り手の experience のなかにある歴史的 real さを掬い上げるライフストーリ法の構築にある。

（14）ライフストーリー研究の志向を二分してきた、「リアリズム」と「テクスト主義」あるいは「実行行為中心 performance-centered」の分析」と「テクスト中心（text-centered）の分析」などのあいだには、論理的に両立、棲み分けをするのは困難な多次元の異質さがある。同じような、いっけん、両立／並立が不可能な二つの世界を軽々と乗り越えたのが、和崎洋一、富川盛道などの日本人の初期アフリカニストたちであった。アフリカ社会（文化）という圧倒的な他者を前にして、イギリス社会人類学のように、それらを「客体」として研究するのでも、ヒューマニストのように「人間みな同じ」と一方的に強制理解するのでもなく、彼らは「実感」を駆使して自文化と異文化の深い溝を跳躍した（和崎 1977）。「実感」を認識論とするこの実験的なフィールドワークについては松田 1997 のなかで検討したことがある。

文献

天野正子（著）、桜井厚 2003『「モノと女」の戦後史——身体性・家庭性・社会性を軸に』平凡社

有賀喜左衛門 1969『有賀喜左衛門著作集〈第八〉民俗学・社会学方法論』未来社

岸衛・桜井厚 2012『差別の境界をゆく——生活世界のエスノグラフィー』せりか書房

キージング・R・M（小川正恭訳）1982『親族集団と社会構造』未来社

小林秀雄 1977『本居宣長』新潮社

桜井厚 2002『インタビューの社会学——ライフストーリーの聞き方』せりか書房

桜井厚 2005『境界文化のライフストーリー』せりか書房

桜井厚・小林多寿子（編）2005『ライフストーリー・インタビュー：質的研究入門』せりか書房

桜井厚 2012『ライフストーリー論』弘文堂

佐藤嘉一 2007「日本におけるアルフレッド・シュッツ研究の問題点」『立命館大学産業社会論集』四三‐一、六一‐八五頁

ジェルラターナ・V編（獄中ノート翻訳委員会訳）1981『グラムシ獄中ノート』第一巻、大月書店

シュッツ・A（桜井厚訳）1980『現象学的社会学の応用』御茶の水書房

田中雅一 2006「序論 ミクロ人類学の課題」田中・松田編『ミクロ人類学の挑戦』世界思想社、p. 1-37

鳥越皓之・嘉田由紀子編 1984『水と人の環境史　琵琶湖報告書』御茶の水書房

トーマス・W・I、F・ズナニエツキ（桜井厚訳）1983『生活史の社会学——ヨーロッパとアメリカにおけるポーランド農民』御茶の水書房

中野卓 1981a「個人の社会学的調査研究について」『社会学評論』第三二巻一号、p. 2-12

中野卓（編）1981b『離島トカラに生きた男〈第1部〉流浪・開墾・神々』御茶の水書房

中野卓（編）1983『日系女性立川サエの生活史——ハワイの私・日本での私 一八八九～一九八二』御茶の水書房

中野卓・桜井厚 1995『ライフヒストリーの社会学』弘文堂

中野卓 2003『生活史の研究（中野卓著作集生活史シリーズ）』東信堂

ベルトー・D（小林多寿子訳）2003『ライフストーリー——エスノ社会学的パースペクティヴ』ミネルヴァ書房

松田素二 1995「人類学における個人、自己、人生」米山俊直編『現代文化人類学を学ぶ人のために』世界思想社、p. 187-205

松田素二 1997「実践的文化相対主義考——初期アフリカ

ニストの跳躍」『民族学研究』第六二巻二号、p. 205-226
松田素二 2006「セルフの人類学に向けて――遍在する個人性の可能性」、田中雅一・松田素二編『ミクロ人類学の実践』世界思想社、p. 380-405
松田素二 2009『日常人類学宣言　生活世界への深層へ／から』世界思想社
丸山真男 1995（1952）「政治の世界」『丸山真男集』第五巻、岩波書店
三浦耕吉郎 1995「環境の定義と規範化の力」『社会学評論』第四五巻四号、p. 469-485
和崎洋一 1977『スワヒリの世界にて』日本放送出版協会

Kondo, D.K., 1990, *Crafting Selves : Power, Gender, and Discourses of Identity in a Japanese Workplace*, Chicago, IL : University Of Chicago Press
Young, K.G., 1987, *Taleworlds and Storyrealms : The Phenomenology of Narrative*, Kluwer Academic Publishers, Hingham, MA

ジェンダー・セクシュアリティとオーラル・ヒストリー

有末　賢

1．はじめに――桜井厚のジェンダー・セクシュアリティ

「ジェンダー・セクシュアリティとオーラル・ヒストリー」というテーマは、私の生活史研究やオーラル・ヒストリー研究からは、専門ではなく、このようなテーマで論稿を執筆することになるとは、私自身考えたことはなかった。しかし、今回、畏友・桜井厚氏の退職記念論文集に寄稿するということになって、桜井さんのさまざまな業績の中で、この「ジェンダー・セクシュアリティとライフストーリー（ないしはオーラル・ヒストリー）」というテーマは誰かが書いておくべきだろうと考えた。豊富な執筆陣の中では、私よりもふさわしい執筆候補者はいくらでもいると思っていたのだが、テーマを見渡してみると、誰もその内容で書こうという人はいなかった。そこで、今回、このテーマに挑戦してみようと考えたわけである。

桜井厚氏は、自らの編著で『ライフストーリーとジェンダー』(1)という著作もあるし、奥村和子・桜井厚『女たちのライフストーリー』(2)や天野正子・桜井厚『「モノと女」の戦後史』(3)、桜井陽子・桜井厚『幻想する家族』(4)などの業績が挙げられる。もちろん、ケン・プラマーの『セクシュアル・ストーリーの時代』(5)の翻訳者でもある。

仕事の面だけではなく、桜井さんと会ったことのある人は、誰でも、桜井さんの一種「ジェンダーを超えた人」という印象を感じるだろう。女性的な物腰、優しさ、聞き上手、男性の欠点を消した見事な「超ジェンダー」的な生き方である。また、日本での代表的なフェミニストである、天野正子さん、上野千鶴子さん、江原由美子さんなどと対等に渡り合える数少ない男性であり、フェミニスト社会学者の男性陣筆頭と呼んでも良いだろう。

しかし、本稿は、桜井厚氏のジェンダー論、セクシュア

リティ論を研究するものではない。ジェンダー論はまだしも、「セクシュアリティ論」となると、桜井さんといえども、あからさまに書いたり、語ったりしているわけではないし、わからない面も多い。本稿では、ジェンダー、セクシュアリティの持っているさまざまな要素が、語りやライフストーリー調査、調査者＝被調査者関係、語りと沈黙などにどのように影響しているのか、ジェンダー論、セクシュアリティ論、フェミニズムの援助を借りながら、解き明かしていきたいと考えている。女性史とオーラル・ヒストリーなど、従来から言われてきたこともあるが、まだ見出されていない、ジェンダーの隠れた面、セクシュアリティの隠された面に注目しつつ、論じていきたいと思っている。最後に、桜井さんも私も男性であるので、「男性のオーラル・ヒストリー」という側面から、見直してみたいとも思っている。

2．語りとジェンダー

桜井厚編『ライフストーリーとジェンダー』の「序　ジェンダーの語りと語り方」にも書かれているが、語りや語り方には、ジェンダー的特徴が存在している。柳田國男の「まるい言葉と四角い言葉」の対比や、男言葉、女言葉は、表面的なジェンダー差であるが、桜井が指摘しているような、直接話法／間接話法の違いやマスター・ナラティブやモデル・ストーリーにおけるジェンダー・バイアスなどは、隠れた「ジェンダー秩序」と言ってもよいだろう。

桜井は、「なぜなら、男性のジェンダー・カテゴリーの多くはこれまで基本的に無徴化されてきたから多くの男性は自己を語るだけでよかったが、女性は有徴化された存在として女性の社会的表象、すなわちジェンダー・カテゴリーとの関係で自己を位置づけなければならなかったからである。男性とは異なり、女性は『女は……であるべき』というマスター・ナラティブやモデル・ストーリーを意識しながら、それと折り合いをつけ、葛藤し、ときには闘わなければならなかったのである。女のライフストーリーには、常に社会のジェンダー・カテゴリーとのダイナミズムが反映されているのである」(6)と述べている。

まさにこの点に、ジェンダーの非対称が存在している。ジュディス・バトラーが『ジェンダー・トラブル』(7)などで繰り返し述べているように、いわゆる「男らしさ」「女らしさ」（ジェンダー）は、男女間の肉体的な差異（セックス）に由来するものではなく、社会環境などの後天的要因によるものなのである。C・A・マッキノンによれば、ジェンダーは「差異ではなく、支配の問題」である。(8)したがって、主体にとっての「構造的」他者である、女性や同性愛者たちは、「（非）主体」となるか「批判的脱主体化」に向かうか、のどちらかである。

フェミニズム理論の構築主義から見ると、ジェンダーと語りは、言語行為、パフォーマティヴィティ、身体、存在そのものからして、男性によって支配され、権力関係の強い強制力のもとに置かれているのである。それでは、ライフストーリーの聞き取りそのものが根本から無理なのであろうか？という課題が存在している。男性は、抑圧された女性のライフストーリーを聞き取ることは出来ないのであろうか？異性愛者は、同性愛者のライフストーリーを再構成することは出来ないのであろうか？性的虐待を受けた被害者からライフストーリーを聞き取ることができるのは、被害を受けたことがある当事者たちだけなのであろうか？

ジェンダー問題は、このような問題に逢着する。桜井が「ストーリー領域」と呼ぶインタビューの相互行為場面における社会的構築である。インタビュー場面における、権力関係なども重要であるが、日常生活におけるジェンダーの重要性は、たとえば、「結婚」制度に対する調査者＝被調査者相互の価値観なども重要な問題意識になっている。

橋本みゆきは、『在日韓国・朝鮮人の親密圏——配偶者選択のストーリーから読む〈民族〉の現在』(9)において、在日の若者たちの「結婚」（配偶者選択）という行為から〈民族〉を読み直している。しかし、事例のすべてが「法律婚」であり、恋愛や同棲、「事実婚」などは出てこないし、「離婚」「再婚」も視野には入っていない。橋本のジェンダー意識がライフストーリーに影響しているのは明らかであり、フェミニズム・リサーチから言えば、〈結婚制度〉解体思想なのであるから、インタビューの成立そのものが支配的権力の側に立っている、と言う批判もあるかもしれない。そういう意味で、語りを聞くライフストーリー・インタビューは、調査者と被調査者との間で、ある種の価値観、思想が契約されて成立するということができる。もちろん、その関係性は、フェミニストであるか、ないかとか、マルクス主義であるかないかなどの二値的トレード・オフ関係ではない。連続線上の許容範囲を含む関係性である。おそらく、調査者＝被調査者関係が、親密圏の範囲で親密度を増すほど、許容範囲は広くなっていくだろう。自分の場合には、「法律婚」を選択していても、「事実婚」を許容し、〈婚姻制度〉に対して懐疑的な人もいるだろう。調査者（インタビューワー）が「男性」であるだけで、語ることを拒否するという女性がいたとしても、その男性の価値観を知るにつけ、次第に「話し始める」ということもあるだろう。

その意味で、語りとジェンダーの関係は、相互的であり相補的である。「女性」「男性」という「差異」の問題だけではなく、個人の問題であり、かつ「社会的」な問題でもある。本稿では、複雑に絡まりあった関係性について、「個人」の問題も取り扱うし、社会の側も見ていくことになる。便宜的ではあるが、それぞれの要素に分けて検討していく。まず、調査者（研究者）のジェンダー・セクシュアリティについて考え、それから被調査者のジェンダー・セクシュアリティについて見ていくことにしたい。しかし、その前に、ジェンダーとセクシュアリティをセット（一緒）にして見てきたが、実は、ジェンダーの語りとセクシュアリティの語りは、微妙に異なる面も存在している。その点を次に考えてみたい。

3. ジェンダーの語り／にくさとセクシュアリティの語り／にくさ

ジェンダーは、一般的には「社会的・文化的性差」と考えられていて、「身体的・生物学的性差」よりも前にあるものなのだが、一般的常識が、「男らしさ、女らしさ」の神話を作っていて、ジェンダーの常識が「身体的・生物学的性差」に根拠を求めているために、セクシュアリティについての語りは、ジェンダーの語りに比べても、語りにくいとされている。

例えば、現在の若い女性ならば、女性が仕事を持つことも、結婚しないでキャリアを追求する人生も肯定的に受け止められるが、六〇代以上の男女では、必ずしも肯定的には受け止められない。「女の幸せは、結婚して母親になること」というステレオタイプのジェンダー観が支配的であったりする。そんな環境の中で、仕事をしている女性たちにインタビューする場合は、女性たちはいわゆる「ジェンダー問題」について雄弁に語り始める。もちろん、年配の多くの女性たちにとっては、まだジェンダーにまつわる話題は「語りにくい」範疇に入る。桜井が高齢女性へのインタビューについて、「結婚のマスター・ナラティブを『聞かんとしょうがない』『仕方なしで』『泣く泣く』と語ることで、拒否することも真っ正面から逆らうこともできなかった自己の葛藤を聞き手に伝えているのである」[10]と述べているように、決して、胸を張って語れるようなストーリーではない。むしろ「語りにくいこと」に属するだろう。

しかし、時代とともに少しずつ変化してきて、現代の女性たちは、結婚について、配偶者選択について、恋愛についての「語り」は溢れているし、語りたがっている女性たちも多い。「ジェンダー・ストーリー」が「結婚のマスター・ナラティブ」になりつつある今日、「セクシュアル・ストーリー」の方は、どうであろうか？　確かに、ケン・

プラマーが言うように、かつてに比べて、セクシュアル・ストーリーも表面に浮かび上がってきている。しかし、ジェンダーに比べて、セクシュアリティが語られる「文脈」は、未だに限られているように思われる。セクシュアリティは、身体や感情・感覚と深く結びついている。ジェンダー問題が、労働、家族、教育など多くの社会的・文化的領域につながっていて、個人的経験を語りながら、家事・育児、主婦の再就職問題などジェンダーにかかわる社会的問題と通じている状況と比較すると、「セクシュアリティ」は、未だに個人的文脈が優位に立っている。私見によれば、セクシュアリティが語られる文脈として、重要な契機は、三種類くらいあるように思われる。

第一に、同性愛／異性愛、トランス・ジェンダーなどセクシュアル・マイノリティにかかわる文脈である。日常的文脈においては、圧倒的に「異性愛中心主義」やジェンダー・アイデンティティの強制的権力が強いために、気づかされていないが、マイノリティとしてのゲイ／レズビアンや性同一性障害の人たちからは、社会・文化から受けるセクシュアリティへの圧力は想像を絶するほどであろう。その意味で、セクシュアル・マイノリティの人権擁護、差別への告発は、語りの文脈を形成する大きな要素の一つであろう。この第一の文脈を「マイノリティの語り」と呼んでおこう。

第二に、性的虐待や性暴力などの被害に対する告発、あるいは、ＰＴＳＤなどの「トラウマ」を抱えた主に女性たちの語りである。これは、自らのセクシュアリティと言うより、強いられた性暴力、虐待などセクシュアリティにかかわる嫌な思い出、思い出したくない過去の出来事であったりする。では、なぜ彼女たちは、本来語りたくないことを語り始めたのだろうか？　それは、ＰＴＳＤによる精神的障害、いつまでも続くトラウマ症状など身体の傷から心の傷へのセクシュアリティ独特の特徴がある。この第二の文脈は「トラウマの語り」と呼べる。

第三は、同性愛やトランス・ジェンダーでもなく，性的虐待のサバイバーでもない、一般のマジョリティにとってのセクシュアリティを語る文脈である。この第三の文脈は、実に個人的事情によるところが大きい。普通の異性愛者にとって、セクシュアリティを語ることには、抵抗があるはずである。思春期のこと、初恋のこと、デートのことなどを経て結婚や初夜や避妊、出産や更年期のことなどさまざまな質問が思い浮かぶが、被調査者が赤裸々に語り始めるかどうかは、インタビューの場面での、調査者―被調査者の相互関係にもかかわってくるだろう。この第三の文脈は、セクシュアル・ストーリーの「対話的文脈」と呼べるかもしれない。

つまり、第一の文脈、第二の文脈を経て、セクシュアル・ストーリーが社会的・文化的文脈の中に位置を得られるようになってきて、そこで、一般の普通のセクシュアル・ストーリーが漸く語り始める、という構図である。このことは、セクシュアリティの「語りにくさ」を象徴している。筆者は、「語りにくいこと――自死遺族たちの声」において、自死遺族たちが「語りにくい」と考えられる、三つの諸相を指摘した[11]。

第一は、生き続ける他者たちへの「配慮」であり、第三は、遺族たちの「負の感情」である。そして、「語りにくいこと」の二番目は、「性的な関係性」のレベルに触れる諸相である。性的な関係性は、日常生活においても、「最も語りにくいこと」の部類に入る。異性愛同士の場合でも、夫婦関係における「セックス（性愛）」の諸相については、いわゆる「猥談」とか「ふざけた話」以外には、語らないのが常識である。しかし、語りにくいからと言って、性的な関係性の諸相が、自殺という行動と全く結びついていないとは言えない。自死遺族たちの場合、そのことに触れることの「恐怖」や「羞恥」など複雑な感情と結びついている。配偶者を自死で失った場合、性的な関係性の断絶は、「未亡人」や「男やもめ」など自らの「立ち位置」と関連してくる。あるいは、子どもの自死であっても、恋人の存在や義理の息子、娘などとの関係は、複雑に影を投げかけている。自死と性的な関係性との関連については、フロイトの精神分析や「死と愛」との複雑で文学的な考察が必要になるだろう。しかし、「語り」と「セクシュアリティ」については、慎重に考えるべき諸相が存在しているように思われる。「セックス」や「セクシュアリティ」に関しては、社会的な規制や規範が「語り」の磁場を構成している。すなわち、「語ってはいけない」「語らせない」空気は、当事者に「語りにくく」させる大きな要因である。また、「猥談」や「ふざけた話」の空気の中では、まじめな「性的関係性」は語りにくい。性的な関係性について、まじめに聞いてくれる磁場を構築してはじめて、「話してもよいかな」という雰囲気にさせる。オーラル・ヒストリーの聞き手（調査者）とのジェンダー関係も大きな要因になるだろう。同性の聞き手ならば、話しやすい場合もあるし、逆に異性だから話しやすい場合もある。あるいは、「セックス」と「暴力」との微妙な関係についても、「語りにくい」のだが、それだけに語りの無限の可能性が潜んでいるとも言えるのではないだろうか。

それでは次に、調査者（研究者）のジェンダー・セクシュアリティについて考えていきたい。

4．調査者のジェンダー・セクシュアリティ

第一に調査者・研究者のジェンダー・アイデンティティやセクシュアリティが表面化しているのは、文字通り、自分自身の問題を語っている場合である。例えば、掛札悠子『「レズビアン」である、ということ』[12]や虎井まさ衛『女から男になったワタシ』[13]などが挙げられる。掛札悠子が、「『レズビアン』とは誰のことを指すのか」を執拗に問い、「レズビアン一般」の経験ではなく、「レズビアンである私個人」の生（ライフ）の記述である、というスタンスを一貫してつらぬいているのは、ジェンダー・セクシュアリティの主観的な第一の特徴である。性同一性障害やゲイ、レズビアンなどセクシュアル・マイノリティの場合には、この「カミングアウト」とアイデンティティの表明は重要なライフストーリーの要素である。

それに対して、たとえば、吉村典子『お産と出会う』[14]、浅野千恵『女はなぜやせようとするのか』[15]、マーガレット・ロック『更年期』[16]などは、女性のジェンダー、セクシュアリティを女性である調査者・研究者が調査・研究しており、主題の選択やインタビューの進め方は共感的である。この第二のジャンルは、同文同種のジェンダー要素からのライフストーリーやオーラル・ヒストリー研究であり、女性史や地域女性史の分野で作品は多く収集されている。しかし、調査・研究の領域では、著者の主観だけではなく、見たくない事実や自分では経験できない事例も積み重ねられる。「お産」にしても、「ダイエット」や「更年期」にしても、多様な経験であり、ジェンダー・セクシュアリティ経験の「他者性」が浮かび上がってくるのである。しかし、女性による女性の描き方、女性ならではの分析となると、社会学でも人類学でもないが、たとえば、向田邦子のドラマや小説に描かれているドキッとするような描写が思い起こされる。向田邦子『阿修羅のごとく』[17]には、「阿修羅：インド民間信仰上の魔族。諸天はつねに善をもって戯楽とするが、つねに悪をもって戯楽とす。天に似て天に非ざるゆえに非天の名がある。外には仁義礼智信を掲げるかに見えるが、内には猜疑心強く、日常争いを好み、たがいに事実を曲げ、またいつわって他人の悪口を言いあう。怒りの生命の象徴。争いの絶えない世界とされる。」をイメージした四人姉妹のドラマが進展するが、向田の真骨頂である、女性の女性による容赦のないジェンダー・セクシュアリティの描写である。この第二のジェンダー性は、主観に頼るだけではない、客観性、社会性を付与されたジェンダーの諸相である。

しかし、第三の研究者・調査者のジェンダー・セクシュア

リティの次元は、本人にもわかりにくい諸相なのである。つまり、自覚なく忍び込むジェンダー性、セクシュアリティ性と言ってもよいだろう。桜井は「注意しておきたいのは、モデル・ストーリーは、社会やコミュニティ／家族の側から押し付けられるジェンダーの表象としてだけでなくインタビュアーである私たち調査者自身にもあるということだ。私たちが知らず知らずのうちにインタビューの場にもちこむモデル・ストーリーは、語り手のライフストーリーの経験の固有性や社会的表象との関係性を聞く耳を奪ってしまいかねない。少なくとも私たちは自らもちこむモデル・ストーリーには自覚的でなくてはならない。そのことによって語り手のライフストーリーを「操作」することが可能になり、ダイナミックな語りが生み出される契機も存在しているのである」[18]と述べている。

ここで、一見、ジェンダー・セクシュアリティとは関係のない作品を取り上げてみよう。最近、話題になった沢木耕太郎『キャパの十字架』[19]というノンフィクション作品である。ロバート・キャパ（本名：エンドレ・エルネー・フリードマン［ユダヤ系ハンガリー人］）という二〇世紀最大の戦争写真家のデビュー作でもある「崩れ落ちる兵士」についての真贋論争に決着をつける重要な作品である。沢木は、スペイン内戦の歴史と背景に映っている山並みなどから、この写真が「エスペホ」という当時まだ戦争状態になっていないときの、共和国軍側の「演習」風景を撮影した写真であることをつきとめる。さらに、この写真は、キャパの所持していたライカではなく、キャパの当時の恋人であり、写真家でもあったゲルダ・タローの持っていたローライフレックスによって撮影された可能性が高い、と言う事実に行きつくのである。ゲルダは、この「崩れ落ちる兵士」を撮影して一年も満たない一九三七年七月二六日、マドリード郊外のブルネテにおいて、共和国軍側の戦車に轢かれて、二六歳の短い命を終える。その後、有名になったロバート・キャパは、この「崩れ落ちる兵士」について、ほとんど語らなくなり、ネガも失われている。この衝撃の事実は、沢木にとって、キャパを「やっつける」格好の証拠ではあるのだが、沢木の『キャパの十字架』を読むと、その後の「ノルマンディー上陸作戦」を撮影した「波の中の兵士」やインドシナ戦争で不慮の死を遂げるまでキャパは、最高の「戦場カメラマン」であった、と書かれている。沢木は、「だが、キャパが結婚という言葉を口に出さなかった理由はそれだけではなかったかもしれない。キャパには自分から結婚を申し込んだ唯一の女性であるゲルダ・タローがいた。しかし、そのゲルダは、キャパが二十三歳の時、すでに死んでいた。もちろん、キャパが、ゲルダに対する思いを引きずっていたため、イレーン・ジャスティンとも、イングリッド・バーグマンとも結婚しなかったというのは、あまりにもロマンティックすぎる考えのような気もする。ただ、キャパの心の奥底に、ゲルダに対する独特な思いが残り続けていたことは間違いない。それが、愛情なのか、未練なのか、悔恨なのか、贖罪の意識だったのかは定かではないのだが。[20]」と述べている。この表現は、明らかに、調査者（執筆者）の側のジェンダー・セクシュアリティの表出である。私は、この第三のレベルについて、必ずしも「避けるべきもの」というだけではないような気がしている。それは、逆に読むものに感動を与える源泉にもなっているのである。

5．被調査者のジェンダー・セクシュアリティ

オーラル・ヒストリー、あるいはライフストーリーとして、ジェンダー・セクシュアリティをテーマとして扱っている作品は、それなりにある。小林多寿子編『ライフストーリー・ガイドブック[21]』では、たとえば、H・ガーフィンケル「アグネス、彼女はいかにして女になり続けたか」は、エスノメソドロジーの重要な基本文献であるが、小林多寿子が示しているように、アグネスにとって、女性としてのバイオグラフィー（ライフストーリー）を持つことが、外見や性転換手術も大事であるが、彼女のジェンダー・アイデンティティを支えていくことにつながる、という記述が見られる。ジェンダー・アイデンティティ、セクシュアル・アイデンティティは、特殊な場合を除いて、あまり、語られることがない。アグネスのような性同一性障害の女性（男性）のライフストーリーを通じて、われわれは、ジェンダーやセクシュアリティの社会的構築の過程を読み取ることができるのである。

ケン・プラマーの『セクシュアル・ストーリーの時代』においては、「ストーリーの社会学」という問題提起がなされているが、確かに、セクシュアル・ストーリーは、①共同行為としてのストーリー、②コミュニティの構築、③政治性とコンテクスト、などの補助線を引くことによって、語り始められる。ゲイ・レズビアンのカミングアウトや性的虐待、レイプ被害のストーリー告白などいずれも、被調査者の体験だけが語りを促すのではなく、「ストーリー」が重要であることに気づく。圓田浩二『誰が誰に何を売るのか？[22]』は、日本版『セクシュアル・ストーリーの時代』と言っても良いだろう。「援助交際」をする女性と〈買う〉男性たちの間に、コミュニケーションとストーリーが生まれてくる。お互いが「誤解」に基づいた関係性であったとしても、「性愛」「セクシュアリティ」がストーリ

ーを生み出すのである。

このように、ジェンダー・セクシュアリティをライフストーリーの主要なテーマとした被調査者の「語り」については、対象者が「語りたいこと」と「語りにくいこと」が混在しているように思われる。つまり、「カミングアウト」のタイミングを計ることが重要なのである。ジェンダー・アイデンティティやセクシュアル・アイデンティティにかかわる事柄は、いわゆる「語りのポリティクス」に属する問題である。例えば、女性差別や同性愛差別など、「被差別現象」に属するカテゴリーである。桜井が、「被差別部落」の問題からライフストーリー研究に入り、ジェンダーやセクシュアリティ研究へと範囲を広げてきた流れは、まさにこの「被差別現象」としての共通性である。

しかし、ジェンダーやセクシュアリティの被差別現象としての「語り」は、当事者のカミングアウトと深く結びついている。「差別体験」があるから、カミングアウトするのであり、カミングアウトをすることで、被差別現象を乗り越えて、運動に加わる自らのアイデンティティが構築されていくのである。もちろん、フェミニズム運動や反差別運動に参加しないジェンダー・セクシュアリティの諸相も存在しているが、その局面は、往々にして「語りにくいこと」にカテゴリーされる。

被調査者のジェンダー・セクシュアリティの諸相は、本来、日常性のレベルにおいては「語りにくいこと」に属するが、「カミングアウト」なり、告発や運動への参加などの理由があれば「語りたいこと」に転換する可能性がある。ケン・プラマーの『セクシュアル・ストーリーの時代』によると、①共同行為としてのストーリー、②コミュニティの構築、③政治性とコンテクスト、などが「カミングアウト」のタイミングとして重要な契機となっている。つまり、孤立しているのではなく、コミュニティが作られ、守られている状態で、聞き手（調査者・研究者）との共同行為としてのストーリーが作られる、という局面が、カミングアウトにとっての前提条件となるわけである。そして、従来からのカミングアウトは、政治性や運動のコンテクストが存在していた。例えば、ゲイ・ムーブメントや被差別部落解放運動との関係で、当事者が「ゲイである」「部落出身者である」というカミングアウトがなされるというコンテクストである。

つぎに紹介する「カミングアウト」の事例は、二〇〇九年、ある大学生の「秘密を告白される側」と「秘密を告白する側」の双方の「ジェンダー・セクシュアリティのライフストーリー」になっているので、少し長いが引用してみたい。[23]

6.「ゲイ」の受け止められ方――秘密を告白される側

次のある男子大学生（ナオキ）は、金沢市出身の大学三年生（二〇〇九年当時）で、現在は就職している。

大学に入学して、高校時代の友人は違う学部に散らばっていった。僕は経済学部に入り、僕の親友の一人は湘南藤沢キャンパスに行くことになった。高校時代に比べて彼と会う頻度は極端に落ちたが、それでも一か月に数回は飲み会などで顔を合わせていた。しかし、何度か誘っても断られたりするようになり、付き合いが悪くなったなと感じていた。お互い違うキャンパスでもあるし、色んな事情があるので仕方がないことではある。ある日、彼と一緒にある飲み会に行く予定となっていた。集合時間が迫り彼に今どこにいるのか聞くために電話をしたが、彼はいきなり行くのがだるいのでやめると言い出した。彼はもともとルーズ気味な性格ではあったが、僕がイライラしていたせいもあって、その時は怒りを露わにした。彼の言い訳は「色々いっぱいいっぱいなのっ」というもので、どうしようもないなと思い、納得がいかなかったがそこは仲直りをして電話を切った。大学二年の七月頃の話だ。

その年の夏も終わりに近づき、最後に熱海へ友人七人と旅行しに行くことになった。彼は始め行かない予定だったが当日いきなり来るということになった。またまたルーズな面が出ているなと呆れたが、今回は結果的に来ることになったので、そんなことは気にせず皆と一緒に精一杯楽しもうと思っていた。三台の車で出発。目的地である熱海に着くと既に夜であったのでその日はおとなしく寝ることにした。翌日の正午前、早速バーベキューをするために食材などの買い出しに出かけた。夏休み最後の思い出作りというコンセプトの旅行であったので、何の躊躇もなく大量の肉や野菜、ビールなどを買い込んだ。昼過ぎにはバーベキュー開始。昼から飲むビールは格別であるというセオリーに従い、いつもより美味しい気がするよう心がける。バーベキューをしている横で、車のエンジンをかけドアを全開にして即席巨大スピーカーを造り、音楽を大音響でかける。肉もあまり食べていないうちからビールのせいでお腹いっぱいになり酔っぱらい始めた。巨大スピーカーから出るドンドン、ドンドンというベース音が、酔っぱらった僕らの体にはすごく心地良かった。空は快晴で、夏も終わりというのに肌がじりじり焼ける感じがした。正面に広がる太平洋からの潮風が当たりチクチクした。夏の最後の思い出には出来すぎたシチュエーションに皆の顔はニコニコだった。良い仲間に恵まれていることを実感できて嬉しかった。

どうしようもない話題で盛り上がっている内に、太陽は傾き始め、空は薄くオレンジ色がかっていた。数人の友人は釣りに行くと言って、ごつごつした岩場に向かって行った。僕らは家から持ってきたモデルガンで映画っぽい場面を想像し、それぞれが役になりきって演技をした。それをカメラで撮影しケラケラ笑っていた。二、三日後には学校が本格的に始まるという状況だったせいか、妙にハイテンションとなっていた。

太陽もほとんど沈みかけ、肌寒くなってきた。大量の食材が余っていたが誰も食べようとはしなかった。ビールだけがなくなり、強いお酒をウーロン茶で割って飲んでいた。太陽が沈み切ってしまえば、辺りに街灯は一切ないので真っ暗闇になってしまう。そこで、僕らは、あらかじめ買っておいた沢山の小さなロウソクにライターで火を灯し、それをそこら中に置いて幻想的な雰囲気を自分たちで演出した。これも旅のコンセプトに沿ったものので見事にいい雰囲気がその一帯を覆った。

さっきまで肉を焼いていた火が冷え始めた僕らの体を温めてくれる照明となり、その火を囲むようにお酒を飲んだりタバコを吸ったりした。数人の友人は疲れたと言って屋内に入っていった。大学生が語り合うときに出る話題は、将来についてと恋愛についてのどちらかと言っても過言ではないだろう。僕らも健全な大学生として将来の話をしていた。

彼は突然、僕らに彼の秘密を打ち明けたいと言い出した。本当に突然のことだった。「お前ら聞いたらマジでぶっ飛ぶよ。」と高をくくって来たので期待は高まったが、どうせ大したことないだろうというのが本音だった。しばしの沈黙。

「実は、ボクは、ゲイです。」

ぶっ飛ぶというのはこういうことを言うのだろう。ぶっ飛んだ。何も言えなかった。彼は笑顔でその言葉を口にしたが、その裏にある決意と勇気が僕の胸に激しい動悸をもたらした。それは嘘などではなく真実であることに何の疑いも感じる暇がなかった。隣にいた友人は泣いていた。何故泣いたのか自分でも分からないけど自然と涙が溢れ出してしまったと言っていた。僕も泣いてしまいたい気分だった。でも我慢した。その後に、彼はゲイというものはどういうことであるか、いつ自覚していたのか、どんなセックスをするのかという話をしてくれた。もちろん聞いてはいたが、僕は過去の記憶を遡り、そうかあの時あんなことをしたけどあいつはゲイだから実際は……という具合に、今までの彼との思い出を修正する作業をしていて、彼の話が頭に入っていたのか良く分からない。寝る時間になって、動揺を隠すことに必死になっていたので彼との接し方が微妙になっていたのは間違いない。

翌朝、彼と二人で話す時間が少しだけあったが、自分が今何を思っているか伝えなければいけないということで頭が一杯で、実際に何を言ったかはあまり覚えていなかったが、彼はその時の僕の言葉が印象的だったと後日話してくれた。

後片付けをして三台の車に分かれ、東京に向かった。彼がこのことを告白するのは昨晩が最初ではないことは聞いていた。同乗した一人の友人が、彼が僕にカミングアウトするのにすごく躊躇していたことを告げてくれた。高校時代からずっと一緒に遊びでも何でもしてきたのだから仕方がないだろうと思った。もし僕がゲイだったとしたら、彼にカミングアウトするときにどんなことを思うだろうか。一生かかっても分からない。

彼がゲイであったとしても彼を嫌いになるわけではない。むしろ彼の勇気が友達として誇らしかった。今まで偏見など持っていないと思っていたがそれは、ただ何も知らないだけで、何の情報もないから勝手にそう思い込んでいたのだと分かった。知らないで当然だとも思う。でもこれからは知ろうと思う。

今でも頻繁に彼とは会う。ゲイであろうがなかろうが彼は僕の良き理解者だ。でもたまに思うことがある。こいつやっぱりゲイだ。

7．言わなければいけないと思うこと——秘密を告白する側

それでは、カミングアウトをする側の気持ちは、どうだろうか？　ヒントン君（現在はアメリカで就職している）の大学三年生の告白を聞こう。

大学に入った僕は、親元を離れついに自由の身となり、ここぞとばかりにゲイライフを満喫していた。初めての恋愛に舞い上がったり身を焦がしたり、友達にはだいぶ遅れをとって初チューや初セックスを済ませたり、ゲイ学生の集まるサークルに参加してみたり、新宿二丁目のゲイバーでアルバイトをしてみたりと、手当たり次第にゲイ絡みの経験を貪っていた。

二年ほどかけて自分がゲイであることを確かめ切った後には、今度は、それ以前から周りにあった人間関係が問題になっていた。すっかりゲイになってしまった僕は、仲の良い友人たちにそれを隠していることに疑問を感じ

ていた。友人たちの目の届かないところで裏の生活をしているうちに新しい自分が出来上がってしまったのに、それを隠して今まで通り友人と付き合っているのは、演技をしているようで疲れた。その違和感に耐えられなくなり、このままではやってられんと友達にも親にも姉にも自分のセクシュアリティを話すことを決意したのだった。

二〇〇九年九月二五日。夏休みを名残惜しんで、秋学期の初日だというのに僕は友人たちと熱海に来ていた。親に自分がゲイだと話をした直後だった。行きがけの車の中で父から電話がかかってきて、とつぜん「おまえ、ゲイなんだろ?」と言われ、洗いざらい喋ってしまったのだ。思いのほか父にも母にもちゃんと受け入れられてしまい(というか、とうの昔に勘づいていたらしい)肩すかし食らった気分で、嬉しいはずなのに僕の心はすっからかんになっていた。それもそのはずだ。ゲイであることをオープンにすること、自分がゲイであることを自分で受け入れることにさんざんエネルギーを注いできたのに、あまりにあっけなく目標が達成されてしまったのだ。何かが劇的に変わったはずなのに、熱海の友人の家でトランプをしたり喋ったり、いつもの面子といつもと変わらない時間を過ごしている自分。なんだか不思議だった。というか、ついに現実となりつつあった、オープンにゲイになるということに、まだ実感が持てずに居た。

酒を飲みバーベキューをして、くだらない話で盛り上がっているうちに日が沈んだ。夏も終わりかけていて、この時間には外はもう肌寒くなっていた。一人、二人と家の中に戻っていき、気がつくとバーベキューの残り火を囲んでいるのは、高校以来かなり時間を共にしてきたナオキ、ケンタロウ、シンリの、親友と呼ぶべき友人三人だった。酔いも醒め、僕らは将来の不安などを静かに語っていた。

今しかないと思った。半分投げやりだった。ここにいるシンリだって、もう僕のセクシュアリティを受け入れている。もう言ってしまうしかない。タイミングを伺っていては機を逃しかねないと、無理矢理話題を変えた。

「大事な話がある。今までずっと隠していたことがある。」

友人たちを黙らせた。まだ僕の素性を知らないナオキとケンタロウの顔を見た。二人とも、ニヤニヤしながら、なに? なに? と早く言ってほしそうにもぞもぞしている。勘づいているのだろうか。見当もついていないのだろうか。彼女ができたとでも言うと思っているのだろうか。

もう何度かカムアウトは経験していたが、仲の良い友人に話をするのはいつだって緊張する。特に、そこにいた友人の一人、ナオキは、僕にとってはかなりの難関だった。自分の信条は曲げないタイプだし、〝思想〟のようなものに関してはかなりカタい頭を持ってるやつだと、なぜだか僕は思い込んでいた。この告白ひとつで、僕たちの関係は二度と同じものではなくなる。同じものであってほしいわけではない。いやむしろ、覚悟を決めて彼の中の僕を別の人物に変えるのだから同じものであっては困るのだけれど、関係が変わったとしてもせめて仲良くしていたい。いや、できる。そのためにずっと準備をしてきたのだ。彼の頭の中に、僕が作るべき「ゲイ像」をきちんと作れば良いだけの話なのだ。クイッと酒を一杯飲んで、ハラをくくった。

「今までずっと隠しててほんと悪かったんだけど……、実は、僕は、ゲイです。」

言葉のひとつひとつに、できるだけ力を込めた。ナオキとケンタロウの目をしっかりと見て言った。これは紛れもない真実で、逃れようは無いのだと、口調と目つきで彼らに知らせた。一瞬の沈黙の後、ケンタロウは何故だか泣き出し、ナオキはそのまま黙り続けた。少し間を置いて、僕の言葉を噛み砕かせた。彼らは明らかに動揺していたし、嘘だとは思っていないようだった。そこからは、今まで隠れてやってきたことや、僕が説明できる限りの自分の性の在りようを、壇上でスピーチするかのごとく話した。友人たちは驚くほど真剣に聞いてくれた。

ひとしきり喋り終って、「感想は？」と訊くと、ケンタロウは泣きじゃくりながら「言ってくれてありがとう」と、あまりにありきたりなクサい反応をし、ナオキは「お前の言った言葉が頭から離れない。お前、ちゃんと言ったな」と独り言のようにつぶやいた。なんだかむちゃくちゃ嬉しかった。

その後、僕らは家へ戻って、他の友達には何事も無かったかのようなフリをしながら布団を敷き、それぞれの感情を抱きながら眠りについた。

朝、歯磨きをしているとたまたまナオキと二人きりになった。カムアウトをした男友達と初めて二人きりになるときは、気まずいものである。された側はなんと言って良いのかわからず戸惑ってしまうし、こっちもなんだか気恥ずかしい。緊張した雰囲気をほぐそうと、「どう？」と訊くと、ナオキは「お前との思い出塗り替えるのに必死だから」と苦笑いしながら言った。僕は自分のことで一杯一杯だったから、この素直な反応が意外でおもしろかったし、嬉しかった。

イマイチ感情を消化しきれないまま、僕たちは別々の車でそれぞれの家へ帰っていった。恐ろしい数日だった。家族にも親友にも、ついにバレた。やっと言えた。怒涛のカミングアウトに僕は疲れきっていたけれど、前より素直な自分になって見る熱海の景色は、とても心地良かった。

はっきりと目に見える変化ではなかったけれど、カムアウトをしていくことで僕の世界は変わっていった。カムアウトは、自分の手で「自分」を作り直していくような作業である。ゲイだと言ったらそこで終わりなわけでもないし、きちんとやるには数々のプロセスをこなす必要がある。とっても疲れるし、すごく面倒な作業ではあるけれど、いまのところ素直に思うのは、してよかったということ。された人たちもよかったと思っていたら、嬉しい。

ここに引用したゲイのカミングアウトをめぐる告白される側と告白する側の感情は、明らかにゲイ・ムーブメントや語りのポリティクスの時代背景（七〇～八〇年代）とは異なっている。小倉康嗣は、「解放のムーブメントを経て「被差別的主体」から「性的主体」へと離陸したゲイたちが、いかにして「生活主体」（エイジングの主体）へと着地していくのか、という課題だと言えるであろう」[24]と述べている。

カミングアウトをしたヒントン君の「生き方の実験」は、小倉が言う、「ゲイのエイジング」というフィールドの「問いかけ」として、リアリティを持って迫ってくる。

8．ジェンダー・セクシュアリティの「語られない」問いかけ

同性愛者やマイノリティの「語り」を受け止める側のマジョリティ、異性愛者は、どのように変化しているのであろうか？　前述したナオキやケンタロウの例からもわかるように、彼らは、真剣に受け止めている。「お前との思い出塗り替えるのに必死だから」というナオキの言葉は、ゲイのカミングアウトが、決して「差別―被差別」の軸ではなく、「思い出」とか「記憶」の軸に沿って、再構成されるのではないか、という重要な鍵を私たちに与えている。つまり、人間関係の多様性、複数性の中で、どのような「生き方」に根拠を置くのか、その一つの「生き方の実験」において、同性愛者と異性愛者は、異なる軸を選択した、という事実である。そうであったとしても、「親友」であることには変わりはない、人間関係の複数性、多様性の認識

は、エイジングを経る中で広がっていく。親友の「生き方」を認めながら、過去の「思い出」を「塗り替えていく」作業に必死になっていくというナオキの誠実さがよく伝わってくる。「まとめ」に入ろう。

　ジェンダー・セクシュアリティのオーラル・ヒストリー、ライフストーリーの最大の特徴は、対となるもう一つのジェンダー・セクシュアリティについて、「語られていない」にもかかわらず、「語り」出してくるという「対幻想」の語りを読む側に突きつける、という点ではないだろうか。つまり、女性のオーラル・ヒストリーは、男性支配の歴史をかたどるように、セクシュアリティについても、同性愛は異性愛を、ゲイは、「ノンケ」を、映しだしているともいえる。もっとも、ジェンダー・セクシュアリティ問題が、二項対立や「対幻想」だけから成り立っているわけではない。最近は、ゲイ・レズビアンの多様性を表す用語として「ＬＧＢＴ」という用語が使用されている。[25] Lesbian, Gay に加えて、Bi-sexual, Trans-gender も性的マイノリティとして、同格に位置づけられている。このように、多様性のもとでの、「もうひとつの（alternative）生き方」と言う意味で、再帰的構造を有しているのである。

　それは、対話的構築主義の調査者と被調査者との相互作用にも通じているし、差別問題を考えるときの「差別される側の語り」を収集して、被差別のライフストーリーを語ることで、「差別する側」の自己反省に向けられる、のと同じ「ベクトル」が働いているのかもしれない。ジェンダー問題やセクシュアリティ問題の構築性は、単にマイノリティの語りやモデル・ストーリーを知るだけではない。そこに、ジェンダーやセクシュアリティの再帰的（自己反省的）な構造を示しているからである。女性のライフストーリーを男性の聞き手（インタビューワー）によって、語りが採取されるならば、なおのこと、この再帰的構造が喚起される。桜井厚が、超ジェンダー的な調査者として、女性史や女性のライフストーリーを調査していくことによって、読者は桜井の「男性性」を一瞬忘れながら、女性のライフストーリーの内実に迫っていける。そして、読み終わって、聞き手（桜井）のジェンダーや読者のジェンダー性を再帰的に反省することによって、ジェンダー・セクシュアリティの再帰的構造をもう一度認識し直すことになるわけである。

　そうであるならば、逆に桜井厚のジェンダー・セクシュアリティそのもの、つまり、語られない「男性性」がその底には存在することになる。ライフストーリーによって、逆に隠されていくジェンダー・セクシュアリティもあり得る。離婚における男性の心の葛藤や子どもとの別れ、「事実婚」の揺れる心、あるいは、妻との死別、再婚などエイジングを経ての異性愛者の生き方も多様である。女性のオーラル・ヒストリー、ライフストーリーと同様に、男性のジェンダー・セクシュアリティももっと語られ始めても良いはずである。

ジェンダー・セクシュアリティとオーラル・ヒストリーについて、未だ研究は始まったばかりと言える。桜井も私たちも今後、もっと調査研究を進めていかなければならない、と思う。

註

（1）桜井厚編 2003『ライフストーリーとジェンダー』せりか書房。この著作は、本稿の主題にとって重要であるので、以下に収録されている論文を掲げておきたい。桜井厚「序　ジェンダーの語りと語り方」高井葉子「インタビューの現象学――〈あなた〉の前にいる〈私〉の経験」、麦倉泰子「障害とジェンダーをめぐる複数の視線――知的障害を持つ男性のセルフ・ストーリー」西倉実季「「普通でない顔」を生きること――顔にあざのある女性たちのライフストーリー」飯野由里子「差異をもつ〈わたしたち〉の語られ方――あるレズビアン・アクティヴィストのライフストーリー」松島紀子「子どもが生まれても不妊――〈不妊の経験〉の語り」土屋葉「〈障害を持つ子どもの父親〉であること――母親が語る／子どもが語る／父親が語る」川又俊則「牧師にならなかった〈牧師夫人〉――妻・母・教会内外の役割と葛藤」堀千鶴子「「仕える女」の精神――ある奉仕女の語り」和田健「この土地で貝を剝く――現役剝き手の個人史から」桜井厚「嫁ぬすみのストーリー――経験が語るローカルな文化の変容」。

（2）奥村和子・桜井厚 1991『女たちのライフストーリー』谷沢書房。

（3）天野正子・桜井厚 1992『「モノと女」の戦後史』有信堂［桜井さんの担当は、下着、避妊具、トイレ、である］。

（4）桜井陽子・桜井厚 1987『幻想する家族』弘文堂。

（5）Ken Plummer, *Telling Sexual Stories : Power,Change and Social World*, New York & London : Routledge, 1995.（=1998, 桜井厚・小林多寿子・好井裕明訳『セクシュアル・ストーリーの時代』新曜社）。

（6）桜井厚編『ライフストーリーとジェンダー』前掲、p.14.

（7）Judith Butler, *Gender Trouble : Feminism and the Sub-version of Identity*, New York & London : Routledge, 1990（=1999, 竹村和子訳『ジェンダー・トラブル――フェミニズムとアイデンティティの攪乱』青土社。

（8）MacKinnon,C. 'Sex Equality : Difference and Dominance' in A. Jaggar and P. Rothenberg, (eds) *Feminist Frameworks. Alternative Theoretical accounts of the Relations between Women and Men* New York : McGraw-Hill 1993. pp203.

（9）橋本みゆき 2010『在日韓国・朝鮮人の親密圏――配偶者選択のストーリーから読む〈民族〉の現在』社会評論社（有末賢 2012「書評：橋本みゆき『在日韓国・朝鮮人の親密圏――配偶者選択のストーリーから読む〈民族〉の現在』」

『日本オーラル・ヒストリー研究』第8号、p.177-80も参照)。
(10) 桜井厚編『ライフストーリーとジェンダー』前掲、p.14.
(11) 二〇一二年の日本オーラル・ヒストリー学会（ＪＯＨＡ）大会シンポジウム「語りからいのちを考える」の報告者の一人として、報告したことを原稿にした。有末賢「語りにくいこと――自死遺族たちの声」『日本オーラル・ヒストリー研究』第9号、二〇一三年九月刊予定。
(12) 掛札悠子 1992『「レズビアン」である、ということ』河出書房新社。
(13) 虎井まさ衛 1996『女から男になったワタシ』青弓社。
(14) 吉村典子 1985『お産と出会う』勁草書房。
(15) 浅野千恵 1996『女はなぜやせようとするのか』勁草書房。
(16) Margaret Lock, *Encounters with Aging: Mythologies of Menopause in Japan and North America* University of California Press, 1993.（=2005, 江口重幸・山村宜子・北中淳子訳『更年期――日本女性が語るローカル・バイオロジー』みすず書房。
(17) 向田邦子 1979（1981）『阿修羅のごとく』ＮＨＫ放送：大和出版。
(18) 桜井厚編『ライフストーリーとジェンダー』前掲、p.14-5.
(19) 沢木耕太郎 2013『キャパの十字架』文藝春秋。
(20) 同、p.323-4.
(21) 小林多寿子編 2010『ライフストーリー・ガイドブック』嵯峨野書院。
(22) 圓田浩二 2001『誰が誰に何を売るのか？』関西大学出版会。
(23) 慶應義塾大学の学生たちのフリーペーパーであるので、正式な引用にはならないが、『ＡＬＰＨＡ＋（アルファプラス）』No.008, 二〇一〇年春、p.5-6.
(24) 小倉康嗣「『ゲイのエイジング』というフィールドの問いかけ――〈生き方を実験しあう共同性〉へ」（関修・志田哲之編著 2009『挑発するセクシュアリティ――法・社会・思想へのアプローチ』所収、新泉社、p.178-9.）。小倉は、「この方向性の先には、『共同幻想』でも『対幻想』でも『個人幻想』でもない、いわば〈生き方を実験しあう共同性〉というものを構想することができないだろうか。すなわち、生き方をめぐる一人ひとりの試行錯誤（ライフ・ポリティクス）を支えあうつながりである。定番の物語が瓦解したなかで試行錯誤（ライフ・ポリティクス）を展開していくためには、それを支える〈つながり〉＝社会的場の生成を同時に構想していかなければ、むきだしの個へと切り詰められてしまうことになりかねない。そうなってしまっては個々の不安だけが残り、〝みんな〟の生き方への生成可能性の回路が断たれてしまう。さきにも述べたとおり、出会うこと（連携）が大事なのであり、その契機としてゲイと言う枠を活用するような再帰的な共同性の構想である」（p.185.）と述べている。
(25) ＬＧＢＴニュースやＬＧＢＴコミュニティなどネット上のブログやコミュニティも多くなっている。また、「ＬＧＢＴの家族と友人とつなぐ会」などＮＰＯ組織も作られ始めているようである。

「被差別の文化・反差別の生きざま」からライフストーリーへ

好井　裕明

1．小林での生活史聞き取り調査から

一九八三年から八四年にかけて、奈良県御所市にある被差別部落で生活史の聞き取り調査が行われた。それはより大きな総合実態調査団の一翼をになう社会学研究者中心のものであった。そしてその成果は、『被差別の文化・反差別の生きざま』（福岡・好井・桜井他編著 1987）として刊行されている。桜井厚は、この調査で初めて部落問題の生活史研究という領域へ踏み込むことになるが、その後一貫して桜井独自の調査を重ねることで、数多くの貴重な成果を生み出してきた（桜井 1998；桜井 2000；桜井 2002；桜井 2005；桜井 2012；桜井・中川・山本 1995；桜井・岸編 2001；桜井・小林 2005；反差別国際連帯解放研究所しが編 1995）。同時に生活史聞き取りを重ねるなかで、桜井独自のライフストーリー論も徐々に洗練されていったのである。

私は、それまで福岡安則の後について、栃木県など関東で被差別部落での生活史聞き取りを経験していた。しかし、ある被差別地域で生きてきた当事者たちからの分厚い語りと出会い、その語りの意味の深さや豊かさ、笑いや涙の語りから通して溢れ出てくる被差別の厳しさ、差別への怒りが本格的に私にまとまった塊として迫ってきたのは、この小林調査が初めてであった。それまでの部落差別問題への理解がいかに薄っぺらで偏狭なものであったのか。差別をめぐるイメージがいかに貧しかったのか。ひとにものをうかがう、生活史を聞き取るという営みについて、いかに稚拙で相手に対して失礼なものであったのか。ひとの生きられた世界と出会いたい、そこで息づいている意味をとらえ、じっくりと考察、解読したいとシュッツの生活世界論を勉強し、質的な調査研究をしたいとエスノメソドロ

ジーを勉強してきた私にとって、まさに小林で生きてきた人びとは、「こんなんじゃ、あかんで。顔洗って出直しといで。でもあんたの意気ごみはよくわかったから、がんばってや」と厳しく叱咤し、温かく励ましてくれたのだ。この経験は、私が差別を考えるときの原点の一つとなっている（好井 2006）。

さて、桜井にとってもこの小林調査での経験は、彼の生活史研究の原点であるようだ。本章では、この原点がもつ意味や意義をめぐり、二つのことを語っておきたい。

一つは、聞き取りを相互行為として考え、語り手―聞き手の言語的なやりとりの構成、さらには語りのなかで、どのような内的時間が流れ、またどのようなストーリーやナラティヴが作り上げられていくのかを解読し、相互行為としてのインタビューというライフストーリー論を桜井が洗練させ、構築していく初期段階の思考過程あるいは模索のありようが、小林調査を契機としてさらに個人的に重ねていった当事者への聞き取りの解読のなかに見られることだ。後でも述べるが、桜井は、なぜ聞き取りでの語りあいそれ自体に焦点をあて、聞き取りという営みを通して、人びとが語りだす自らの生活体験や事件の記憶がいかに〝意味あるもの〟として提示されるのかを解読しようとしたのだろうか。

「これまでの聞き取りで得た新鮮な感動は一体なんであったのかを見極めたいという、私の個人的欲求を基にしている。私を魅了したものを一言でいえば、Ｋムラの人びとが差別と闘いながら生活のなかで築き上げてきた固有の暮しや文化が私の目の前に次々と提示されてきたことの驚きであったろう。私としては、なんどもライフ・ヒストリーの聞き取りに応じてくれた人びとの生き生きした表情やそこで語られた豊かなことをもっと取り出しておきたい、自分のものにしたい、また伝えたいという思いが強い」（桜井 1988a : 31-2）。

桜井は、小林の人びとが語ってくれる語りに魅了され、新鮮な感動を得たのだ。小林の人びとが差別と闘いながら生活の中で築き上げてきた暮らしや文化が聞き取りの中で、生き生きとした表情をともなった豊かな現実として、桜井に迫ってきたのだ。聞き取りという営みを通して、なぜそのような経験が可能であったのか。桜井自身が得た驚きや感動をより分析的に伝えたいという思いがあったのだ。

ライフストーリーを考え、読み解く原点、それは人びとの語りとの出会い、彼らしか語り得ない、彼ら自身の言葉や現実をめぐる解釈や生活の価値、文化、社会への思いと出会うことから生じる新鮮な感動であり、その意味を感じ取れる喜びだと、桜井の論考を改めて読み、私は思う。最近、あたかも聞き取りで得た質的な調査データを外的に客観的に分析するひとつの道具のように、桜井のライフストーリーの考え方や提示した概念を使用した論考を見かけることが多い。そしてそこに聞き取りで出会った人びとの語りに対する分析者の驚きや感動が少しも感じられない場合がある。私は正直、そのような論考には失望してしまう。なぜ自分が人びとの語りに向かい、語りを読み解こうとするのか。なぜ人びとが自分に対して、そのような語りを示してくれたのか。桜井のライフストーリーの考え方は、単なる質的データの分析手法などではない。研究する者の姿勢やどこに立つのか、あるいは立たざるを得ないのかなど調査する現実への位置取りまでも含んだ「ものの見方」であり「社会学的想像力」なのである。

いま一つは、桜井が中心となって推進してきた生活文化史の聞き取り調査が部落差別問題研究にもたらした大きな意義である。これは、社会学史学会シンポジウムで差別問題の生活史聞きとり研究の変遷を語ったことがあり、そこでの内容をまとめなおし、語っておきたい（好井 2003）。一言でいえば、差別問題研究がいい意味でも悪い意味でもとらわれ、そこからは離れ得ないような倫理的道徳的な姿勢をいかに相対化し、研究する者が、まっすぐに人びとの語りに向き合い、語りを通して、人びとが生きてきた生活文化を構築できるのかをめぐる変遷であり、そこに至ろうとする桜井ライフストーリー実践がもつ意義である。

ところで小林での聞き取り調査で、忘れることができないエピソードがある。私は、このエピソードでフィールドワーカーとしての桜井を再認識できたし、調べる者が調べたいと思う現実や人びととどのようにつながろうとすればいいかの基本を確認できた。このエピソードを語ってから、先に進むことにしよう。

小林調査は、地元出身教員のHさんの仲介がなかったらできなかった。彼は地元の人々に確かな信頼があり、彼の考えや人間関係を介して、聞き取りのインフォーマントがあらかじめ決められていた。そして、その人びとが順次、集会所や老人いこいの家に来られ、私たちがそこで話をうかがうというかたちだった。つまり、誰がいつ、やってきて、どこで話をうかがうのかが、あらかじめ設定されていたのだ。もちろん、小林の人びとと私たち研究者の関係ができていくにつれ、そうした設定が緩み、たとえば私たちが自宅へおじゃまし、こたつを囲んで話をうかがうことになったりはしたのだが、基本は、Ｈさんや運動体が生活史を語ってくれる人を吟味していたのである。一回目に小林を訪れ、そうした聞き取り調査を進めていた時、あるできごとが起こった。聞き取りをしていた集会所に、ある男性が「話を聞きたいということだが」と突然やってきたのだ。そこではすでに予定されていた人びとの聞き取りが進められていた。調査を取り仕切っていたメンバーは、突然の男性の申し出に驚き、確かあわてて、聞き取りができるよう急きょ調査メンバーの調整をして、対応したと思う。彼にとって、男性が来られたことは、予定外の驚きであり、調査遂行上の「トラブル」であったようだ。

ではなぜ、その男性がわざわざ集会所まで来てくれたのだろうか。実はその朝早く桜井が小林のムラうちを散歩していたのだが、朝早くからサンダル製造の仕事をしていたその男性に声かけ、立ち話をし、もし仕事がひと段落して時間があったら、集会所まで来て話を聞かせてほしいと頼んでいたのだ。男性にとっては、朝早くから見慣れない人間がムラうちを歩いている。誰かと思えば、その人間は気さくに話しかけてきて、どこのだれで何をしに小林に来て、集会所に泊まっているのかを話してくれる。自分の仕事に興味を持ったようで、できれば話を聞きたいと。特に悪そうな人間でもないし、じゃあ時間があいたら、集会所まで行ってみるか、とそう思ったのだろう。桜井が小林というフィールドに入り、まずはムラを歩いているなかで、朝早くから仕事をし、そこで暮らしている男性を見つけ、声かけ、いわば桜井自身の感覚で、調査する現実に入ろうとして、聞き取りのインフォーマントを見つけてきたのである。

このできごとがあった夜、その日の聞き取り調査の反省もこめてメンバーで話し合う場があった。調査を仕切っていたメンバーは桜井の行動を調査の予定を乱す勝手な行動と批判した。せっかく聞き取りの対象者を選んでくれているのに、勝手にこちらから動いたら、調査も円滑に進まないし、調査の設定をしてくれたＨさんや他の人たちにもうしわけがないと。確かにそのメンバーのいうことは理解できる。しかし、理解したうえで、生活史の聞き取りとは、そうした営みではなく、決められた人以外からも、もっといろいろな話を聞き取るべきだと整然と反論していた桜井の姿が、印象深く、私の中に残っている。できるだけ人びとの日常に入り込み、人びとと出会い、関係をつくり、そこから人びとの生活史を聞き取っていきたい。それこそがライフストーリーという方法的実践の原点なのだと。

２．編集された聞き書きから語りのリアリティの解読へ

桜井は、小林での調査が終了しても、その後、一人で小

林を訪れ、年配の女性たちから聞き取りを重ねている。桜井は、その成果を三本の論考として大学紀要に載せている（桜井 1988a, 1988b, 1989）。この論考は、ライフストーリー論や生活史法を論じる時、いまはあまり言及されることはないが、生活史聞き取りで展開される語りの時間的空間的な多層性や語られる現在で達成されていくストーリーとしての構成、さらには相互行為としてのインタビューという考え方へ繋がっていく桜井ライフストーリー論の〝原点〟として、興味深いものだと私は考えている。

「それ以降私は単独でKムラを訪れ、聞き取り場面があらかじめセットされていたこれまでの聞き取り調査とは異なる、いわば暮しのなかでの出会いによる、より自然な形での聞き取りを開始している」（桜井 1988a : 31）

淡々と自らの調査の経緯を述べているようにみえるが、そうではないだろう。彼自身もメンバーの一人として関わった小林調査の仕方や聞き取りのまとめ方に対する桜井の明確な批判が「より自然な形での聞き取り」という表現に感じ取ることができる。小林での聞き取りを編集する作業は、福岡安則の指導のもと、福岡、桜井、私の三名が中心に行ったが、それはある語り手が語った中心的なトピックを取り出し、そのトピックが物語として、できるだけ伝わりやすいように、実際の聞き取り起こしをかなり編集し、細かい表現なども修正し、語り手一人あるいは数人の一グループ⇒一つのトピックという形で、まとめなおしていったものだ。確かに、聞き取り起こしそのままを読み、その内容を理解するのは、なかなか難しいものがある。だからこそ「被差別の文化・反差別の生きざま」の物語を読みやすいように編集する必要があったと言えるだろう。ただそれは語っているそのままより、はるかにわかりやすいが、自然ではない編集作業ともいえるのだ。

桜井はこうした調査や聞き取り編集作業を自らも経験し行いながら、他方で、生活史を聞き取るという営みの現在の構成それ自体にも分析的な関心が喚起されていったのだろう。被差別部落に生きてきた女性や男性が自らに語ってくれた語りに感動し、それを豊かだと思う。ではなぜそうした感動や語りへの了解が、そこで可能になっているのだろうか。いわば「いま、ここ」で語りのリアリティ、聞き取りのリアリティはどのように達成されつつあるのだろうか。こうした分析的な関心をさらに深めてくれる現実と出会うには、今一度、語ってくれる人びとと出会うほかはないし、その出会いで人びとの語りを聞き、彼らと語りあうほかはない。そしてその作業は、より自然な出会いのなかでこそ、実現できるのだろうと。

「『調査ならなにか調査の目的なり対象なりがあるだろう』という、これまでの社会学の調査者なら当然発するであろう問いかけに対しては、今のところ『課題は現地の人びとと出会うところからしか見えてこない』としか答えようがない。ただ方法としては、まだ十分な方法論に育っていないが、生活史法（ライフ・ヒストリー法）をその方法論的な洗練を模索しながら使っていきたいとは考えている。この方法がＫムラに生きる人びとと私とのかかわりを明らかにし、人びとの暮しと文化の理解と再構成にもっともかなったやり方であると思えるからだ」（桜井 1988a : 32）。

桜井は、生活史法の特色を「現実を構成する方法の問題化」だと語っている。そしてその意義をＨさんが語ってくれたエピソードを通して印象的に伝えようとする。出身教員であるＨさんは識字学級で、あるおじさんに字を覚えたら仕事の上でも便利だし、と「字を覚えることの効用」を説くが、その男性はＨさんの想像を超えたところから識字学級に通う〝わけ〟を語ったのだ。「先生、わしが字ぃ覚えたいのは、そんなんと違う。わしが字ぃ覚えたいのは、わしが死ぬときにはな、みんなが持っているものとおんなじものを持って死にたいからや」と。「このエピソードを語ったあと、Ｈさんは次のように続ける。『私らが励ます一つの言葉がね、自分の範囲を抜けられへんわね。自分が字ぃ知っててぇ、字ぃ知らん人の本当の、その本音というか、そのそういうことまでわからんわけだ、はっきり言うたら。それをわしらに教えてくれる』と」（桜井 1988a : 36）。識字学級に通う人びとを励まそうとＨさんが考え語る言葉が、いかにＨさん自身の日常的で常識的な思考の枠のうちにあるものかを、男性の語りが率直に教えてくれる。識字が自分にとって持つ人間的で実存的な意味の語りが、Ｈさんの識字をめぐる「効用」の語りを軽やかにこえていく。私たちが聞き取りをする時にも、常にこのような可能性が広がっているのだ。

「聞き取りや対話のおもしろさもおそろしさも、私たちの日常的思考が脅かされるところにこそある」（桜井 1988a : 36）。

桜井はそのように聞き取りの「効用」を語り、女性たちとの聞き取りのトランスクリプトを例示し、それを読み解く作業をとおして、現実が社会的相互作用を通して再構成され、個人が経験した過去の出来事が聞き取りの過程でストーリーへ編成され、それが語りの標準化の形式とも関連し、同時に、語り手と聞き手との関係を反映していることを例証するのである。

二本目の論考は、異色である。女性たちとの聞き取りの会話を流れのままに書き起こし、トランスクリプトとして載せられているのだ。はたしてこれは論考と呼べるのだろうか。

「このような形で、いささか冗長で、整理もされていない会話を、飽くこともなく記録したのは、さしあたり二つの意味がある。ひとつは実践的なものであり、もうひとつは理論的なものだ。実践的というのは、会話がもっているダイナミズムをそのまま活かすことにかかわっている。語られるものはいつもそれを拾い上げるものよりも豊かである。とりわけ、調査研究上の関心から聞き取りを進める調査研究者となると、私たちはある一定の枠組みにしばられて、その枠組みにひっかからないものには眼を向けない。最初から調査結果の結論が予定されていたりもする。ライフ・ストーリー研究は、そうした反省の上にでてきたものだ。

しかし、語られる以上に語る行為の方が、ここで重要な意味をもつ。被差別者は、これまでの経験を通して、悲しみや怒りを自らのライフ・ストーリーのうちに収めている。そうした感情は客体化された言語によっては、語りつくせないものだ。語ることは、その背後に膨大な語られぬ、また語りえぬものを潜ませていることだ。そしてまた、彼らは語りえぬものをそれでもなお語ろうとする。そのときの一語一語に思いを致すなら、それを残らず、できるだけ伝えたいという思いがある。」

「理論的というのは、そうした語りのリアリティをいかに伝えるかにかかわっている」（桜井 1988b : 2）。

聞き取りのトランスクリプトをすべて載せるのは、実践的に、そして理論的に意味があると桜井は述べている。実践的な意味については、桜井が語る内容は、私も十分理解できる。聞き取り場面で語っている相手を目の前にしているとき、私たちは、まさに語られているもの以上の、語りを超えた何かを感じ取っている。そして、仮にメモを取りながら話を聞いているとして、その後メモをもとに思い起こしたとしても、聞き取りの「いま、ここ」で自分が感じ取っていた何かをすべて再現することはできない。相手の表情、語る言葉の端々に宿る微細な、しかし重要なニュアンスなど、私たちはそうした何かを聞き取りという営みのなかで感じ、語りを超えた何かと出会い、それをどのようにして聞き取り研究、聞き取りをとおした生活史の解読作業に組み込めるのかを、常に悩み、そのうまい解決の仕方をどうすればいいかに呻吟するのである。桜井は、聞き取りにおける語りのリアリティをいかに整理できるかという作業をする前提として、まずは、該当する聞き取りのトランスクリプトのすべてを読める形で提示したのだ。聞き取りすべてを示す作業は、論文や報告書のスペースの制限など多様な制約があり、なかなか実現が困難なものだろう。しかし、桜井は大学紀要という制約が自由に緩和できる場所で、一度その作業をしてみようと思ったのだろう。

理論的には、桜井は、シュッツの多元的現実論の基本概念である「限定された意味領域」を援用する。会話におけるひとまとまりの語りは「限定された意味領域」なのだと。そして桜井は、会話における独自の語りの様式を〈ストーリー〉と呼ぶ。〈ストーリー〉には、〈始まり〉と〈終わり〉があり、他の話し手による〈修復〉作業があり、ストーリーの〈飛び地〉がある。そしてストーリーには〈指示〉と〈評価〉のふたつの機能が入り込んでおり、指示をめぐり、空間、時間、個人の〈指標〉がある。さらに桜井は「具体的な個人の経験を離れて、日常生活における客観的なリアリティを保証している説明」を〈コード〉と呼び、それが人びとの「正当化装置」のひとつだと語る。また語り手と聞き手のやりとりを通して一定のリアリティが構成され、それが維持されるようになるが、その過程を〈標準化〉と呼ぶ。

〈ストーリー〉をめぐり桜井はこうした説明概念を用意したうえで、聞き取りのトランスクリプトを提示し、その部分のどこが、ストーリーの始まりで、時間的、空間的、個人的な指標はどの語りで、コードはどのように語られているのか、評価はどのようにされているのかなどを、トランスクリプトの左側に一つ一つ指示していくのだ。

この論考では、桜井と三名の女性とのやりとりが、「誕生儀礼」「婚姻儀礼」「産の性差」「性規範」「堕胎と与え子」「水」「食べもの」「Nさんの家族」「唄」「子どもの仕事」「性役割」「差別」「学校生活」「夫婦の力関係」「共働き」「Kさんの娘」「男の仕事」「Kさんの夫」「Nさんの夫」「Nさんの苦労」「Kさんの末娘」「地域生活」「Yさんの家族」「夜遊び」「草履作りのルール」と桜井が名づける25ものストーリーで構成されていたことが例示される。

論文に載せられた聞き取りのトランスクリプトを読みながら、改めて感じることがある。ストーリーの中には、女性たちのやりとりの展開のなかで、自然に〈始まり〉を迎えるものがあるが、多くのストーリーは、やはり桜井の女性への問いかけが〈始まり〉となっている。もちろん桜井は女性たちのいわば自発的な語りとそれへの応対などが展開する場面にはできるだけ重視し、介入はおこなってはいない。ストーリーの展開がひと段落ついたあたりや次に何を話題にしてしゃべったらいいか、女性たちが語りを一瞬やめ、互いに考えているであろうという場面で、桜井は聞きたいトピックを示し、女性たちのさらなる語りを促しているのである。つまり、聞き取りはやはり、それを設定している研究者が緩やかに、しかし確実に管理し、相互の言語的なやりとりを促していくという秩序が流れている現実なのである。聞き取りは自然に生起する会話ではない。トランスクリプトは、端的にこの事実を私たちに示してくれる。

この事実と関連して感じるのは、聞き取りを進める研究者が語られているストーリーにどのような形で〈評価〉を提示できるのかという問題だ。かつて小林調査で調査メンバーの一人が、語り手に対して「すっごい文化やねえ」「優雅やなぁ」「これ、ほんと感動するねぇ」などと饒舌に語り、若い時男女の語らいなどで歌って遊んでいたしりとり唄などを女性から、少しでも多く語ってもらおうとしていた場面を思いだす。その場に私もいたのだが、私も他の調査メンバーも女性の語りや唄に感動していたし、このメンバーの応対については、聞き取りの流れの中にあるものとして特に何も感じることはなかった。むしろ私は「相手から話を引き出すことが上手な先生やなぁ、勉強になるなぁ」と思っていたはずだ。

しかし、後になり、その時の録音テープを何度も聞き返すうちに、まったく別の評価が私の中に起こってきたのだ。調査メンバーの語りは、自然な感動の発露として聞けるのだが、それ以上に相手から語りを引き出そうとする強引な誘いかけのように聞くことができ、明らかに〝過剰な評価〟として聞けるのである。自分たちが若い頃、あたりまえのように歌っていたものが、過剰な評価をうける。語っている女性は、驚くとともに、なんでそんなにすばらしいと言われるのか、とさらにためらいを覚え、語ること、唄を歌うことに躊躇してしまうのだ。録音テープには、明らかに女性が笑いながらも、そうしたためらいや躊躇を示していることが記録されていた。しかし、メンバーの一人は、さらに過剰な評価を上手に相手に示し続けることで、いわば相手のためらいを停止させ、その場でさらに女性たちの気分をのせて、語りを促し、さらなる唄や語りを引き出していったのである。

聞き取りという営みは、先に述べたように会話ではない。しかし桜井が提示した聞き取りトランスクリプトには、より自然な会話的な流れが感じ取れる。そしてそこで桜井は〝過剰な評価〟の語りを女性に対して行っていないのである。

今一つ、感じること。それは女性たちが聞き取りの過程で、見事に「いま、ここ」の語りから「あのとき、あそこ」の語りへ移行し、その語りを評価しあい、「いま、ここ」の場で、お互いが生きてきた過去の事実を確認し、懐かしみ、その事実が現在もつであろう意味を語りあっているということだ。女性たちは、聞き取りという限られた場面で、記憶をたどり、内的な時間や空間を自在に移動し、「あのとき、あそこ」での記憶を、自分たちが生きてきた事実として語りあうのだ。そしてこの事実をめぐる語りは桜井がいうストーリーとして、聞き手に〝まとまった意味あるリアリティ〟として了解されていくのだ。いわば聞き取りを構成する人びとが、語りあい、聞き合う「いま、ここ」で展開するリアリティの構成や移行をめぐる微細であるが見事な方法的実践（ethnomethods）の豊かさに、私は桜井と同様、驚いたのだ。

ストーリーや発話がもつ機能、内的時間、空間的指標などを表示された聞き取りのトランスクリプトすべてを読みとおすこと。そのことで、桜井は、聞き取りという相互行為のなかで達成される多様なリアリティ構成を感じ取り、さらには互いが聞き合い、語りあうという相互行為のダイナミクスまでも感じ取るよう、読む側に要請しようとしたのではないだろうか。

「生活史のインタビューをしていると、語りの豊かさをたしかなものとして実感するときがある。それはおそらく、自明視されていた客観性が壊れていく過程に直面したり、語られることによって個人的な経験が客観化される過程が明らかになることにかかわっている」（桜井 1989 : 1）。

三本目の論考で、語りのリアリティの構造が検討されている。「語りの豊かさ」と実感するものが、現実にどのような語りのリアリティ構成と関連しているのだろうか。桜井は、会話のなかの多元的意味領域を問題とする。そして会話のなかに含まれるさまざまな意味領域を明らかにするとともに、領域間の関係と移行のあり方を検討することが課題であり、その結果として、オーラル・ライフ・ヒストリーの意味の豊かさの一端を指示することができると述べている。

それでは会話はどのような構造をもっているのだろうか。桜井は「語られたこと」と「社会的相互作用の領域に属し発話順などに基礎づけられた語りの組織化（語り方）」を区別し、前者を「話題」、後者を「ストーリー」と呼ぶ。この発想は、この時点で桜井が会話分析の基本的知見を読み理解していたかどうかはわからないが、会話の順番取得システム（turn taking system）を検討するとき、H・サックス（H. Sacks）たちが、会話が基本的に「順番を構成する部分（話し手がしゃべっている部分）」と「順番が配分される部分（話し手の交替が可能になる部分）」から構成されると考えたことを想起させる。

　聞き取りという営みにおいても、大きく分けて、誰かが「あのとき、あそこ」での出来事を語っている部分、いわば語り手にとって内的な時間や空間の過去を生きて、その時の経験を語っている部分とそうした語りを評価したり、次にどのような話題を選んだらいいのかや、お互いの関係性を確認したりするやりとりが行われる「いま、ここ」の部分という二つの部分から構成されるのである。そして二本目の論考で25のストーリーにわけておいた聞き取りトランスクリプトを検討し、個別のストーリーには「過去の時空間における出来事の領域」と「『ここといま』におけるディスコースの領域」という異なる二つの認知様式が含まれていると述べ、桜井は、前者を「話題領域」、後者を「ストーリー領域」と呼ぶのである。

　桜井が女性たちと行った聞き取りは、まずはあいさつの交換などの「いま、ここ」での会話から始まり、桜井の問いかけをきっかけとして「誕生儀礼」と桜井が名づけたストーリーが展開されていく。その後も多様なストーリーが聞き取りの中で、ひとまとまりのリアリティとして構成されていくが、そのストーリーは、「あのとき、あそこ」という内的な時間や空間での過去を生きている語り手ができごとを想起しながら語る「話題領域」とその話題を評価したり話題の終了を確認したりする「ストーリー領域」という二つの異なる認知様式から構成され、多様なストーリーが順次聞き取りのなかで移行し展開していったのである。いわば、聞き取りの場で語りあう人びとが、何について語るのかという「話題」の構成を中心としながら、いかに微細かつ迅速、そして円滑に「生きられた時間空間」を移動しあっているのか、そのダイナミックな様相が、桜井の用意した概念装置で浮かびあがってくるといえよう。

　「過去の個人的な経験を把握したい。しかし、その語りはインタビューという現在の状況でおこなわれたものだ。この二つの時間の錯綜、正確にはリアリティの錯綜を解きほぐすこと。これがまず最初の課題となった。本稿はそのためのものである。（中略）聞き取りの会話のダイナミックスは、リアリティの移行にあるのではないかと思う」（桜井 1989：38）。

桜井は、このように三本目の論考の「おわりに」で述べ、さらなる理論的検討が必要であり、もっと精緻な議論を積み重ねるためにはエスノメソドロジーの会話分析やゴフマンの著作が参考になると主張している。実際、桜井は、こうした関連著作や研究をその後さらに渉猟し、独自のライフストーリー論を構築していったと言えよう（桜井 2002：桜井 2012）。

ただこの節を終えるにあたり、三本の桜井初期論考を読み、改めて確認できた一つの違和感を述べておこう。確かに、聞き取りという営みはカレンダー的な時間や現在における空間認識や過去をめぐる内的な時間空間が錯綜する、複層化した言語的相互行為である。そして桜井が「語りのリアリティ」の構造を解明するために構想した分析概念や装置は、錯綜するありようを解きほどくために有効な発想だと思う。そしてこの発想で聞き取った語りを解読することで、そこにどのようなストーリーが意味あるものとして示されているのかは、分析的に解明ができていくだろう。聞き取りを単に相手から情報を得るための手段、器としてしか考えない素朴実証主義的な発想がいかに貧しいものであったかもこうした説明が見事に明らかにしているのだ。そして、現在さかんに行われているように質的なデータを得る実践としての聞き取りを分析する一般的な概念装置として桜井が考案したライフストーリーの考え方は質的研究を志向する多くの人々に役立つものとして利用されているのである。

しかし、桜井が語りの豊かさに向き合おうとして述べた「実践的」な意味と「理論的」な意味を考える時、「語りのリアリティ」の構造解明をいくら進めたとしても、聞き取りの場で「語られるものはいつもそれを拾い上げるものよりも豊かである」と桜井が語る聞き取りの語りの実存的な豊饒さに至ることはないのではないだろうか。そう思ってしまうのである。私たちが聞き取りの場で感じ取れる感動。それはどのように聞き取りの語りと向き合い、語りを検討する作業のなかで〝多くの人びとに伝え得るかたち〟を得るのだろうか。

3．部落問題の生活文化聞き取りの変遷をめぐる貢献

桜井社会学のいま一つの貢献。それは部落差別問題研究に関わるものだ。現在、この問題において人びとの語りに耳を傾け、人びとが生きてきた暮らしの場から差別を考

え、運動を考えるという視点は、研究をする際の基本だと言えよう。聞き取りという営みを通した部落差別問題の生活文化史研究は、多くの優れた成果を生み出しつつある。そして、生活史聞き取りがこの問題の社会学的研究の流れのなかで、確実な意義を定着していく過程で桜井の調査研究と成果は重要な貢献を果たしてきたのである。それではいったいこれまで部落差別問題の生活史聞き取りはどのような物語を創造してきたのだろうか。

① 人間変革・解放の物語を創造する

生活史聞き取りは、人間変革・解放の物語を創造する。私自身も、一九八〇年代初め頃から、いろいろな先生の後について被差別部落での聞き取りに参加するようになる。当時社会学は地域環境、教育、被差別当事者の経験、意識などを問う同和地区実態調査や部落差別や他の人権問題をめぐる市民意識調査などに貢献していた。これらの調査は部落差別という問題を解決するうえでの運動的、政策的要請に見合うものであり、その意義は大きい。ただ統計的に処理され数字という形で一般的に語られていく実態調査や意識調査が、どれほど被差別の現実に接近し、すくいとっているものなのか、という批判はあった。

こうしたなかで、差別を受けてきた人びとの声、語りに耳を傾け、そこから被差別の現実をすくいとるという営みの要請が意味をもつことになる。この頃、聞き取りを志向する者にとって、部落差別の現実から学び、人間変革・解放の物語創造は、意識するしないにかかわらず、大きな規範的要請であったように思う。

部落問題や解放運動へのマイナスイメージや否定的言説がいろいろなかたちで語られ、私たちの日常的な常識の次元で息づいている。そうした問題状況に対して、被差別当事者、解放運動を実践する人びとから話を聞き取り、差別と闘う営みをとおして当事者たちはこれだけ人間が変革され解放され得るのだと、プラスイメージや肯定的言説を呈示する。これは、現実に生きてきた人びとの語りでありナマの声なのだ。〝根拠なき偏見〞〝歪められたイメージ〞に対して、これほど〝根拠ある〞証拠はないのではないか。執拗に反復される否定的言説をきちんと〝わけがある〞肯定する言説で対抗し、圧倒しようとする。できるだけ人びとを感動させ、納得させる、その意味で〝純度〞の高い人間変革・解放の物語の創造が要請されたのである。

たとえば『生きて闘って』という書物がある（田宮 1982）。これは研究者が解放運動実践者の語りに真摯に向き合い、まとめた先駆的な作品である。

「部落の人たちは日常生活の中でどのような差別を受けてきたのか、という部落差別の歴史と実態を明らかにしていくこと」

「部落の人たちはどのようにしてその社会的仕組みや言動を差別だと見抜くようになったのか、あるいは部落の人たちはどのような思いをいだいて、その差別を許さないとする糾弾闘争に立ち上がっていったのか、という部落解放運動の思想と行動を明らかにしていくこと」（田宮 1982：7）。

田宮は自らの研究の意義をこう述べている。そこには端的に部落差別の歴史と実態、被差別当事者の意識覚醒と運動への立ちあがり、周辺住民の露骨な差別意識など、「問題」を考えるうえでのいわば差別—被差別をめぐる〝自明であり、かつ硬直した枠〟がそこには端的に示されている。もちろんこの〝枠〟は今でも「問題」を捉える基本ではあるが、当時、この〝枠〟は、強力かつ微細に、またときに融通のきかない形で「問題」について考え研究しようとする人の意識や営みに一定の力を行使したのである。

聞き手は、解放運動の積極的な活動家の語りに価値を置きつつ、彼らが差別と正面から対抗し闘う姿を採集し、人間変革・解放の物語を創造しようとする。実際、私もそうした聞き取りや聞き取りをもとにした論考を読み、そこで人びとの語りと出会い、「差別に屈することなく闘う人間の姿・人間としての輝き」に感動し、差別と闘うエネルギーや意味を学んだのだ。

この「感動」や「学び」に嘘はないだろう。ただ論考を読み、自らも聞き取りを志向していた私もまた、時代の要請とでも言える〝硬直した枠〟にしっかりと拘束されていたことは確かである。部落差別という現実からすれば、差別する（かもしれない）あるいは差別する可能性をもっている私が、被差別の立場にあり、差別と闘い、解放運動をさまざまに実践してきた人びとから、語りを引き出して、人間変革、解放をめざす生活知や処方、エネルギーを「学ぼう」とする。私は、いま、こうした「学び」の構図が、「学ぶ」側にとって、なにか虫がいいように思えてならない。

被差別の声、差別と闘ってきた人の声を聞かないと、私は人間として変革できないのか、差別する（かもしれない）私の姿や位置を確認できないのか。「そのとおりだ」と自明のように答え、運動的現実と親密な関係を保ち、そこから得た語りをもとに啓発の言説をのみ生み出し続ける研究者がいるとすれば、やはりそれは虫がいいのではないか、と思ってしまう。なぜなら、そうした物語を創造する営みに専心しているとき、研究する「わたし」は、いわば硬直した啓発の構図のなかで、〝部落差別をめぐり誤っている・遅れている〟人びとに対して〝正しい〟知識を注入し〝正しい〟方向性を示す「媒介者、現実の伝達者」という場所に安住してしまう危険性があるからだ。このとき、研究する「わたし」は、先に述べたような〝虫のよさ〟を自覚し、なぜこの〝虫のよさ〟に安住しつつ啓発の物語を自分が作れるのか、など構図自体に孕まれた差別の社会学を深めていくさまざまな契機を見失ってしまう。

生活史聞き取りが人間変革・解放の物語を創造することの意義は、いまも十分にある。ただ、物語を創造する営みが、硬直した啓発の構図に安住し、〝虫のよさ〟それ自体の検討などを失念してしまうとき、物語の〝純度〟は極端に低下していくことになろう。

② 被差別の文化の物語を創造する

生活史聞き取りは、文化の物語を創造する。この物語創造の根底に流れているトーン。それは「被差別部落には、いかに豊穣な文化が創造され、人びとのつながりも豊かであったか」を例証する、というものだ。このトーンは、部落に対する〝定番〟偏見である「文化的低位性」を打破するという要請に直結している。いまでこそ部落史、民衆史、民俗学などの成果から被差別の文化の意義が例証されているが、そうした研究が途上にある頃、「文化的低位性」という〝決めつけ〟は、人びとの意識のなかへ恣意的かつ乱暴に放たれていたのだ。この〝決めつけ〟を転倒させること、これが聞き取りをする研究者たちの思いであった。たとえば『被差別の文化・反差別の生きざま』（福岡・好井・桜井他編著 1987）で、聞き取りを中心的に整理し一九話の物語にまとめた福岡安則はこう述べる。

「小林の人びとの生活史、その『涙の語り』『怒りの語り』そして『笑いの語り』をとおして、読者のみなさんは、そこに息づく『被差別の文化』と『反差別の生きざま』を感じ取られることと思う。差別ゆえに、きびしく、しんどい生活を余儀なくされてきた部落の人びとが、じつは、〈ひと〉としてキラキラと輝くものをいっぱい持っていることを読み取られることと思う。従来、被差別部落といえば、〝文化的低位性〟という言葉が、決り文句のように言われてきた。だが、そのような決めつけ自体が、一個の偏見にほかならないということを、得心されると思う」（福岡・好井・桜井他編著 1987 : 4）。

初めに述べたように、小林調査は私にとっても差別問題研究の原点といえるものだ。地区集会所、老人いこいの家、そして彼らの自宅へあげてもらい、多くの語りと出会った。解放運動に立ちあがった経緯、差別事件への憤りや対抗だけではない。恋愛、結婚、子育て、葬式の話。草履作りや行商、靴作りといった仕事の話など、明治、大正、昭和を生きてきた日々の暮らしの歴史やできごとがまさに聞き取りの「いま、ここ」で語られていく。福岡が言うように涙、怒り、そして笑いの語りがあった。

当時、そうした語りと出会い、さまざまに驚くなかで、私のなかにあった、それまで自分が抱いていた部落差別の狭い限られた理解が見事に崩れていった。いま考えればあたりまえのことなのだが、被差別部落という空間には人びとの暮らしが満ち、生活をめぐる知恵や文化が生きられていた。この端的な事実と出会い、あらためて「文化的低位性」という偏見の瑣末さを実感したのである。

なんとかしてこの事実を、感動をもって伝えたい。そのために語りを整理し解釈するうえで採用された枠が〝被差別の文化〟であり〝反差別の生きざま〟であった。たとえば私は生活の語り、仕事の語り、楽しみや苦しみの語りを、できるかぎり〝被差別の文化〟〝反差別の生きざま〟という枠で解釈し、語りに整然とした意味を与えていったと思う。おそらく当時〝被差別の文化〟〝反差別の生きざま〟として語ることとの意義への信奉が私を支配していたのだろう。

ただ、いま考えると聞き取りで得た人びとの語りをすべて、こうした枠で解釈し物語を創造する作業は、やはり性急ではないだろうか。人びとの暮らしの語りを反差別という尺度あるいは基準で測定し、語り全体に均一した意味を付与していこうという方向性は、やはり聞き取りという営みがもつ、それこそ豊かな可能性に制限を与えてしまっているのではないだろうか。

〝被差別の文化〟という解釈枠がもつ問題性とはどのようなものだろうか。たとえば、それは、被差別の文化を「固有なもの」として取りだし、それ自体を支配的文化のコンテクストに位置づけ直そうとする。あるいは、被差別の文化を特別なものとして位置づけ、その意味や意義を支配的文化への対抗として評価しようとする。ただ、いずれにしても、支配的（＝差別的）―被差別という二分法的解釈が前提とされ疑われることはないし、支配的文化それ自体を根底から見直そうという批判的志向は十分ではない。

そして、こうした枠の優先は、「文化的低位性」という偏見をともかくも打破するという啓発の物語構築を先行させることになり、語りの豊穣さがもつ、人びとの暮らしの〝曖昧さ〟〝簡単には意味をさだめられない奥深さ〟などがそぎおとされていく。結果的には、より明快な被差別の文化や反差別の生きざまが物語として呈示されるが、それはいわば、底が見えた文化創造の物語であり、読む側に、聞き手が抱いた「感動」をこれでもかと強要してしまう危険性があろう。

③　暮らしの物語を創造する

被差別部落の生活史聞き取りという営みにも、確実に大きな地殻変動が起きている。いったいどのような変動なのだろうか。簡単に言えば、その営みを「差別―被差別」という硬直した〝枠〟から解き放とうという動きであり、聞き取りから創造される物語から「啓発」という〝酸化した油〟を抜き取ろうとする動きだ。

そして、新たな地殻変動に大きな役割を果たし、中心的に新たな物語の生成に寄与してきたのが桜井なのである。桜井はあるブックレットでこう述べている。

「それは聞き手の解釈の枠組みが『差別―被差別』の枠組みから自由になっていないからです。つまり、調査においては、たとえ聞き取り調査にしても、どういう差別を受けているのか、差別に対して部落の人びとはどう考えているのか、正しい差別のとらえ方をしているだろうか、等々、聞き取りも解釈も差別―被差別との関係でとらえなければならないと思いこんでいるからです。したがって、語り手のなにげないことばも『差別―被差別の文脈』によって解釈されてしまうのです。（中略）いま必要なのは、こうしたカテゴリー化から自由になって、部落に生きる人びとの語りにまず耳を傾けることではないでしょうか。そこから、さまざまな人びとの錯綜する思いや考え方、個性的、自律的な生活のあり方が見えてくると思います。『差別―被差別』に代わる鍵となる見方は、生活する主体の『自律性』ということです。わたしはそれを『生活戦略』とよんでいます」（桜井 1998：17-8）。

差別―被差別という立場性は十分に認め意識しつつも、二分法の硬直した枠からはできるかぎり自由になり、部落問題をめぐるカテゴリー化がもつ自明性に疑いをもち、それを解体せんとして、「生活戦略」という日常的な実践知という次元から被差別当事者個人の生活のありようを取り出そうとする。「生活戦略」としての語りを聞き、人びとがまさに生活してきたその場でつくられたり、変遷していく文化のありようを、できるだけその文化が立ちあがってくる人びとの現実から離れないように物語として創造していく。

小林調査の後、しばらくして桜井は滋賀県での被差別部落の生活文化史聞き取りを始めた。このあたりに関しては、滋賀での調査を桜井と共に中心的に推進してきた岸衛の本論集での論考が参考になるだろう。私も桜井から声をかけてもらい、近江八幡や琵琶湖湖北での聞き取りに参加したが、確かに地元の人びととの関係の作りかた、聞き取り場面で相手からどのように話を聞き、相手の語りと聞き手の思いなどを絡み合わせるのか、など聞き取りをめぐる実践のありようなど、多くの点で、私が経験してきたそれまでの聞き取りとは異なるものであった。

それは一言で言えば、先に述べた〝枠〟を意識しつつも、それに囚われず、相手にまっすぐに向き合う実践とでも言えるものだ。私たちは、相手の語りに向かう時、もう一人の生活者として、肩の力が抜けているが、語りの背後にできることなら迫りたいという意志は保ち、その意志をなんとか相手に伝えながら、相手の語りにまっすぐ向き合い、自らも語りだしていこうとした。もちろん、過去の被差別体験や厳しい生活のなかでの多様な生きていくうえでの戦略が語られる時、〝もう一人の生活者〟として容易に共感などはできない。またそれは滋賀の被差別部落で生きてきた人間の暮らしに根ざし、暮らしから立ちあがってくる語りであり、それを解放運動の実践、差別と対抗する生きざまとして、あたかもその語りに満ちた意味をすべて理解したかのように、私たちは簡単に説明することはできないのだ。桜井と共に滋賀をまわり、聞き取りを重ねるなかで、私はこのことを実感していたと思う。

以前私は桜井たちが創造した〝暮らしの物語〟である『人びとが語る暮らしの世界――野洲の部落史』の書評で次のように述べたことがある。

「これまで聞き取りといえば、多くは〝差別と闘い、運動を進める姿〟を追い求めるものでした。そうした聞き取りを読み慣れてきたひとにとって、本書はかなり違和感があるでしょう。『どこが反差別の聞き取りやねん』と。しかし、わたしは『あなたの違和感をこそ、いま一度見直してみては』と思っています。解放運動、被差別部落、社会啓発、同和教育、反差別の思いや実践、差別者の姿など、一定のイメージに囚われた〝枠〟でしか部落問題を見ていませんかと。こうした〝枠〟に囚われているかぎり、人びとの語りの『現在』は見えてこないし、語りの〝意味〟も狭く硬直したものに見えてくるのです」（好井 1999）。

いまもこの考えに変わりはない。〝暮らしの物語〟の創造は、即座に啓発に効果があるわけでもないだろう。しかしまさに〝あたりまえに生きてきた部落の人びと〟が新たに「声」を持つという「文化運動としての語り」（桜井 1998）の意義はとても大きいのではないだろうか。またこうした物語創造の営みを詳細に解読することで、従来の部落問題研究が前提とし、絡めとられていた拘束、限界性としての啓発の構図を相対化し得る可能性を秘めているのでは、と思う。

この物語の創造は、解放運動などいわば制度的な対抗運動、社会運動メンバー、あるいは特別な被差別の文化を伝承する者への注目から、より一般的な人びとの暮らしや彼らの差別という事象へのたちむかい、むきあうありようへの注目へと、まなざしを転換させる。なにか特別な位置にある人々の被差別状況、差別に対抗して生きる姿から学ぶのではなく、より一般的で平凡な人びとが差別を受け、さまざまな工夫、生き方のなかで差別とむきあっているありようを聞き取ることから、そうした位置にいない人びとが〝違い〟を確認するのではなく、いわば自らと同じ暮らしの地平という連続性を、さらには連続性のなかにある亀裂を実感することを期待しつつ聞き取り調査を行うのである。そこには研究者のなかにある前提も変動しているように思える。いわば異質性から連続性を考えるのではなく、連続性のなかから異質性さらには被差別の意味を考え直そうとする。

さらに、桜井や岸は、滋賀県で「もうひとつの生活文化」を被差別部落の人びとから聞き取ろうという発想を語っている。

④　文化それ自体をみようとする物語を創造する

滋賀県には琵琶湖博物館という興味深い場所がある。そこでは庶民の暮らしをそれこそ追体験できるように詳細かつ微細に再現されているという。ただそこには、同じ近江という土地で暮らしてきた被差別部落の人びとの生活や文化が語られ示され、再現されていることはないという。桜井や岸は、博物館に象徴されるものが近江に生きる人びとの生活文化であれば、まさに彼らが実践する生活史聞き取りのなかから、博物館的発想が見落としてきた「もうひとつ」の近江文化が立ち現れると考え、仕事、場所、モノなどに焦点をあわせ〝文化それ自体の物語〟を創造したのである。屠場の実際、そこで働く人びととの食事など暮らしの語り、屠場という産業のありようなど。食肉をめぐる具体的な文化、靴作りの実際等々（反差別国際連帯解放研究所しが編 1997：1998：1999：2000：桜井・岸 2001）。

これは先に述べた〝暮らしの物語〟創造の「変奏」とでもいえるものだろう。いずれにしても被差別部落という場で、人びとが、自律する生活主体としてさまざまに戦略、知恵を駆使し生きてきた、いわば〝あたりまえの日常〟にできるかぎり迫ろうとする物語の創造といえよう。そして桜井は長年にわたる滋賀県での聞き取りから、『境界文化のライフストーリー』という見事な〝変奏曲集〟を著すのである（桜井 2005）。

4．なぜ私たちは、ライフストーリーに耳を傾けようとするのか

小林で初めて桜井と調査を共にして以来、滋賀県での聞き取り調査、薬害ＨＩＶ感染被害問題での医師、患者家族の聞き取り調査と長い間、桜井が調査をする姿から多くのことを私は学ばせてもらってきている。それは、聞き取りという質的調査研究をめぐる手法についてだけでなく、語りに向きあう私という調査研究する者はいったいどこに立ち、相手に対してどのように向き合えばいいのかなどより根本的な調査姿勢や研究倫理、さらには社会学的な調査研究することと生活者の一人として私が普段生きているという事実がどのように密接に関連しあっているのかという問題に至るまで、まさに多くのことなのである。従来の社会学調査研究をつくりかえ、私たちの〝自明なるもの〟までも探究対象とするエスノメソドロジーを学び、私自身の問題関心に響き合うよう、「人びとの社会学（folk sociology）」「人びとの方法（ethnomethods）」と出会い、それらを探究するために、どのようにしたらいいのかを模索していた私にとって、いわば桜井は聞き取りというフィールドで、その方向性や指針を具体的に示唆してくれる〝導きの師〟であったのだ。

桜井の初期論考では、語りのリアリティの構造が検討され、聞き取りの会話のダイナミクスは、リアリティの移行にあるのではないかと主張されている。これらの論考では会話分析の知見は参照されてはいないが、この結論からは、桜井がその後、相互行為としてのインタビュー、ライフストーリー論に至る過程は容易に想像することができよう。そしてライフストーリーという「社会学的想像力」を駆使することで、聞き取りという営みのなかで桜井は「人びとの社会学」に至ろうとし、それをよりくっきりと取り出せる手法をさらに構想していったのだ。

ただ、いかに〝自明なるもの〟を掘り崩し、そこで人びとがどのようにして「方法」や「社会学」を他者と共に用いているのかを例証し続けるとしても、人びとがなぜ、そこでそのようにして生きているのか、なぜそのようにして生きてきたのかを見ることはできないし、人びとが「方

法」や「社会学」を駆使して生きてきた、まさに人びとによって〝生きられた〟実践的な意味に至ることはできないだろう。桜井はその端的な事実を、初期論考の締めくくりで述べている。その言葉がもつ深い意味を味わいながら、この論考を閉じることにしたい。

「しかし、ほんとうに役にたつのは聞き取りそのものなのである。人びとのライフ・ストーリーの語りに耳を傾けたい」(桜井 1989 : 38)。

参考文献

岸衛・桜井厚 2012『差別の境界をゆく――生活世界のエスノグラフィー』せりか書房
桜井厚 1988a「被差別部落の生活史(1)――性規範・性役割の非対称性とその変化」『中京大学社会学部紀要』第2巻第2号、三一―七一頁
――― 1988b「語りのなかの女たち――被差別部落の生活史(2)」『中京大学社会学部紀要』第3巻第1号、一―七七頁
――― 1989「語りのリアリティ――被差別部落の生活史(3)」『中京大学社会学部紀要』第3巻第2号、一―三九頁
――― 1998『生活戦略としての語り――部落からの文化発信』反差別国際連帯解放研究所しが、リリアンスブックレット7
――― 2000「語りたいことと聞きたいことの間で――ライフヒストリー・インタビュー管理をめぐる争い」好井裕明・桜井厚編『フィールドワークの経験』せりか書房、一一五―一三一頁
――― 2002『インタビューの社会学――ライフストーリーの聞き方』せりか書房
――― 2005『境界文化のライフストーリー』せりか書房
――― 2012『ライフストーリー論』弘文堂
――― ・中川ユリ子・山本哲司 1995『生のかたち――被差別部落の生活史を訪ねて』反差別国際連帯解放研究所しが、リリアンスブックレット3
――― ・岸衛編 2001『屠場文化』創土社
――― ・小林多寿子 2005『ライフストーリー・インタビュー――質的研究入門』せりか書房
田宮武 1982『生きて闘って――南但馬の部落差別と解放運動』解放出版社
反差別国際連帯解放研究所しが編 1995『語りのちから』弘文堂
――― 編 1997『もうひとつの近江文化――部落生活文化史調査研究』滋賀県教育委員会
――― 編 1998『牛のわらじ――もうひとつの近江文化①』滋賀県教育委員会
――― 編 1999『スジ・ナカノモン――もうひとつの近江文化②』反差別国際連帯解放研究所しが
――― 編 2000『手縫い靴と職人――もうひとつの近江文化③』反差別国際連帯解放研究所しが

福岡安則・好井裕明・桜井厚他編著 1987『被差別の文化・反差別の生きざま』明石書店
野洲町部落史編さん委員会 1999『人びとが語る暮らしの世界──野洲の部落史』野洲町
好井裕明 1999『批判的エスノメソドロジーの語り』新曜社
──── 1999「書評：『人びとが語る暮らしの世界──野洲の部落史』」『部落解放』第462号、解放出版社、P. 58
────・桜井厚編 2000『フィールドワークの経験』せりか書房
────・山田富秋編 2002『実践のフィールドワーク』せりか書房
──── 2003「採集から構築へ─差別問題の生活史聞きとり研究の変遷─」『社会学史研究』第25号、日本社会学史学会、四五─五四頁
──── 2006『差別原論 〈わたし〉のなかの権力とつきあう』平凡社

「声」を聞く旅――「現場主義」に徹する

岸　衞

はじめに

「フィールドはいいね」。どこに出かけても一度は必ずこの言葉が出た。滋賀県内の被差別部落をフィールドにして、私たちは二〇年間に及ぶライフストーリー・インタビューを行ってきた。私は「桜井さんは、滋賀県の被差別部落で、ぼくの次によく知られているなぁ」といつも冗談で言う。事実、私がひとりで地域を訪ねると「あの千葉から来てた先生、どないしてはる」「きょうは桜井さん、来てはらへんのか」と聞かれる。私は地元の滋賀に住んでいるので、調査に行くときには、私が語り手とコンタクトをとって、日時を設定することが多い。遠くから来ている桜井さんだが、その日の聞き取りが終わった後、必ず「次回はどうしますかね」と、ある程度の目安と段取りをつけてから帰る。調査チームの他のメンバーが帰った後も、ふたりで地域の中を歩きながら、人と出会い、インタビューの約束を取り付ける。設定された「会館」などでのインタビューの場面より、その地域を歩きながら偶然に出会った人との間に「ほんとうのつながり」ができることが多いのである。私もあまり飲めないが、酒も飲まずに、人と深いつながりを作る。これも一種の調査を進める上での「技」であると思う。しかも人との関係の結び方に「厚かましさ」がない。「馴れ馴れしさ」がない。どちらかというと淡々と控えめに、むしろ「恥ずかしげに」結ぶ。これが調査での、人との関係の結び方の、一番大切なことだと思う。しかしインタビューにおいては「しつこい」。通り一遍の「語り」では済まないような迫り方を時々する。しかし語り手の多くは、「そこまで」話した満足感の中で「お礼」を言うことが度々あった。「そこまで」というのは、あらかじめ「用意してきたメモ」や「話そうと思っていた自分」を超えて、忘れていた自分や出来事までを思い起こさせるようなインタビューへのお礼、新たな自分の発見に対する満足感のようなものである。

二〇年間に渡って、三〇〇人以上の語り手と出会ってきた。そのうち桜井さんと二〇〇人ほどの「語り手」にインタビューをしてきたことになる。ここでは、その時々のエピソードを添えて紹介したいと思う。

１．普段通りの「スタイル」

一九九〇年三月、滋賀に「反差別国際連帯解放研究所しが」という研究団体が発足した。県内の中学校で起こった連続差別落書き事件をきっかけに、関西を中心に研究者が結集した。名古屋から、当時中京大学にいた桜井さんも、その中にいた。発足大会の写真を見ると、生活史部会の部会長として、壇上に並んでいる桜井さんが写っている。ほとんどの参加者がネクタイをして正面を見ている中で、桜井さんだけは革の肘当ての付いたグレーのセーター姿で、伏し目がちに腕を組んでいるのが、妙に目立つ。なぜ、滋賀の研究所に来ることになったのか。あとで桜井さん本人に確かめたがはっきり覚えていないということであるが、おそらく、野口道彦さんや福岡安則さんたちと実施した奈良の被差別部落での「生活史調査」がきっかけであろう。滋賀にはそれ以前に、湖西の琵琶湖の環境問題の質的な調査を、鳥越皓之さん、嘉田由起子さんたちとおこなっているが、被差別部落での「生活史調査」は、初めてであった。しかし発足と同時に、桜井さんは、差別事件が起こった地元の地域に入って、インタビューを開始している。とにかく「現場」に行ってみる。テープレコーダーとメモ帳とカメラをもって、フィールドに行ってみる。普段通りの淡々とした「構えない」姿が、桜井さんのスタイルなのかも知れない。

二〇一三年三月二二日、「最終講義のようなもの」という桜井さんの最終講義が立教大学で行われた。「〜ようなもの」と題したのも、桜井さん自身のスタイルなのだろう。あとの懇親会で、せりか書房の船橋純一郎さんは、乾杯の挨拶で「彼の飄々とした姿が、地域での聞き取りを可能にしたのだと思う」というような趣旨のことを述べておられた。そのあとの多くの人の「あいさつ」の中で、立教大学のゼミ生三人のあいさつが心に残った。「こんなえらい先生だとは知りませんでした」。「ふつうの優しいおじさんと思っていましたが、きょうはじめて、すごい先生だと思いました」。「先生、ふつうのおじさんと思っていて、すみませんでした。いつまでも長生きしてください」。三人三様、このようなことを言っていた。これが桜井さんのスタイルなのだ。普段のままの桜井スタイル。被差別部落でのインタビューの場面でも、「大学の偉い先生」という姿は見せない。最初、名刺を渡して、自己紹介しているとき、語り手は「あぁ、こわぃ。大学の先生」というが、インタビューが始まってしばらくすると、「大学の先生」であることはまったく忘れてしまっているし、インタビューの最後には、「ふつうのおじさん」と思っていることが多い。

関西方面に多いと思うが、少し被差別部落に入り、地域の人と関係ができると、「部落のおかあちゃん」とか「おとうちゃんたち」と言う人がいる。私はこの呼び方には、いつも違和感をもってきた。「親密性」を強調して、そういう関係ができたことを言っているのだろうが、私には、部落の人に対して「その親しさ」をわざわざ強調する醜さや「媚び」を感じてしまって、違和感があった。私は、どれだけ「親しく」なっても名前で呼んでいる。桜井さんも、時々、変なイントネーションの関西弁で話すことはあっても、語り手への接し方はいつも節度をもって、控えめである。もちろん、語り手を馴れ馴れしく呼ぶことは決してない。話し方や口調は、講義でも日常会話でもインタビューにおいても、ほとんど変わらない普段のままのスタイルである。

2．滋賀での生活史調査の始まり

研究所が発足した一九九〇年から実に二〇年、桜井さんは滋賀の被差別部落に通い続けた。野洲、木之本、米原、愛知川、近江八幡、彦根、栗東などの一一地区で、三〇〇人を越える人たちの「声」を聞いてきた。今から思うと、綿密な「フィールドノーツ」をしっかり記録しておけばよかったと思う。もちろん部分的には残っているが、テープに頼りすぎて「文字による記録」をしっかり残せなかったのが悔やまれる。最近、伊能忠敬の「琵琶湖と中山道を測る」と題した講演会があった。伊能忠敬の測量隊が泊まったと記されていたお寺の住職さんが、詳細な研究成果を報告してくださった。その測量技術の正確さ以上に驚かされたのは、伊能忠敬の測量日記である。日時、地名、宿泊所、さらには食事、その地域の様子など、じつに丁寧に記されている。紙と筆しか記録の術がなかったために、ここまで綿密なメモが残されたのだろう。私たちは、デジタルカメラやICレコーダーなどの記録媒体があるため、文字による記録が疎かになったのかも知れない。ここでは、部分的に私が書き残していた「フィールドノーツ」の一部を見ながら、桜井さんが通った二〇年間を辿ってみることにする。

先に述べたように、「解放研究所しが」発足の一九九〇年には、連続差別落書き事件の起こった地元の被差別部落に、すぐさま入っている。私は、そのターゲットにされた生徒たちとその親たちに座談会形式の聞き取りを実施しているが、桜井さんは、ここでも「淡々と」、その地域を生きてきたお年寄りたちにインタビューを試みている。当時、七五才から八〇才の人たちなので、多くの方が亡くなってしまっていて、今では貴重な資料になっている。聞き書き：「女たちの暮らし」と「奪われた仕事」として、研究紀要『解放研究しが』創刊号に掲載されている。そうした活動が県にも認知され、二年後の一九九二年から、県の委託事業として「部落生活文化史調査研究」を実施することになった。

フィールドノーツには、こう書いてある。

一九九二年　七月二二日　予備調査

最初に訪れた木之本町文化会館では、会館、教育集会所、解放同盟支部の人たちの歓待を受けた。自己紹介のあと、数分もすると、それぞれが水の問題、簡易水道のこと、分教場のこと、青年団のこと、「おこない」のこと、その他様々な仕事のことなどを話し出した。それぞれ年代が違うので、五〇年前から二〇年ぐらい前の地域の様子が入り交じっている。個別に聞く約束を取り付けて、会館を出た。その夜、宿舎で「滋賀の部落の状況」を若い二人の部落解放同盟の活動家から聞く。

七月二三日　予備調査　豊郷町　屠場

豊郷町役場の人の案内で、屠場を見学。その後、連絡もしていなかったのに、仕事が終わった西山さんが屠場に対する人々や行政の態度やとらえ方などについて話してくださった。「牛を割る」時の様々なエピソードについては誇りに満ちた表情で話してくださった。小さな小屋のようなところが屠畜場。そこで、割って、放血して、皮剥いて…と動作を交えて説明。店の奥に今も残っているその建物に案内してもらった。

八月一一日　木之本　老人会の人五名

男性は、青年期はほとんど名古屋、北陸方面に仕事を求めて出て行くか、「行商」の品物を求めて各地を転々としている。行商の品物も実に様々で、お盆、傘から鏡台まであり、それを自転車に積んで京都まで売りに行ったようである。

九月一〇日　解放同盟支部長、区長、教育集会所所長、老人会長、その他三名

「子どもの時て、遊びというよりも『薪取り』が遊び

のようなものやった」と語る。学校から帰ったら、みんな山へ行った。薪の取り方は人や年代によって少しずつ違っていたようだった。足に縄を巻いて、直接、木に登る方法、棒の先に鎌をつけて枝を切り落とす方法などが主だったようだ。北国街道に面していて、木賃宿をやっていた上田さんの実家では、街道に面した部屋の戸を外してそのまま舞台にして素人芝居を楽しんでいたようであった。それがなくなった頃、むらの南のはずれに、旅芸人の「芝居小屋」が立った。いつ頃からいつ頃まで、それが続いたかはっきりわからない。

一〇月三日　西山さん

西山牧場で聞き取りを実施した。約二〇〇頭の和牛を育てる西山さん。自慢の子牛を見せてくれた。「牛は鼻紋で、その血統がわかるんです」と牛の血統書を見せてくれた。父親の後ろについて牛を買いに行った話。屠場での苦労話。しかし「その屠場も廃止になって…」と寂しそうに語る。

一〇月一九日　北国街道・脇往還、木之本周辺なども歩く。老人会の人三名

解放運動については、もう少し聞き出せていない。戦後の解放運動について、わけても滋賀の運動について、朝野温知氏の存在は極めて大きい。ただ朝野氏の運動の方針が地元の住民にどの程度受け入れられたかは、はっきりしない。分教場（後にそこに、保育所を開設）に住んでいたが、朝野氏自身は、滋賀県全域、全国的な活動をしていて、その影響力は薄かったと想像できる。現在、奥さんと娘さんが住んでいる。

一一月九日　祭り（おこない）の打ち合わせ

一一月二二日二三日二四日　おこない（ビデオ収録）

「おこない」は湖北に特徴的に見られる神事である。ビデオ収録については地元の人々の願いでもあった。今、「おこない」への関わり方は様々である。「わしらの若い頃は一〇俵からついた。青年団がしきってたから」と懐かしく語る古老。家族で帰省して回りから見ている若い夫婦。祭りのハッピを着て楽しんでいる子どもたち。餅幹事で「おこない」の中心を担う氏子総代。緊張した表情の「宮守」さん。

一九九三年

一月九日一〇日一一日　大神楽・獅子舞い（ビデオ収録）

三日間の取材を通して、人たちのようすが少し見えて来た。

「伊勢大神楽」の獅子舞いは、現在、甲賀郡を中心に一月から三月頃まで回る。「〇〇太夫」として大規模な

一団を形成しているのは、現在、二軒ある。われわれは水口町の八田と名坂を回る二日間、取材をした。昔は、近くの神社などで半日、舞いや芸をやったそうであるが、現在では各家での舞いが中心になっている。

三月一二日　山川原会館　区長、副区長、支部長、館長

聞き取り調査を始めるに当たっての挨拶。調査の主旨と調査方法について説明した。地区の概況についてもお話をうかがった。その後、解放同盟支部長さん宅へうかがい、奥さん（元県連婦人部）にも挨拶。同和対策事業以前のＶＴＲを借りた。

四月二三日　江北図書館、清泉閣

今後の調査計画の打ち合わせとともに図書館などで資料、文献調査を行った。宿泊。

五月三一日　山川原会館　区長、老人会長、元老人会長二名、他三名

比較的ムラの歴史にも詳しいお年寄りにお話をうかがった。個人の生活史についての質問にはとまどいもあったようだ。ムラの特質を自嘲気味に表現する人がいた。太鼓づくりの作業場を見せてもらい、太鼓の大きさに圧倒される。

六月一六日　木之本　老人会長夫妻（自宅）

個別のテーマとの関連で聞き取りをすすめることになり、地区の事情に詳しい老人会長さん夫妻の自宅にお邪魔してお話をうかがった。

六月二五日　山川原会館

山川原の調査も軌道に乗ってきた。個別に人間関係も成立し、私たちの調査の趣旨も理解されつつある。聞き取りの後、二名が「太鼓湯」と「奉行石」の場所に案内してくださった。

八月四日　山川原文化会館　四名

個別に聞き取りをすすめ、個人の生活史をうかがった結果、インタビューのあとで「警察の尋問みたい」という反応を返した語り手がいた。聞き取りの主旨や方法について充分理解が得られていなかったのではないかと反省する。桜井さん、久々に怒りをあらわにした。

八月四日　木之本　書記長さん（自宅）

夜、自宅に伺って、聞き取りを実施。川魚の煮付けや鮒寿司などの料理をご馳走になりながらの聞き取りになった。

八月五日　木之本町文化会館

まとめのため、焦点をしぼった聞き取りをする。解放運動とムラの関係やおこない儀礼の具体的な聞き取り、婚姻儀礼の慣習、行商についてなど。

数人のメンバーと、けっこう精力的にフィールドに入っている。手探りで始めた調査であるが、解放同盟の支部役員、行政の関係職員、そして老人会、民生委員など、町の役職にある人たちから「語り手」を広げていっている。木之本では、「おこない」という町にとって大事な行事のビデオ撮影をすることによって、一気にいろんな人たちと関係を持つことができるようになった。同時に、「おこない」という神事が、時代の流れで簡略化されてきたものを、これを機会に「昔からやっている本来のやり方」でやってみるということでおこなわれた。夜中の神事は、女性はいっさい参加できないものであったので、女性たちは、編集した私たちのビデオ映像を見てはじめて、「おこない」の中身を知ることになった。また牛を育て、牛をさばき、精肉やホルモンを売る。これらを一手にやってきた西山さん。心込めて牛を育て、さばく。いろんな思いがあるが、屠場が閉鎖され、県内二カ所に統合された。その寂しさには耐えられない表情を浮かべた。屠畜も「太神楽」や「太鼓祭り」などと同じように人の生活につながる文化だということがよく分かる。

桜井さんは、この調査に中京大学の大学院生を連れてきていた。彼女は、インタビューも文字起こしも積極的にやっていた。ライフストーリーに関心を持った学生をフィールドに連れてきて、どんな動きをするか見ているようでもあった。他に男子学生も二人ほど連れてきたことがあったが続かなかった。彼女だけは、この二年間、このフィールドに欠かさず足を運んでいた。なんと、この頃、トランスクリプトの担当や研究会の報告のテーマ、次回の調査日程などを書いた「葉書」を桜井さんがメンバーに送っている。そこに「パソコン通信が使えます」と小さく書かれていた。まだメールによる通信手段が一般化していなかった時期なのであろう。アドレスはHAH30…というアルファベットと数字がならんでいたが、私もはじめて目にしたように記憶している。この一九九四年付けの消印の葉書が、私の手元に残っている。この調査のメンバーには、他に大学の教員、高校の教員も参加していたが、インタビューの方法やトランスクリプトには、ほとんど素人であったので、桜井さんが細かい指示を出していたのである。参加した他の大学の教員は、トランスクリプトを、質問の趣旨が分かればいいという感じで、特に聞き手の質問については、省略しているものもあって、何度か議論していた。そんな議論の中で、私たちのトランスクリプトの「逐次起こし」が定着した。そして徐々に、「笑い」や「間」、「同時発話」などのルールも決められていった。さらにそれを編集して、読みやすい「語り」のデータにする。はじめに語り手の紹介を簡単に記して、ひとかたまりの話題ごとに「見出し」をつけて、読みやすく編集する。各自のトランスクリプトの段階では、語り手はイニシャルで表記しているが、編集版では男性Ma、女性Faと表記していた。今から考えると、出版を目的としない場合は、編集版も名前などそのまま表記しておいた方がのちのちデータとして使いやすいと思う。データの保存は当時、まだ2DD・2HDのフロッピーディスクを使っていた。パソコンはIBMのThinkpadであったと思う。トランスクライバーは当然、フットコントロールの付いたソニーのBI-85Tというのを使っていた。桜井さんはその後、こうした通信機器やパソコンについては、いち早く先端のものを手に入れて使っていたように思う。

3.「語り」に学ぶ

一九九四年

五月五日　太鼓祭り　山川原　若宮神社

太鼓祭りの一つ。直径二メートルの大きな太鼓をかつては御輿のように担いだが、現在は車に乗せて運ぶ。祭りの後、神社の境内で酒を飲み交わすのに参加。新たな語り手と出会えた。改めて個別に聞き取りの約束をする。

七月二二日夜、本田さん宅訪問

「話はいつでもできますから、まぁいっぱいやりましょう」ということで、予期せぬご馳走をいただくことになった。予期せぬ出来事は「聞き取り」調査には必ず出てくる。こんな突然の出来事があるから聞き取りはおもしろい。

八月三日　木之本文化会館

調査者が各自のテーマを絞りながら聞き取りを実施。夜、宿泊しながら、その情報を交換し、データを共有する。

調査二年目で、すでに何軒かのお宅にお邪魔してインタビューをしている。しかもいろんな「ごちそう」をいただきながら、テープを回していた。そして、この頃、調査が終わって、宿泊所で、報告会や研究会をよくやった。差別が語られると、その語りの内容と同時に「差別の本質」など、語りに解釈を加えて報告していたが、このことも次第に、差別の語り方や聞き手（調査者）の問いにも注目するようになり、「語り」をこちら（調査者側）の解釈でまとめないようになっていった。それにつれて、編集も最初は、同じ話題が語られている場合は、語りの順番を入れ替えて、話題ごとに整理しなおして編集していたが、次第に、語られた順番に、小見出しをつけるだけで、同じ話題が、あとで語られても、それをそのままの順序で編集していくことにした。なぜ、そのとき、先の話題を、思い出して再び、後になって語ったのかなど、「語られ方」や「語りにくさ」や聞き手との関係にも注意を払うようになった。さらに、終わりに近づいてお互いにお礼のあいさつを述べているとき、そこから「本格的な語り」が始まることもあった。私たちは、いったん切ったテープレコーダーの電源を慌てて入れなおすことも何度かあった。

このようにして、私たちの調査もやっと軌道に乗り出して、三年間の調査の整理の段階になった一九九五年、桜井さんはイギリスのエセックス大学に客員研究員として留学することになった。だから三年間の調査をまとめた『語りのちから』（弘文堂）は、イギリスで編集した。私は、コルチェスターの桜井さんが借りていた家に泊まって、最終の編集作業を手伝っていた。「これを、イギリスで（編集）するとはね」。私たちは苦笑いをしながら、日本にいる他のメンバーとメールのやりとりや、電話での連絡も重ね、桜井さんのイギリスでの本来の仕事の合間を縫って、やっとの思いで、編集作業を終えた。

その頃の私たちの調査は、「生活史」という表現を使っていた。生活史聞き取り調査と呼んでいたように思う。フィールドに行って話を聞く。そこに生きる人びとには、その人たちの生きる「戦略」があるはずなので、そうしたものを「語り」の中から見つけること。語りの中には、その時代やまわりの出来事などに対する「それなりの生きる術や思い」がある。それを明らかにして記述したいというのが、私たちの調査の意味であることを共有するようになっていった。私は、「なるほど、その通りだ。わかったつもりで、学者の知識で状況を説明して、結局は『人を支配するための学問』になってはいけない」と思ったが、メンバーの中には「語り」をそのまま事実としていいのか、文献等で実証しなくていいのか、などの疑問を持つメンバーもいた。

4．「もうひとつの近江文化」として

桜井さんが日本にはいなかったが、一九九五年、私たちは新たな調査地に入った。近江八幡市の被差別部落で、ひとつは多くの人が食肉関係の仕事に従事する町で、もうひとつは伝統的な「八幡靴」を生業にする町である。一年後には、桜井さんも合流し、その地での本格的な調査が始まるが、一九九八年に桜井さんは、千葉大学に移る。それでも、滋賀に通い続ける。千葉でも、部落差別関係資料の整理や佐倉市でインタビューもやりながら、滋賀にも通い続けた。そして私たちは、かつて「部落産業」と言われた「仕

事」に関心を持つようになっていく。

「近江八幡市と畜場」という市営の屠場があった。訪ねた頃はまだ、係留されている牛を、一頭ずつ屠夫が手綱をもって連れてきて、ピストルでノッキングし、解体していた。その地域で聞き取りをはじめて一年ぐらいの間、食肉関係の仕事で京都や大阪に「すけ」として働き行ったことは語られても、屠場そのものは、そこにあるのに「語られること」はなかった。地元の子どもたちには、「仕事を伝えたい」と、学習の一環として屠畜場を見せてきた。先生たちの研修にも公開してきた。「おじさんたちのおかげで、美味しいお肉が食べられる」「おじさん、ありがとう」と教えられるが、しかし「見てはいけないものを見てしまった」という視線を、屠夫たちは感じてきた。「こんなん見たら、お肉、食べられへん」とささやく先生たちの声も耳に入った。「隠すことではない」。屠夫たち自身も、ジレンマを抱えながら、周囲に正しく知ってもらう努力を重ねてきた。私たちは頻繁に屠場に通い続けた。一年後、写真を撮ることが許された。屠夫長や場長にも話を聞けた。その後、屠畜関係の仕事に携わる家畜商（博労）、ゴミ皮屋と言われる化製場の経営者、内臓業者、食肉卸業者などにもインタビューができた。それらをまとめて、二〇〇一年、『屠場文化――語られなかった世界』（創土社）を出版した。

ちょうどその直後、ＢＳＥが発覚し、屠場は公開されなくなった。しかし私と桜井さん、地元の高校教員の田中政明さんだけは、その後も入ることが許された。それほど屠場に足を運んだのである。

その頃のフィールドノーツをみてみよう。

二〇〇一年六月四日（月）　屠場訪問　『屠場文化』渡す。場長、屠夫長、副屠夫長

屠夫長は文章より写真に関心。「こんなけか」と少し不満な感じ。写真を撮るにあたって、業者や内臓屋さんといろんなやりとりがあった。それを乗り越えて屠夫組合として、写真撮影に踏み切ってくれた。「今の屠畜の『わざ』を残しておくために」屠夫長は、われわれに写真を撮ることを許したのである。だから写真を真っ先に見たのだ。またこの調査にはじめから最後まで協力し、何度かの聞き取りにも応じてくれた場長さんは、自分たちが話したことがどのように書かれているのか気になっているはずである。場長は「ゆっくり読ましてもらう」といった。

その後、山川原会館　支部長宅を訪問

皮革産業を営むために東京、墨田区、荒川区に移り住んだ人たちが多い。七年程前、ここで聞き取りをしたと

き、冗談交じりに「成功したやつはみんな、東京にでていきよった」「ここに残ってるのはかすばっかりや」と何人かの語り手が言った。そのことを受けて、部落から「出た」人たちの生活史に興味を持った、私たちは、すでに東京で、何人かの滋賀県の部落出身の人たちに、話を聞いてきた。それで、再度、その地元を訪れてみた。

六月三〇日（月）　屠場

枝肉一七〇ｋｇ〜二二〇ｋｇ、一頭およそ四〇〇ｋｇから四五〇ｋｇ。一ｋｇは二〇〇〇円から二五〇〇円、一頭およそ一〇〇万円。『屠場文化』をみて、親方たちはびっくり。特に写真について。屠夫長が「わしがええゆうたんや」と言ってくれている。逆に内臓屋さんは「ここまでしっかり書いてくれるのなら、わしらも写真、撮ってもええ」と言っているようである。臼井場長の話。枝肉にある部位で、ヒレからつながる大隔膜が正肉についている。それを「サガリ」という。今になって、それを知る。

八月一〇日（金）　屠場

『屠場文化』の訂正箇所の確認。臼井さんから何カ所か指摘を受ける。

八月二八日・二九日　東京墨田区桜井・岸

区役所…皮革、手仕事、職人の関係の資料やパンフレットを入手

〇〇さん　一九二八年生まれ、昭和二七年、兄を頼って墨田に出てくる。男三人、女五人の八人きょうだいの三男。タンニン鞣しからはじめて、昭和三五年頃現在の染革工場をつくる。

一〇月二二日（月）　墨田区社会教育センター　解放同盟墨田支部　桜井、岸

〇〇さん　一九三七年生まれ、男五人、女四人の三男。（省略）おじさん（祖母のおい）を頼って二男が一七才の時に墨田に、家で農業の手伝いをしていたが、一七才の頃、墨田にくる。鞣しから仕上げまで。昭和三八年結婚。

二三日（火）　荒川区さつき会館訪問　墨田区社会教育センター

〇〇さん　一九四一年生まれ、男四人、女三人の長男。電気屋を経営、二男三男も電気屋。結婚相手は市田家の八番目の娘さん。市田家は早く墨田に出てきて、市田産業を創立。

〇〇さん　一九一六年生まれ。男六人、女一人の長男。一五才の時、知り合いを頼って東京。月給半月で二円。鞣しからはじめて、今は豚革のカラーレザーの仕上げをやっている。

二六日（金）　近江八幡市屠場

作業はＢＳＥの影響を感じさせない。いつも通り行われていた。内臓は大きな冷蔵庫が四つ設置されていて、牛の番号ごとに分けられ、検査結果がわかるまで保存。背引きは従来通りだが、脊髄を取り出し、水洗いをし、大きなスプーン状のもので、背骨についた脊髄を取り除き、脳、延髄、眼球、小腸の一部とともに焼却処分。作業の手間は倍以上かかることになった。場長と屠夫長に少し落ち着いたら話を聞かせてもらうことを約束。

一一月一〇日（土）一九：〇〇～二二：三〇　区長さん宅　山川原

　区長さんの息子さんに聞き取りの約束をして訪問。区長さん、そのことを忘れていて、慌てて電話で呼んでくれるが、困難な様子なので後日に再度お願いすることにして、少し雑談をして帰る。

一一日（日）一〇：〇〇～一三：三〇　末広教育集会所調査報告会　『屠場文化』を読む

　スライドを使いながら、屠場の中の様子を紹介。もちろん屠場にカメラが入るまでのいきさつについても報告。

　１　食肉に関わるさまざまな仕事、屠場に関わるいろんな人びとの語り
　２　屠場の中での作業
　３　末広の食文化　なかのもの・どろ・こごり
　４　化製場をめぐる人と人の関係　ゴミ皮屋

を中心に報告。案外、地元の人でも屠場の中は見たことがない人も多い。武佐学区全体になれば、存在そのものも知ろうとしない現実がある。

一二月一五日（土）屠場　一〇：〇〇～一六：〇〇

　臼井場長、屠夫長に、ＢＳＥ以降の屠場の状況を聞く。途中から、今まで聞き取りを拒否していた化製場の親方、村松さんが、今までのことも含めて話してくれた。化製場の移り変わりや以前の活発だった頃の岐阜や名古屋の皮屋、鞣し業者との関係なども話してくれた。これは『屠場文化』を読んで、屠場や化製場の紹介の仕方や語りの記述の仕方を一定評価してくれたものと考えられる。

　午後は、森村さん宅で、聞き取りを実施

　これからは本来の「昔の」近江牛の育成の原点に戻って、味と伝統を守ることしかないのではないかという言葉が印象的であった。

一二月二六日　屠場訪問　場長　岸

　最近、屠畜頭数が増えている。五〇頭前後で推移。昼から末広教育集会所で、大阪の小中学生子ども会との交流会があって、屠場のフィールド・ワーク、場長の臼井

さんの話があった。子どもたちは屠場の中には入れない。最近、団体での見学は受け付けていないようである。

この『屠場文化』を出版した後、私たちは滋賀から東京の墨田区や荒川区へ出て、皮革業を営む人たちを訪ねている。滋賀で太鼓や皮の鞣しなどを生業にしていた人たちが、明治初期、皮革の「技」を持って浅草で皮革業を興したのである。その後、表向きには東京の都市化計画であるが、「魚獣化成場取締規制」という差別的な法律の下、浅草から当時は郊外であった隅田川、荒川周辺に移住させられた。その地を、私たちは訪ねたのである。そしてこの『屠場文化』は、地元の関係者には「好意的に」受け止められたことがフィールドノーツからも伺える。牛を解体する屠夫組合や精肉を扱う家畜商と皮や内臓を扱う化製業者などとは組織が違っていたので、私たちの写真撮影は、解体の工程だけで、内臓の処理は写せなかった。しかし化製業者の中に、「ここまで、わしらの話聞いて、ちゃんと書いてくれるんやったら、わしらも写してほしかった」という人がいるということを、場長さんから聞いた。

この頃から、こうした私たちの調査を「もうひとつの近江文化」と表現するようになった。一九九七年、滋賀県への報告書は『もうひとつの近江文化』という表題になっている。そこで桜井さんは従来の被差別部落に対する調査の多くが、アンケートによる量的統計的調査であった。また古文書史料を中心とした歴史的文献の発掘や、その補助資料として若干の「聞き取り」調査が行われてきたにすぎないことを指摘して、私たちの調査の目的を「ある個人の生活史やその個人が体験した出来事の語りをもとに人びとの生活や生き方を探ろうとする方法です。別の言い方をしますと、個人が自己と自己の周りの世界をどのように解釈し、どのように整理しているかを、語り手の経験をもとにした語りから再構成しようというやり方です」と説明している。

さらにインタビューによって得られた「語り」をもとに、語り手の生活世界をできるだけ語り手の「語りたかった」ことを可能な限り「そのまま」描くことが大切であること。語り手が、周りの視線や社会のあり方に規制されながらも、自分なりの自律性やさまざまな知恵を働かせて生きてきた姿が見えてくる。それこそが最も大事にしなければならないことである。さらに「あぁ、そういえば」と、語り手が語りながら思い出すいろんな出来事、また「今から思うと、あれも差別やったんかもしれんね」と語りながら、語り手自身が自分の過去の出来事を新たに発見することも多い。このように被差別部落の人たちの「語り」の中には、その時代を推し進めてきた「支配的な価値や文化」に対して、生活に根ざした生きるための知恵、しかもそれ自身一つの自律性をもった戦略があった。そうしたものを「もうひとつの生活・文化」と表現していた。

5．「生活戦略」としての語り

　桜井さんはまた、この頃から「生活戦略」という言葉を使うようになっている。それは、おそらく野洲市や米原市でのインタビューから発想されたものだと思う。

　風呂や炊事など日常生活で、当時、「柴」は必需品である。しかし山を持っている人はほとんどいない。そこで「盗み柴」をやったということが語られた。よその山に入って柴を持って帰る。話は、さらに秋になると「松茸」が採れる。隣村の山を入札で落として、よその山にも入って松茸を採って、「客山」として、関西方面の客に振る舞う。山の持ち主は、儲かるので喜んでくれる。モンドリという仕掛けを田んぼに置いてドジョウを捕る。よその田んぼにモンドリを仕掛けておいたが、翌朝、そのモンドリが畦に放り出されていた。「誰や、俺が仕掛けたモンドリ、放り出したんや」と、田んぼの持ち主に怒鳴り込みに行く。よその田んぼに仕掛けているので、自分が悪いことは分かっているのに、文句を言いに行く。持ち主は驚く。さらに、語り手は「わしらは、これで商売してるんや」と一喝して、田んぼの持ち主を謝らせている。これらは、ややもすると差別の原因にされかねない語りである。

　また湖北には、鮎を捕る独特の漁法がある。米原の天野川でもおこなわれていた。オイサデ漁と言われ、長い棒状の先に鳥の羽やこうもり傘の布を取り付けて、鮎を網に追い込みながら捕る漁法である。この川で漁業をするのには、当然、「漁業権」がいる。もともとこの村には漁業権はないが、生活は漁業で成り立っていた。約束で「三分七分」「四分六分」などと、捕れた魚の多くを、漁業権を持つ村に渡さなければならない。そこで、「夜打ち」をして、収穫量を増やした。夜、少し離れた大きい川に行って、鮎を捕る。もちろんそこには漁業権はない。呼び合う声で、名前が「ばれない」ように、その頃の男は全員「あだ名」で呼び合っていたというのである。聞き手には、実に興味ある語りであるが、これらも、差別を助長しかねない行為である。それをあえて、聞き手である私たちに話したのは、どうしてなのだろう。

　私たちが信用されるようになったのか。「この人たちなら、話しても、大丈夫だろう」と思われたことは確かだ。しかしそれ以上に、土地がないとか、山や川の権利がない中で、「私たちはこうして生きてきた」ということを伝えたかったに違いない。生活する上で様々な困難な状況の中で、その生活をしのいできた道筋が見えてきた。いろんな状況の中で、仲間とともに「新たな仕事」を見つけていった。部落の人たちにとって、仕事は自分たちで見つけ、切り開くものである。決して国や自治体から保障されるものではなかった。その姿から、これらを「生活戦略」と、表現するようになった。一九九八年五月に桜井さんは、解放研究所しがのブックレットに『生活戦略としての語り――部落からの文化発信』を書いている。この頃、データの保存はコンパクトディスクに変わっていた。

6．伝統的な「部落産業」を聞く

近江八幡市のもうひとつの訪問地は、「八幡靴」を生業にしてきた市街地にある地域である。その伝統を受け継ぐ「コトワ」という靴工房がある。今年（二〇一三年）三月、「どうしてますか」と顔を出した。一階では、底付け師の織田さんが笑顔で迎えてくれた。七五才になった織田さん、今でも週三回「靴の学校」に、若い職人を育てるための講師として大阪に行っている。しかしこの工房は、今では九州からやってきた人の経営になっていて、インターネットで注文を受けた靴を、職人さんたちが請け負ってやっている状態である。

はじめてこの工房を訪れたのは、一九九六年頃である。私たちは、当時、解放の拠点としてあった地域の会館から、今も八幡靴の伝統を守り続けている「コトワ」の情報を得て、訪ねてみた。「会館でお話を聞いて、寄せていただきました」と挨拶するが、誰も「よそからの訪問者」には目もくれずに黙々と背中を丸めて仕事に向かっていた。しばらくして、やっと二階で、甲革の工程をしている峠岡孝二さんが、「お宅ら、どこから来やはったん」と声をかけてくれた。彼は、当時六五才で、「これも（八幡靴）、もうようもって、あと五年ぐらいですわ。七〇になったら、細かいで、見えん」と笑ってくれた。「注文も、入らしまへんしな。今は百貨店で、実演販売やら、皮革製品の企画で売るくらいでっせ」と、仕上げの行程と販売を担当している山本積さんが、愛想よく応じてくれた。しかし一階には、ひとり窓に向かって黙々と底付けをしている職人さんがいた。織田悟さんである。当時は顔も合わせてくれない。シャツと作業用の膝当てを縫い付けたズボン。手は、脂などが染みこんだゴツゴツした仕事師の手である。顔には無精ひげが残っている。私たちが訪れて三年後、「若い女性の弟子入り」と地方紙やファッション誌などが取り上げた。皮革製品に興味をもった女性が織田さんのもとを訪ねて、「弟子入り志願」をしたのである。はじめは「冗談やろ」、「男やったらええけどな」と内心思いながら、彼女たちの熱心さに負けて、引き受けた。なんと、それから織田さんのシャツがおしゃれなTシャツになり、無精ひげはなくなっているではないか。はじめ、黙って顔も合わせなかったし、ビデオや写真も「手ならいいが、顔は写さないで」と言っていた織田さんが、笑顔で私たちを迎えるようになり、また夕方の関西のテレビ番組に『伝統を受け継ぐ　八幡靴』の取材に出演していることもあった。

今、私が訪れても、必ず「桜井さんは、きょうはいやはらへんのか」と聞く。織田さんの「変化」を、追い続けたのは桜井さんだったからである。この三月、「今度、桜井さんの『最終講義』に東京に行ってきます」と言うと、「あぁ、この前、今年で退職やゆうてはったな。よろしぃ、ゆうといて。ほてから暇になったら、また来て、ゆうといや」と笑った。織田さんは、今も桜井さんが来るのを心待ちにしているひとりである。

7.「滋賀の食べ物は美味しいね」

米原市の調査で、お世話になった山本さんという方がおられる。特に桜井さんは、当時の米原町が実施した「仕事を中心にした生活史調査」の時から関わっているので、二〇年のおつきあいということになる。山本さんには、語り手の紹介や、地域の運動や仕事の状況など、いろんな情報をいただき、お世話になった。いつ、伺っても、夫婦そろって、温かく迎えてくださった。山本さんにいただいた「さいぼし」や「鮎の冷凍」などの味は忘れられない。鮎を炊き込みご飯にすると、実に美味しかった。この鮎は、先ほども紹介した「オイサデ」という独特の漁法で、近くの川で獲れたものである。「さいぼし」は、馬肉の燻製である。馬肉に塩を振りかけ、一晩置いて、翌朝、栴檀の木で燻すのである。関西を中心にいろんな地で作られているようだが、私は、この米原か近江八幡の「さいぼし」が、肉厚で最も味わい深いように思う。

千葉や東京から、遠い滋賀のフィールドまで通い続けた理由のひとつは、ほかならぬ「滋賀の食べ物の美味しさ」にあったのかも知れない。木之本で、会館に布団を借りて合宿していたとき、解放同盟の支部長が気を利かせて「これ、一回食べてみて、ここの料理や」と言って、クレソンと牛肉を煮込んだものを持ってきてくれた。クレソンは、家の近くの川縁にたくさん繁茂していた。また屠場を訪れていた頃、突然、屠夫長から声をかけられた。「今度、ええもん食わしたるわ」と誘われた。私は「『ええもん』て、なに」。「ええもんは、ええもんや」、屠夫長は笑いながら答えた。「今度、いつ来れるか」と、聞かれて、屠夫長が本気であることを知ったので、私は「桜井さんにも食べてもらいたいので、他のメンバーにも相談して知らせます」と言って、その日は別れた。後日、日程調整して、屠場での「食事会」は実現した。その日、顔を出した私たちを見て、「おぉ。来たか。用意してあるで、待ってて」と言って、屠夫長は屠畜の仕事にかかった。その間、私たちは事務室の方で場長さんと話していた。当日の屠畜が終わって、風呂に入って、屠夫長は早速、料理の準備にとりかかった。出てきたのは、古米と野菜をすじ肉や血管などと炊き込んだ、この地域独特の「ドロゥ」というものである。すじ肉のうどんも用意されていた。メンバー四人と場長も交えて、昼間の小さな宴会が催された。数ヶ月後、場長は「私も、こんど珍しいものを食べてもらいますわ」と、申し出てくれた。「内臓のいろんな食べ方を紹介して、先生たちに味わってもらいます」というわけである。よく知られているテールスープや「こごり」だけでなく、内臓の各部位を茹でて酢味噌やショウガ醤油で食す、さらに心臓の天ぷら、そして「これは、親方が知らんから、『しらず』というもんです」と説明して、私たちに見せてくれた。これは、牛の脳下垂体とか甲状腺リンパとも言われるもので、ノッキングのすぐあと、頸動脈を切るときに、屠夫たちが素早く取り去って、親方が知らないうちに手に入れて食していたそうである。「でも、これは、よう（よく）焼かな、腹、こわしてしまう」と言いながら、焼いてくれた。さすがに「コリコリ」した食感があって、美味しい。あとは、「ここらでは、『マント』と言われてますが、牛の横隔膜です」と広げて見せてくれた。これもよくあく抜きして茹でて食する。そして極めつけは、近江八幡市の老舗の肉屋さんの「すきやき」、「しゃぶしゃぶ」。口に入れると、溶けるような……

桜井さんは、滋賀に来るたびに「滋賀の食べ物は美味しいね」と言っていたように思う。

8. 「正直、差別、経験してみたい」

二〇〇三年頃からは、私たちは、人の動きと若者たちの「自己認識」に関心を持つようになった。かつて被差別部落を特徴づけていた近隣地域からの「閉鎖性」や人口の「停滞性」などという状況は大きく変わってきた。いわゆる労働人口世代の多くが都会に出て行っている。部落内外の差異はなくなりつつあった。結婚はいわゆる「通婚」が進み、「余所から来やはった、知らん若い嫁さんが増えてきてますわ」という。しかし一方で、今、若者の中に地域を離れない傾向が一部には出てきている。大学時代は「外」に住んでいたが、就職に行き詰まって帰ってくる。そうした若者の中には、差別を経験していないものも多い。「正直、一回、経験してみたい」と笑う。そうした若者が、今、各地域で「集まりだしている」。仲間で話し出している。従来の行政機関の「隣保館」「総合センター」活動がなくなり、自分たちで集まりだしている。「差別を受けたことがないと」言いながら、「受けるかも知れない」不安からである。

「余所から来た若い人が、けっこう勉強会とかに来てくれて、がんばってくれてます。けど、家の年寄りが、そんな会、行くな、ゆうんですわ」という地域のリーダーの女性。

「もう、子ども二人とも、部落に関係なく、生きてますわ。あかんのかも知れんけど、私、もう、それでもええかなぁ、思うてます」という母親。

「（子どもたちに対して）そういうこと、触れないといけないのかどうか。触れてないですね。我が家は」という母親。

突然、娘さんが「私、部落なん」と聞いてきて、とまどう父親。

また、父親は部落出身だが、部落外に生まれ、育った若者が「部落民かどうか、びみょう」と笑う。バイト先で、「どこから来てるの」と客に聞かれ、「言ってもいいんだけど、それで、顔色変わるの見るのイヤだし」という若者もいる。

さすがの桜井さんも、若者たちへのインタビューでは、「大学の先生」になっている。「例えばだよ、君に向かって直接、差別的な発言がなされた場合、どうなの？」と、問い詰めたりしていた。

桜井さんは、二〇〇五年、「部落出身の『今』――アイデンティティ形成と新たな困難」として、部落問題の現在の問題を明らかにしている。そして二〇一二年、私たちは、二〇年におよぶ滋賀でのライフストーリー調査を『差別の境界をゆく　生活世界のエスノグラフィー』（せりか書房）にまとめた。

この頃のデータ保存はすでにメモリーカード、ＵＳＢメモリーに変わっていたし、データのやりとりはすべてパソコン通信で行っている。そして文字だけでは伝えられない込み入った打ち合わせや相談は、スカイプを使っていた。顔は映らなくていいのだが、夜中に「おじさんふたり」がスカイプで、「声、小さいね。聞こえてるの」「聞こえてるで、桜井さん、映り悪いなぁ」などと言いながら…。なんとも暗い話だ。夜だったから。パソコンはパナソニックのレッツノートを使っている。この頃になると、なかなか馴染めなかったＩＣレコーダーを使い、やっとパソコン上でトランスクリプトできるようになった。

この二〇年の「語り」のデータをどのように、整理し保存していくのか。保存の形式もフロッピーからUSBメモリーなどと変わってきている。また初期の頃のテープレコーダーでの録音をどのようにしてデジタル化して保存するのかなど、今後の課題も多い。

9．一四年ぶりの「再会」

二〇〇六年

六月一七日（土）　今年度調査の方向性を話し合う　大津

湖北・米原・彦根を中心に、部落内外からの部落認識、世代間の認識の相違など、聞き取りを通して明らかにする。

七月一日（土）～四日（月）　一四年ぶりに、調査として木之本を訪問

一九九二年から九五年まで、生活・文化の聞き取りを行って『語りのちから』としてまとめた。それ以来である。人が代わり・地域も変わった。そうした変わり方も含めて聞き取りができるか、様子を探る。

教育集会所を訪ねる。

信楽会館に、朝野温知さんの妻を訪ねる。九〇歳を越える高齢であるが、お元気で、私たちの訪問を歓迎してくれた。娘さんにも出会う。娘さんを中心に、ここでの聞き取りを展開することになりそうである。

（中略）

二四日（月）　県教育委員会人権教育指導課を打ち合わせ　昨年度の報告書の件　今年度の調査の確認

七月三一日（月）　調査依頼のための訪問　予備調査

八月一日（火）～六日（日）

一日　品川屠場　新幹線品川駅から、波を打ったように出勤のサラリーマンの列が動く。駅ビルがそびえ立つ。周辺には高層マンション群。メイン道路から少し入ったところに東京都食肉流通センターがある。マンション住人から、窓下に豚や牛がいるので、びっくりしたという話を聞いた。

二日　横浜屠場　「生麦」という日本史で聞いたことのある地名を通り過ぎて、大黒ふ頭の方へ向かう。屠場への曲がり角に、差別反対、狭山差別闘争の看板がある。「わしらは、牛や豚を殺して生活している」という。逆説的な言い方だ。大阪の人権教育では「おじさんたちの仕事のお陰で、おいしい肉が食べられる」「牛さん、おいしい肉をありがとう」と教えている。そんな「ありがたがってもらわなくていいよ」というのが、彼らの主張である。屠場の「塀」も低くして、外から見えるように

した。「そこにあることを知ってもらう」ためである。今、「横浜発」の牛肉を広めつつある。

　仕事を終えた若い屠夫さんたちが、ぞくぞく集まってきて、私たちの話を聞いている。先輩たちの思いを共有する場になっている感じだ。
三、四日　墨田区　皮革業を親子で営む本田さんの工場。本人いわく「暗くて、臭い」仕事場、そこに三〇年以上、皮革業を営んできた。滋賀の部落出身者が多い。米原、愛知川、彦根出身の人が多い。市田産業の主人にも聞いた。
五、六日　荒川区　さつき会館を訪ねる。ここにも滋賀出身の人が多い。仕事上、臭いがするので、家に友だちを呼べなかったと語る。親世代は、多くが浅草あたりに住みついたそうだが、都の環境問題で、周辺に追いやられたと聞いているという。
（中略）
一二月二六日（火）東京都皮革技術センター　吉野普及情報課長
　墨田区　墨田区社会福祉センター　原田さん
　雨脚が強くなり、聞きとり日程は延期
二七日（水）年末の忙しい中、本田皮革工場を訪ねる
　本田さん自身は、引退し、子どもたち兄弟が工場を継いでいる。労働者には何人かの外国人労働者が働いている。
　市田産業　浅草に住みかけて、都の政策で現在の地に追われた。
二八日（木）　荒川区　松田さん親子
二〇〇七年
一月四日（木）　近江八幡市と畜場
　初割りは、五日らしい。事務所の女性と少し面談
　臼井場長は、出勤していなかった。二、三人は車で、と畜場の様子を見に来ている。
「コトワ」訪問、まだ閉まっていた。あきんどの里に山本さん、東野さんを訪問。しかしそこにはすでに「靴工房」はなかった。
五日（金）　屠場　訪問
　場長、村松さん、他二名ほどが話していた。みんな不機嫌な様子、「忙しい」様子なので、新年の挨拶だけして、辞する。屠場を少し見て回っていた。三月いっぱいで閉鎖になるので、なんか深刻な感じである。
「コトワ」まだ閉まっている。甲革師の峠岡さん宅を訪問。九日まで、休み。東野さんは、駅前に店を出し、観光案内をかねて、靴づくりをしている。
六日（土）

東野さん、ひとりで、店を出している。注文は四〇数件来ている。むしろ、作るのが追いつかないので、木、金曜日は店を閉めてコトワで作っているらしい。

「解放研究所しが」が発足した時、四〇才代前半であった私も桜井さんも、六〇才にさしかかっていた。県からの委託調査も「部落生活文化史調査」研究事業から単年度契約の調査に変わっていた。「部落問題にかかる意識の変容に関する調査」というのが、二〇〇六年度のテーマであった。私たちのライフストーリー・インタビュー調査は単年度で報告しなければならないのは、正直、きつい。調査地や語り手とのコンタクト、インタビューの実施、トランスクリプトをして、さらにデータとして整理する作業。それをもとにテーマにそって「語り」を読み込み、そして報告書の執筆にかかる。これを一年間でやることになるのだからたいへんである。

契約が成立して動き出すのが早くて六月。この年も六月に今年度の方向性を話し合って、七月から動き出している。調査の準備や語り手とのコンタクトなどは、私と田中政明さんとで動くことが多いが、宿泊を伴う調査そのものには東京から桜井さんは参加している。この二〇〇六年度、私たちがフィールドに入った日は五〇日を越えている。

木之本で一四年ぶりの調査。人も風景もすっかり変わっていた。何人かの方が亡くなっている。人びとの情報交換の場のひとつであった共同浴場も取り壊されていた。お年寄りの「憩いの場」であった雑貨屋さんも店を閉じていた。他地域から結婚でこの地に住むようになった子育て世代の女性たちが、地元のリーダーの呼びかけで「新たなつながり」を持ちかけていた。その他、滋賀から仕事を求めて、「皮革」の技をもって浅草に移り住んだ人たちの今を訪ねた。皮革業も決して活発というわけではない。油と皮の匂いの残った暗い仕事場の中に入っても、そこに人はいない。空き家になって、そのまま放置されている。操業を続けている人たちも、もちろんいるが、そこで働く人に「外国人労働者」が目立つ。浅草の方では、伝統工芸として皮革製品の小物を販売する店がある。また何軒かの皮革工場で「製靴工業協同組合」立ち上げて、生き残りを図っている。そんな中で、「私の代で終わりです。私の手が動くまでやります」と、ひとりで細々と続けている靴屋さんがあった。その店に入って、少し話を聞いた後、桜井さんは、その店で、即座に靴を買った。「安かったし、けっこう履き心地いいんだよね」と、その後、何回か、その靴を履いていたことがあった。その後、滋賀では彦根と近江八幡を中心に若者たちの動きに注目しながら調査を続けた。その成果は『差別の境界をゆく』のⅡ章「太鼓の里」から東京へ、Ⅴ章差別の「はざま」で、Ⅵ章アイデンティティを問うという形でまとめている。また屠畜に関しては「横浜屠場」の屠夫さんたちからは、いろいろ考えさせられた。「牛を殺して、生活している」事実を、そのまま見て、感じてほしいというわけである。「隠すことでもないし、特に感謝されることもない」というわけである。塀を低くしたのはそのためだ。品川屠場のまわりの住民の反応と考え合わせると、彼らの気持ちはよくわかる。

それにしてもこの一年、フィールドノーツを見ると、実によく動いている。ライフストーリー・インタビューの場合、一〇年、二〇年の時空を超えて、再び、「語り手」と出会い直すという楽しみもある。風景も人も変わっている。私たちは、「同窓会」のように、「あの頃」と「今」を混ぜ合わせて出会い直す楽しみを味わっていた。「宮さんにあった、大きな木、今、どうなっていますか。その横に井戸もありましたよね」「共同浴場がなくなって、さびしいですね。今は、空き地になってます」「雑貨屋さんがなくなって、店でしゃべる楽しみがなくなった」「人の人情も変わりました」。でも、何年かしたら、また「会いましょう」。「それまでお元気で」。そんな感じで、その場を辞する。

おわりに　「現場主義」に徹するということ

桜井さんは、今も、関西方面で学会等があると、日程を工夫して必ず滋賀に立ち寄る。桜井さんを待っている人がいる。フィールドに足を運ぶのは「人に会うためである」とつくづく思う。

昨今、教育の現場も含めて、行政機関を中心に「文書主義」がはびこっている。人と人が顔を合わせて、言葉を投げかけ合い、気持ちを交わらせていく。そういうことがとりわけ大切な教育現場でも、いじめをはじめとしたいろんな出来事や事件さえを、ひとつの「報告書」で処理してしまう。それは、端的に言うと、「そこに生きている人」を「つじつま合わせ」のために殺してしまうこともある。今、ここで起こりつつある出来事も、報告書や上からの一通の通達で終わらせてしまう。それに対するものが「現場主義」というものである。私はこの「現場主義」を中坊公平さんから教えてもらった。ちょうどこの原稿を書きかけた頃、中坊公平さんは亡くなったが、中坊さんの弁護士としての姿勢に多くのことを教えられた。

森永ヒ素ミルク中毒事件の弁護を依頼された時、引き受ける以上は、ひとり一人の「声」を聞くために、患者の家への「家庭訪問」を試みることを決心する。「現場」に入ってはじめて見えてきた母親の声や健雄くんの姿。

「何とかしてこの子が生きていくためにと、お母さんの『おかあ』とごはんの『まんま』を無理に教えて育ててきました。これだけはどうしても教えなければいけないと思って…。でも、うちの子供が三つめに覚えた言葉が『あほう』という言葉なんです。親が一度も言ったことのない言葉を、そこまでうちの健雄に教え込んだのは世間なんですよ。だから誰が憎いって、世間の冷たさが憎い。私は世間の冷たさというものが、わかっています」という。

また「…遊びに行って、近所の子供に砂や水をぶっかけられて帰ってきます。しかし、うちの健雄は、人前では泣かなかった。世間の人はうちの健雄はアホだから泣くことも知らないと思っていたんです。しかし、本当は自分の家に帰ってきて母の腕にすがったときに、初めてうちの健雄は泣いたんです。だから、うちの健雄は泣くことを知らない子供ではないんです。しかし、泣くことも許されないということを知っているから、泣かないで我慢して、家に帰ってきて母の手にすがったときに初めて泣いたんです」と母親は言う。

調書や裁判記録などでは、そうしたものはまったく見えない。水俣でも、企業や役所の報告書によって、市民はまさに「世間の働き」をして、患者自身を追い詰め、水俣病被害を広げていったではないか。そうした教訓を忘れていては、差別問題や社会問題の本質は見えないのでないか。私も「そこに生きている人」の側からものを考え、学びたいと思うようになった。

桜井さんと一緒に歩いた被差別部落でのライフストーリー・インタビューの調査も、この「現場主義」に他ならなかった。しかし彼/彼女から「現場主義」に徹して聞けているか、また「語り」を「現場主義」に徹して記述できているかどうか、絶えず問われている気がしている。

私は、ここではこの二〇年間、桜井さんの滋賀での動きと成果を中心に辿ってみた。名古屋、千葉、東京から滋賀に、少なくとも一ヶ月に一回は通った。これだけでも大変な時間と力がいるのに、この間、同時に『インタビューの社会学』『ライフストーリー論』『ライフストーリー・インタビュー』などの社会学・ライフストーリー論の執筆や洋書の翻訳などもやっていたのである。私が桜井さんといっしょに動いていた「現場」では、よく地域を歩き回って、人びとの「声」に耳を傾けて、次の段取りを見極めて、「ゆっくり」帰って行った姿があった。また私が見た、日常生活の桜井さんは、机に向かって本を読んでいるというよりり、家の中の食器棚を改良してみたり、玄関先に小さな雨よけの屋根を作ったり、冬に備えて薪を割ったり、最近では小さなキットの家造りを手がけたりしている姿である。そして大豆と麹で自家製の味噌を作り、料理も楽しんでいるというのが、日常の桜井さんの姿である。フィールドを歩くこと、山に登ること、車を運転することなどなど、物静かなその風貌からは想像できないが、とにかく体を動かしていることが好きである。「いつ考えていたのか」不思議である。

注　「フィールドノーツ」を大事にしたので、文中に出てくる地名や人名は可能な限り「そのまま」にした。被差別部落や人を特定するために記しているのではないので、そういう読み方はしないでいただきたい。私の伝えたかった全体の趣旨を理解して読んでいただきたいと思う。

参考文献　滋賀のフィールドに関わる論文等（桜井さん執筆分。共著も含む）

桜井厚 1991「たくましく生きる女たち――野洲町和田地区の聞き取りから」『解放研究しが』創刊号　解放研究所しが

桜井厚 1992「聞き書き：奪われた職・生活を創る仕事」『解放研究しが』第2号　解放研究所しが

桜井厚 1993「生活に根ざす解放運動――湖北地域のある支部活動の戦後史」『解放研究しが』第3号〈特集　質的調査としての「聞き取り」〉　解放研究所しが

桜井厚 1994 共同研究「語りにみる生活文化」「暮らし――水と食」『解放研究しが』第4号　解放研究所しが

桜井厚・中川ユリ子・山本哲司 1994『生のかたち――被差別部落の生活史を訪ねて』リリアンスブックレット4号　解放研究所しが

桜井厚 1995「1幻影の中の「部落」」「2むらの日常」「3祝祭のとき」反差別国際連帯解放研究所しが編『語りのちから』弘文堂

桜井厚 1997「オイサデ漁」『もうひとつの近江文化』滋賀県

桜井厚 1998『生活戦略としての語り――部落からの文化発信』リリアンスブックレット7　解放研究所しが

桜井厚 1999「Ⅰむらを語る」「Ⅳ仕事に生きる」「Ⅴ人がつながる」『人びとが語る暮らしの世界――野洲の部落史』野洲町

桜井厚 1999「生活史の記述とその周辺　『不安定』就労はどのように語られたか」『解放研究しが』第9号　解放研究所しが

桜井厚・岸衞 2000『手縫い靴と職人――もうひとつの近江文化③』解放研究所しが

桜井厚 2000「語りたいことと聞きたいことの間で――ライフストーリー・インタビュー管理をめぐる争い」好井裕明・桜井厚編『フィールド・ワークの経験』せりか書房

桜井厚 2001「語りを聞く方法　ライフストーリー・インタビューの方法論」『解放研究しが』第11号

桜井厚 2001「Ⅰ-1食肉文化の過去と現在」「Ⅰ-2生活の中の味」「Ⅱ-1屠場文化をつくる」「Ⅱ-2牛の目利き」「Ⅱ-3現場と管理のはざまで」「Ⅲ-2隠されてきたまな

ざし」桜井厚・岸衛編『屠場文化——語られなかった世界』創土社
岸衛・桜井厚 2002『屠場の世界』リリアンスブックレット10 解放研究所しが
桜井厚 2002『インタビューの社会学』せりか書房
桜井厚 2003「嫁ぬすみのストーリー——経験が語るローカルな文化の変容」桜井厚編『ライフストーリーとジェンダー』せりか書房
桜井厚 2004「部落出身者の『いま』——アイデンティティ形成と新たな困難」滋賀県報告書 滋賀県
桜井厚 2005「もうひとつの『部落』」『解放研究しが』第15号 解放研究所しが
桜井厚 2005『境界文化のライフストーリー』せりか書房
桜井厚 2007「『部落』の語りがたさ/聞きがたさ——マイノリティー・インタビューの困難性」『解放研究しが』第17号 解放研究所しが
桜井厚 2008「〈部落〉の自己認識」滋賀県報告書 滋賀県
岸衛・桜井厚 2012『差別の境界をゆく——生活世界のエスノグラフィー』せりか書房
桜井厚 2012『ライフストーリー論』弘文堂

あとがき

二〇一三年三月二二日に、立教大学を定年で辞められる桜井厚さんの「最終講義・のようなもの」が行われた。最終講義ではなく「のようなもの」なのだと。いかにも桜井さんらしいなぁと思いながら、池袋のキャンパスを訪れると正門にそのまま「最終講義・のようなもの」という案内板があり、思わず笑ってしまった。大教室でおごそかにやる型どおりの定年教員を送別する儀式ではない。長年桜井さんが続けてきたライフストーリー研究会の延長特別版のような雰囲気のなか、五〇名以上は参加者があっただろうか、桜井さんが自らの研究歴を語り、いまどのような問題関心で、これから何を研究していきたいのかという「桜井社会学」のこれまでとこれからを語ってくれた。それは定年で大学教員としての仕事が一区切りついたからあとは余生をのんびりと暮らすぞという語りではない。桜井社会学の「いま、ここ」の確認であり、これからも桜井さんのペースで研究が重ねられていくことの宣言であった。

桜井さんがその日用意していたレジュメをみながら、この論集の中でも書いたが、奈良県御所市小林での被差別部落の生活史聞き取り調査で一緒して以来、なんと長いことといろいろな調査を私は桜井さんのもとでやってきたのだなぁと改めて感じ入っていたのだ。これまでのいろいろな桜井さんとの経験が思い出され、ほんとお世話になってきたのだなと。もちろん、私には社会学の指導を仰いだ先生はいた。そしてこれまで、本当に数多くの先生や研究仲間に指導を受け、支えられてきた。だからこそ私には「ありがとうございます」と心から素直に言える多くの人がいる。ただ、いろいろな機会で話しているのだが、私が社会学の師だと思っているのは二人だと。一人は青木秀男さんで、いま一人が桜井厚さんなのだ。二人とも社会学という研究実践への情熱はすごいものがあるし、フィールドの調査を優先するからといって理論的なものを横に置くような感じではない。理論と方法、生活現場から得た知や情緒を見事に融合させながら優れた仕事を重ねられている。その意味ですごい先生なのだ。しかしお二人とも、まったくそうしたすごさを感じさせないような自然体の研究スタイルだし、まったく権威主義というものからは解放されている先生なのだ。きっと私は、お二人がもっている社会学調査研究をすすめるうえでの〝しなやかさ〟と〝頑固さ〟に魅かれているのだろう。

さて、桜井さんの話が終わり、質疑応答となった。私も一つ聞きたいことがあったのだ。それは桜井さんの論文執筆の作法についてだ。桜井さんは、『屠場文化――語られなかった世界』（創土社、二〇〇一年）、『インタビューの社会学――ライフストーリーの聞き方』（せりか書房、二〇〇二年）、『ライフストーリーとジェンダー』（せりか書房、二〇〇三年）、『ライフストーリー・インタビュー――質的研究入門』（せりか書房、二〇〇五年）、『境界文化のライフストーリー』（せりか書房、二〇〇五年）、『過去は忘れない――語り継ぐ経験の社会学』（せりか書房、二〇〇八年）、『差別の境界をゆく――生活世界のエスノグラフィー』（せりか書房、二〇一二年）、『ライフストーリー論』（弘文堂、二〇一二年）――他にも滋賀県での被差別部落生活文化史聞き取りの成果が多数ある――、など、ライフストーリー研究で数多くの単著と論文集、テキストを生み出し、この研究を牽引してきている。なにか普段はのんびりと構えている自然体の桜井さんからは想像できないような旺盛な生産性なのだ。

私は桜井さんが書かれたものを読むとき、いつもあることを感じていた。なぜこのようなわかりやすく、自然体の文章が書けるのだろうかと。特に聞き取りで得た語りを用いて何かが論じられている文章では、どこからが語りの引用で、どこからが語りをめぐる解釈や説明なのか、その境界がわからないような、まさに語りとその説明が一つの地続きとなっているような感覚を、桜井さんの論文から感じていたのだ。

聞き取りで得た語りを引用した通常の論考であれば、まさにそれは何かを論じるために必要な質的データであり、データはデータとして本文からは独立しているものだという了解で読めるだろう。そのことに間違いはないのだが、たとえば本文と聞き取りデータの引用が繰り返され論考が作られているとき、データと本文との〝段差〟で、常にひっかかり、論文を読むというスムーズな流れがブツブツと断ち切られてしまうのだ。下手くそな論文であれば、その〝段差〟が〝亀裂〟にまで拡がってしまっており、こうした語りの引用は、語ってくれた人にとってかわいそうじゃないかと思えるほどの引用内容の適切さ、的確さを疑問視せざるを得ないこともある。

私は、いったい桜井さんの論考に流れる地続き感とでもいえるもの、語りと説明の一体感とでも言える論文作法は、どのようにして実践されているのだろうかと、いわば桜井論文の「秘訣」を聞きたいと思い、手を挙げて桜井さんに質問してみたのだ。そのとき私の質問内容に、参加者の多くはうなずかれており、おそらくみなさんは同じようなことを感じ、秘訣を知りたかったのだろう。

残念ながら、桜井さんからは、こうすればできるよといった明快な答えはなかったし、論文作法の処方箋が語られることはなかったのだ。「いやぁやっぱり語りをよく読むことかな」といった内容の答えをモゴモゴと口走りながら、なんで今さらそんなことを聞くの、そんなこと好井さんはもうわかっているだろうし、好井さんが自分で自分のスタイルを考えればいいじゃないのという意味が込められた〝困ったなぁ〟という桜井さんのにが笑いが、いまこの文章を書いている私の前にチェシャ猫の笑いのごとくに浮かんでくる。そうか、やっぱり秘訣は開陳してくれなかったか。特に不満はなかったが、改めて桜井さんらしいなぁと思ったのだ。

でもこうした自然体はどこから出てくるのだろうか。このことを考える時、いつも私は桜井さんと出会った初めの頃の驚きを思い出す。私が広島の私学へ職を得てすぐの頃、桜井さんに集中講義をお願いする機会があった。そのとき夜に私のアパートに来てもらい、かみさんも交えていろいろと話すことができたのだ。当時私はエスノメソドロジーの難解な概念と格闘していたし、差別問題研究にそれをどのように応用できるのだろうかと考えていた。桜井さんとも、アルフレッド・シュッツの現象学的社会学や日常生活世界論やエスノメソドロジーについて議論していたはずだ。

議論をしながら、私はあることに気がつき、驚いたのだ。桜井さんは、横文字の概念をほとんど使わないで、シュッツを語り、内容を論じていたのだ。普段他の仲間と研究会などでかわす議論と同じレベルかそれ以上の中身のはずなのに、日常言語でその中身が議論されていたのだ。そのことに気づいた瞬間、いったいこの桜井さんという人は、すごい研究者ではないだろうかと、私は魅かれたのだ。海外の文献を読み、その概念や理論内容を理解するとしても、そこに含まれた意味をできるかぎり自らの日常の暮らしという次元に下ろし、咀嚼し、自らの腑に落ちるまで反省的、批判的に捉えなおす。そうした営みを経ないかぎり、自らの調査研究に関しても、その概念や内容は使えない。もっと言えば、概念それ自体をそのまま使わずとも、その意味が伝わるよりわかりやすい言葉や表現を創造し使えば、調査した現実や得られた語りに満ちた意味を読み解くことができるのだ。理論や方法をめぐる言説と自分という存在も含め、多様な人々が、まさに多様に生きている日常とを常に往還し、社会学的な思考を持続していく。もちろん、こうした営みは、社会学を経験的に考えていくうえでの必須のものだが、いわば桜井さんが、そのことを常に実践し、生きている瞬間をまのあたりにして、私は驚いたのだろう。

引用された語りとそれを読み解く本文との一体感、それらが一つの声として地続きになっているという感覚。それを生み出すものは、表面的なデータ引用の作法でもないし、語りという質的データをどのように処理すれば実現できるのかと言った方法論的な知でもない。そうではなく、まず必要なのは、人々が日常生きている〝社会学的な知〟への信奉であろう。そして、そうした信奉のもとで、人々の社会学的知をしなやかに捉え読み解けるためにどのようにすれば必要な理論や方法を獲得することができるのかと問い続け、真剣に専門的な社会学的知と向き合い、その意味を吟味し、自らが腑に落ちたものだけを批判的に摂取していこうとする営みなのである。

徒手空拳で、人々の語りに突進するのではない。自分で自信を持って使える道具をそろえながら、人々の語りへまっすぐ向き合い、そこに埋もれている〝宝〟を見つけようとするのだ。そして語りへの真摯な向き合い――やっぱり語りを良く読むことかなぁ――がまた自らが使っている道具をさらに磨いてくれるのである。

自らが暮している日常に根をおろしながら、人々の語りから立ちあがっていく社会学的語りをどのようにしたら生み出し続けることができるのだろうか。桜井さんの社会学のしなやかさに触れ、その感触をじっくりと味わいながら、私自身もしなやかな社会学的語りを生み出していきたい。本論集に関わり、改めてそう思う。

桜井厚さん、ありがとうございました。そして、これからもよろしくお願いいたします。

好井　裕明

執筆者紹介

桜井　厚（さくらい　あつし）
1947年生まれ。現在、立教大学特定課題研究員。専攻は、ライフヒストリー／ライフストーリー研究、社会問題の社会学。主要著書に『ライフヒストリーの社会学』（共編著、弘文堂、1995）、『屠場文化』（共編著、創土社、2001）、『インタビューの社会学』（せりか書房、2002）、『境界文化のライフストーリー』（せりか書房、2005）、『ライフストーリー論』（弘文堂、2012）、『差別の境界をゆく』（共著、せりか書房、2012）他。

高山龍太郎（たかやま　りゅうたろう）
1971年生まれ。現在、富山大学経済学部准教授。専攻は、地域社会学、社会学史。主要著書に『シカゴ学派の社会学』（共著、世界思想社、2003）、『「ひきこもり」への社会学的アプローチ』（共著、ミネルヴァ書房、2008）。

足立重和（あだち　しげかず）
1969年生まれ。現在、追手門学院大学社会学部教授。専攻は、環境社会学、地域社会学。主要著書に『郡上八幡 伝統を生きる――地域社会の語りとリアリティ』（新曜社、2010）、『現代文化のフィールドワーク入門――日常と出会う、生活を見つめる』（共編著、ミネルヴァ書房、2012）。

島村恭則（しまむら　たかのり）
1967年生まれ。現在、関西学院大学社会学部教授・博士（文学）。専攻は、フォークロア研究、現代民俗学。主要著書に『〈生きる方法〉の民俗誌――朝鮮系住民集住地域の民俗学的研究』（関西学院大学出版会、2010）、『引揚者の戦後』（叢書「戦争が生みだす社会」Ⅱ、編著、新曜社、2013）、『関西私鉄文化を考える』（共著、関西学院大学出版会、2012）、『物と人の交流』（日本の民俗3、共著、吉川弘文館、2008）。

三浦耕吉郎（みうら　こうきちろう）
1956年生まれ。現在、関西学院大学社会学部教授。専攻は、社会学、社会史。主要著書に『環境と差別のクリティーク――屠場・「不法占拠」・部落差別』（新曜社、2009年）、『屠場　みる・きく・たべる・かく――食肉センターで働く人びと』（編著、晃洋書房、2008年）『構造的差別のソシオグラフィ――社会を書く／差別を解く』（編著、世界思想社、2006年）。

松田素二（まつだ　もとじ）
1955年生まれ。現在、京都大学大学院文学研究科教員。専攻は、社会人間学。主要著書に『コリアン・ディアスポラと東アジア社会』（共編著、京都大学学術出版会、2013）、「現代世界における人類学的実践の困難と可能性」（『文化人類学』78-1,1-25, 日本文化人類学会）、『日常人類学宣言――生活世界への深層へ／から』（世界思想社、2009）、『呪医の末裔――東アフリカ・オデニョー族の二〇世紀』（講談社、2003）他。

小林多寿子（こばやし　たずこ）
現在、一橋大学大学院社会学研究科教授。専攻は、経験社会学。主要著書に『物語られる「人生」――自分史を書くということ』（学陽書房、1997）、『ライフストーリー・ガイドブック――ひとがひとに会うために』（編著、嵯峨野書院、2010）。

有末　賢（ありすえ　けん）
1953年生まれ。現在、慶應義塾大学法学部教授。専攻領域は地域社会論、都市社会学、生活史。一九八二年慶應義塾大学大学院社会学研究科博士課程修了。博士（社会学）。主要著書に『生活史宣言』（慶應義塾大学出版会、2012）、『現代大都市の重層的構造』（ミネルヴァ書房、1999）他。

岸　衞（きし　まもる）
1947年生まれ。現在、龍谷大学非常勤講師。ライフストーリー・インタビューをしてフィールドを歩く。人の声を聞く。主要著書に『語りのちから――被差別部落の生活史から』（共著、弘文堂、1995）、『屠場文化――語られなかった世界』（共編著、創土社、2001）、『自分・差別・世間』（単著、解放研究所しが、2002）、『ライフストーリーの社会学』（共著、北樹出版、2005）、『差別の境界をゆく――生活世界のエスノグラフィー』（共著、せりか書房、2012）。

編著者紹介

山田富秋（やまだ　とみあき）
1955年生まれ。現在、松山大学人文学部社会学科教員。専攻は、ライフストーリー研究、エスノメソドロジー。
主要著書に、『日常性批判——シュッツ・ガーフィンケル・フーコー』（せりか書房、2000）、『フィールドワークのアポリア』（せりか書房、2011）。訳書に、ホルスタイン、グブリアム『アクティヴ・インタビュー』（共訳、せりか書房、2004）他。

好井裕明（よしい　ひろあき）
1956年生まれ。現在、日本大学文理学部社会学科教授。専攻は、被爆表象の批判的エスノメソドロジー、日常的差別の社会学、映画社会学。
主要著書『批判的エスノメソドロジーの語り』（新曜社、1999）、『「あたりまえ」を疑う社会学』（光文社、2006）、『差別原論』（平凡社、2007）、『ゴジラ、モスラ、原水爆』（せりか書房、2007年）他。

語りが拓く地平——ライフストーリーの新展開

2013年10月15日　第1刷発行

編著者　山田富秋・好井裕明
発行者　船橋純一郎
発行所　株式会社 せりか書房
〒101-0064　東京都千代田区猿楽町1-3-11 大津ビル1F
電話 03-3291-4676　振替 00150-6-143601　http://www.serica.co.jp
印　刷　信毎書籍印刷株式会社
装　幀　森國次郎

ISBN 978-4-7967-0327-7